부동산투자분석론

강병기 · 이국철 공저

法文社

부동산 투자활동은 주된 부동산학의 연구영역으로서, 부동산을 대상으로 인간이 행하는 대표적인 의사결정 과정 중 하나이다. 이는 협의의 투자활동뿐만 아니라 부동산개발, 부동산금융, 부동산관리, 부동산유통, 부동산정책, 부동산신탁 및 부동산세금 등의 대부분의 부동산활동 분야에 대한 종합적인 이론과 실무지식이 필요한 부동산 활동의 핵심 분야이다. 다만 아직도 일부 비전문가의 경우에 부동산투자를 일종의 'Money Game'으로 인식함으로써 부동산투기와 혼용하는 면도 없지 않으며, 또한 부동산을 사용 · 수익함에 따른 장기적인 이용이득보다는 단기적인 처분이득에만 치중하는 면도 없지 않은 편이다.

최근 부동산 투자동향은 강남 재건축 아파트 및 신도시 주거용부동산 등에 대한 투자보다 오히려 상가, 건물 등 수익성부동산에 대한 일반 대중의 투자 관심이 집중되는 등 투자 시장환경 변화가 두드러지게 나타나고 있다. 그러나 부동산투자는 재산 증식과 함께 안정적인 고정수익 확보를 위한 아주 매력적인 대안인 반면에 그 이면에는 투자와 관련된 많이 위험이 도사리고 있기 마련이다. 따라서 과거와 같은 정성적이고 주관적인 의사결정보다는 이제는 정보에 입각한 정밀한 투자결정(Informed decision making) 접근법이 요구되고 있다.

본서는 이와 같은 부동산투자의 중요성과 투자환경의 변화에 입각하여, 체계적이고 객관적인 부동산투자 분석활동을 위한 이론서 개발을 목적으로 편찬되었다. 또한 기존 저서인 '부동산투자 및 시장분석론: 계량 · 전략적 접근방법(2011, 법문사)'의 내용 중에서 계량적인 시장분석방법론과 부동산 투자전략 내용을 제외하였으며, 주로 개괄적인 시장 타당성분석 과정과 함께 객관적 이론과 구체적 방법론에 근거한 계량적 부동산투자분석 방법을 중심으로 논의를 전개해 나가게 되었다. 이는 부동산투자 이론과 실무를 처음 접하는 대학생들을 대상으로 한 한학기 동안의 강의분량에 적정하다고 판단되고 또한 단기간에 부동산 투자활동의 핵심적인 이론을 독자들에게 중점적으로 전달하기 위함이다.

또한 본문 중에 수록된 〈Supplement〉 섹션을 통해 샘플 데이터를 활용한 실제 투자분석과정을 체계적으로 단계별로 실습할 수 있도록 준비하였다. 따라서 실습을 원하는 경우, 법문사 홈페이지를 방문하여 해당 샘플 자료를 직접 다운 받아서 수행할 수 있다. 또한 본서와 자매 서적인 '현대인을 위한 필수 부동산 투자사례(2014, 국민대학교 출판부)'에 기술된 다양한 부동산 투자사례를 활용한다면, 좀 더 현실감 있는 투자활동에 대한 이해 증진과 실무지식을 습득할 수 있을 것으로 판단된다. 기타 본서를 강의 교재로 사용하게 될 교강사님들을 위한 별도의 파워포인트 강의자료 역시 무상으로 제공하고 있음을 밝히는 바이다.

끝으로 본서의 출판에 많은 배려와 도움을 주신 법문사 사장님을 비롯한 관계자 여러분의 노고에 감사를 드리며, 이 책의 독자 여러분들께도 부족한 부분에 대한 많은 지도와 편달을 바란다.

2017년 봄
저자 일동

차 례

제3편　부동산투자 계량분석

제 1 편
부동산투자 기초지식

제**1**장
부동산투자의 개념

■ 학습방법

우리나라에서는 2000년 대 초반부터 부동산투자가 대중화됨에 따라 부동산투자에 대한 일반인들의 지식수준이 매우 높아졌다. 그러나 부동산투자가 어떤 것인지에 대한 이해는 사람마다 같지 않은 것이 일반적이므로, 부동산투자에 대한 이론 전개를 위해서는 부동산투자에 대한 정의 등 논의의 범위를 확정해야 한다.

즉 부동산투자 이론과 실무에 대한 지식을 학습하기 위해서는 가장 먼저 부동산투자가 과연 어떤 것인가를 이해하고 있어야 한다. 따라서 본서의 제1편에서는 부동산투자에 대한 본격적인 학습을 위해 부동산투자에 대한 기본 개념을 명확하게 정의하기로 한다.

이 중 제1장 '부동산투자의 개념'에서는 본서의 기초가 되는 다음과 같은 3가지 내용들을 학습하게 된다.

1. 부동산투자란 무엇이며(부동산투자의 정의), 부동산투자와 혼동되기 쉬운 부동산투기의 개념도 참고적으로 알아본다.

2. 부동산투자는 다른 투자에 비해 어떤 특징이 있는지 검토함으로써 부동산투자 이론을 별도로 학습해야 할 필요성도 점검한다.

3. 기타 다양한 부동산투자의 종류에 대해서 간략하게 정리함으로써 부동산투자에 대한 개념을 보다 명확하게 한다.

본서를 통해 부동산투자 이론과 실무에 관한 지식을 습득하고자 하는 학습자는 '제1장 제1절 부동산투자의 정의'에서는 부동산투자가 어떤 것이라는 것을 명확하게 이해함으로써 본서를 통한 지식 습득의 기초로 삼아야한다. 또한 '제1장 제2절 부동산투자의 특징과 종류'에서는 부동산투자가 증권이나 예금 등 일반적인 금융투자와 어떤 점이 다른지를 명확하게 구분함으로써 본서에 포함된 다양한 이론이 왜 필요한 것인지 알아야 할 것이다.

이와 같은 부동산투자에 대한 정의와 특징에 대한 지식은 본서에서 다루는 부동산 투자이론과 실무의 범위를 설정하게 되며, 다음 제2장의 부동산투자 참여자와 관련된 이론을 이해하기 위한 기초가 된다.

제 1 절 부동산투자의 정의

1. 부동산투자

부동산(不動産, Real Estate)이란 토지 및 그 정착물(민법 제99조제1항)을 의미하는 법률적 용어이나, 투자(投資, Investment)란 일반화된 용어이다. 우리나라 표준국어대사전에서는 '투자'를 "이익을 얻기 위하여 어떤 일이나 사업에 자본을 대거나 시간이나 정성을 쏟는 것"으로 정의하고, 경제적으로는 "이익을 얻기 위하여 주식, 채권 따위를 구입하는 데 자금을 돌리는 일"로 정의하고 있다.

부동산투자(Real estate investment)에 대한 선행연구에서의 학문적 정의를 보면, 이창석(1998)[1]은 "부동산을 상대로 장래의 이익을 얻기 위해 현재의 노력을 쏟는 것"이라고 정의하고 있으며, 유원상(2010)[2]은 "부동산투자는 미래의 불확실한 수익을 위하여 토지·건물 등의 권리를 취득하는 행위 등"으로 정의하고 있다. 결국 부동산투자 역시 미래의 불확실한 수익을 기대하고 현재 보유한 자본을 부동산에 운용하는 것으로 볼 수 있다. 또한 공통적으로 투자는 현재-미래 사이의 '시간(time)'과 미래의 수익에 내재된 '불확실성(uncertainty 또는 risk)'이라는 두 가지 요소를 수반한다는 점을 감안하여 투자 이론을 전개하고 있다.

부동산투자에 대해 보다 정확한 정의를 위해서는 부동산활동의 일종인 부동산 투자활동에 대해 보다 면밀한 검토가 필요하다. 경영학에서는 투자론이나 재무학에서 '자산을 매입하는 활동'을 주된 투자활동 대상으로 보고 있으며(송영렬, 2006),[3] 부동산학에서는 부동산을 매입하여 운용하는 활동에 국한하거나(홍기용, 2009 외), 부동산 이용권을 확보하여 운용하는 활동(조주현, 2002 외), 부동산개발 사업활동 및 부동산 증권 구입활동까지 포함한 광의의 개념으로 해석하는 취급하는 경우도 있다(이창석, 1998; 유원상, 2010 외).

현행 「부동산투자회사법」에서는 부동산투자회사란 자산을 부동산에 투자하여 운

---

1) 이창석·김용민, 1998, 부동산사업의 투자분석, 강남대학교 논문집 Vol.32 No.2, 강남대학교.
2) 유원상 외, 2010, 정부의 부동산 정책과 부동산 투자의 상관관계(부동산학보 제42집), 한국부동산학회.
3) 송영렬, 2006, 증권투자, 학문사.

용하는 것을 주된 목적으로 설립된 회사로 정의하고 있으며, 동법 제21조에서는 자산의 투자 · 운용 방법으로 '부동산의 취득 · 관리 · 개량 및 처분' 이외에도 부동산개발사업, 임대차, 부동산 관련 증권의 매매, 지상권 · 임차권 등 부동산 사용에 관한 권리의 취득 · 관리 · 처분, 부동산 신탁의 수익권의 취득 · 관리 · 처분까지 광범위하게 규정하고 있다.

부동산활동의 구분과 부동산투자에 대한 다양한 부동산학자들의 의견을 종합할 경우 부동산투자란 "현재의 확실한 현금을 부동산 운용활동에 투입하여 장래의 불확실한 수익을 기대하는 행위"로 정의할 수 있을 것이다. 이때의 부동산 운용활동이란 부동산투자자가 직접 또는 간접적인 방법으로 부동산을 이용하거나 관리, 개발하는 활동을 의미하며, 부동산에 대한 사용 · 수익권이나 처분권을 취득하거나 처분하는 행위는 부동산운용을 위한 필수적 행위로서 부동산 운용활동의 범위에 포함될 수 있다.

한편 부동산 운용활동에 포함되는 개발활동과 관리활동, 이용활동은 부동산 투자활동에 포함시킬 것인가에 대해서는 논란의 여지가 있다. 즉 운용활동 중 '개발활동'이란 부동산학에서 부동산의 용도변경을 수반하는 개량행위를 의미하는데 이는 택지조성과 같은 조성개량행위(조성개발)와 건물을 건축하는 건축개량행위(건축개발)를 포함한다. 예를 들어, 부동산개발은 농지가 택지로 개발되는 등 더 높은 유용성을 갖는 용도변경이 수반되므로 부동산가격 상승을 유발한다. 또한 부동산학에서의 '관리활동'이란 부동산에 대한 유지 · 보수, 용도변경이 수반되지 않는 개량행위를 의미한다. 부동산관리 활동을 통하여 그 부동산의 유용성이 증가할 수 있으며, 유용성 증가는 부동산가격 상승을 유발한다. 끝으로 '이용활동'의 경우 부동산에 대한 개발이나 관리행위 없이 단순히 부동산의 이용 용도만 변경함으로써(예: 사무실을 상가로 변경) 유용성 증가가 이루어져 부동산가격이 상승되는 경우도 있다.

부동산을 통하여 발생하는 기대이윤은 부동산을 이용하는 경우뿐만 아니라 부동산 자체의 유용성을 증진시키는 개발(재개발) 행위나 관리 행위에 따라 발생할 수 있으므로 부동산 개발활동, 관리활동, 이용활동이라는 부동산 운용활동 전부를 부동산투자활동의 일환으로 해석할 수 있을 것이다.

다만, 부동산학 연구자들은 통상적으로 부동산활동을 구분할 때는 부동산 관리활동이나 개발활동의 경우 별도의 활동으로 보고 있으므로 본서에서는 이들 운용활동에 대해서는 논의하지 않기로 한다. 이와 같이 부동산 운용활동을 제외할 경우 부동산투자는 금융투자에서와 마찬가지로 투자에 따른 시간과 위험(불확실성)의 요소를 수반하게 된다. 따라서 본서에서는 부동산투자를 협의로 볼 경우 "장래에 기대되는 불확실한 수익을 목적으로 현재의 확실한 현금을 투입하여 부동산을 구입하고 이용하는 행위"로 정의하고, 광의로 볼 경우 "현재의 확실한 현금을 부동산 운용활동에 투입하여 장래의 불확실한 수익을 기대하는 행위"로 구분하여 정의하기로 한다. 또한 앞으로의 논의는 협의의 부동산투자의 정의를 기준으로 하되, 반드시 필요할 경우만 제한적으로 광의의 부동산투자의 정의까지 확대하여 논의하기로 한다.

2. 부동산투자와 투기

학자에 따라서는 부동산투자 개념과 부동산투기의 개념을 구분하여 설명하는 경우도 있다. 김영진(1984)은 부동산투자는 기대이윤의 획득을 목적으로 생산적인 활동에 자본을 투입하는 행위로 정의하였으며, 부동산투기(投機, speculation)란 부동산을 이용할 의사가 없이 양도차익을 목적으로 토지를 보유하는 행위로 정의하였다.[4] 이와 같은 주장은 생산적인 활동을 목적으로 부동산에 투자하는 경우와 단순히 양도차익만을 목적으로 부동산에 투자하는 경우를 구분하여, 전자의 경우는 '부동산투자'로 후자의 경우는 '부동산투기'로 보는 것이다. 즉 부동산투자는 생산적인 활동에 자본을 투입한다는 점에서 단순히 전매차익(양도차익)만 목적으로 하는 투기(投機)와 구분된다.

부동산투기란 단기간에 가격상승에 의한 양도차익(전매차익)만을 얻는 것을 목적으로 토지(부동산)를 보유하는 것을 말한다. 즉 부동산을 이용·관리할 의사가 없이 필요 이상으로 부동산을 보유·관리하는 행위를 부동산투기라고 한다. 기타 투기란 본래 경제학적인 용어로서 스스로 위험부담을 안고 값이 싸면 사고 값이 비싸지면 팔아 차액을 획득하려는 행위라는 주장도 있다.

부동산투기는 부동산투자와 행위자의 심리 상태인 부동산의 보유 목적에서만 차별화 되므로 특정인의 부동산 보유 행위가 부동산투자인지 아니면 부동산투기인지 명확하게 판단하기는 어렵다. 또한 부동산을 구입한 후 생산활동이 없이 전매차익만 발생한 경우라도 투자인지 투기인지 여부를 구분하기도 어렵다.

---

4) 김영진, 1984, 부동산학개론, 범론사, pp. 182 ~ 183.

우리나라에서는 부동산투기로 인해 파생되는 다양한 문제로 인해 부동산투기를 배타적인 개념으로 취급하는 경향도 있다. 그러나 부동산투기가 반드시 폐해만을 가져오는 것은 아니며, 주택에 대한 투기적 수요에 의해 주택공급이 증가하면 양적(量的) 주택문제의 해결에 도움이 될 수도 있는 등 긍정적 기능도 있다.[5] 투기적 이익이 발생하기 위해서는 그에 대한 정보비용을 지불하고 위험을 감수해야 하므로 단순히 불로소득으로 볼 것만은 아니며, 실제 자본차익을 노린 투자는 위험한 투자이지 사회적으로 비난을 받아야 할 투기라고 볼 수 없다는 주장도 있다.[6]

사실상 투자자의 부동산 보유 의도만을 가지고 투자와 투기를 구분하는 것은 이론적으로는 가능하나 현실적으로는 불가능하다. 부동산투기라고 불리는 행위는 경제적 동기에서 본다면 지극히 합리적인 투자행위이며 이에 대한 합리적인 과세제도가 불완전하기 때문에 문제가 될 뿐이지 투기행위 자체를 비난할 이유는 없기 때문이다. 이에 따라 최근 부동산학에서는 부동산투기는 개발이익이 환수되지 않고 사유화되기 때문에 투기가 발생한다고 보고, 부동산투기 행위를 비윤리적 행위로 보고 단속하는 것이 아니라 개발이익을 철저히 환수함으로써 불로소득이 특정 개인에게 사유화되는 것을 방지하는 방법으로 접근하고 있다. 이때의 개발이익이란 공공의 개발사업이나 용도지역 변경, 개발허가 등으로 인한 지가 상승분을 의미한다. 우리나라의 경우 현재 「개발이익환수에 관한 법률」에 의한 개발부담금 부과나 「국토의 계획 및 이용에 관한 법률」에서의 기반시설부담금 부과, 양도소득세, 종합부동산세 등을 통하여 개발이익을 환수하고 있으나 이들 제도만으로는 개발이익을 완전하게 환수하기는 어려운 것으로 알려져 있다.

한편 「소득세법」에서는 거주나 사업적 목적이 없이 단순히 보유하고만 있는 토지의 경우 '투기의도'가 있는 것으로 봐서 '비사업용 토지(제104조의3)'로 구분하고, 이들 비사업용 토지에 대해서는 60%의 양도소득세율을 적용하도록 규정하고 있으나, 비사업용 토지라고 해서 반드시 투기목적용 토지로 보기도 어렵다.

이와 같이 부동산에 대한 투자와 투기는 구분하기도 어려우며, 그 실익도 크다고 볼 수 없으므로 본서에서는 부동산투자를 투기와 구분하지 않고 설명하기로 한다.

5) 김영진, 『부동산학총론』, 상게서, pp. 183~185 참조.
6) 조주현, 『부동산학원론』(서울: 건국대학교 출판부, 2002), p. 100.

3. 부동산활동과 부동산투자

다양한 부동산활동은 주된 활동(Main activities)과 지원 활동(Support activities)으로 구분할 수 있다. 주된 활동은 다음의 〈그림 1-1〉과 같이 부동산 활동자가 특정 부동산을 대상으로 이루어지는 6가지 단계의 활동으로 구분할 수 있다. 이 그림은 생산활동을 목적으로 소지(素地, Raw land)를 취득하여 장기간 투자하는 것을 전제로 작성된 것이다.

부동산활동의 6가지 단계에서 첫 번째의 취득(acquisition) 활동은 협의의 부동산투자를 위한 부동산의 이용권한을 취득하는 행위를 의미한다. 이는 자용(自用) 투자자의 경우에는 부동산 소유권의 취득을 의미하며, 점용(占用) 투자자의 경우에는 이용권(지상권, 지역권, 전세권)을 취득하는 것을 의미한다. 두 번째의 개발(development) 활동이란 상기에서 말하는 조성개량이나 건축개량 등 물리적 개발을 의미하는 것이며(〈부록 1〉 참조), 세 번째의 이용(use) 활동이란 주어진 상태에서 부동산을 활용하는 것을 의미하며, 네 번째의 관리(management) 활동이란 부동산을 유지·보수나 용도변경이 수반되지 않은 개량을 의미한다. 학자에 따라서는 관리활동의 범위에 이용활동을 포함하는 경우도 많다.

그림 1-1 〈주된 부동산활동의 6단계

협의의 부동산투자에서 부동산 투자활동의 범위에는 최초의 부동산투자를 위한 부동산 취득단계와 이용단계, 처분단계만 포함된다. 부동산투자의 개념을 광의로 확대할 때는 주된 활동의 6가지 단계 모두가 투자활동의 범위에 포함된다. 물론 개발된 부동산에 투자할 경우에는 '개발' 과정이 제외되어야 할 것이다.

지원 활동에는 상기 6가지 주된 활동을 지원하는 분야의 활동으로 '부동산금융', '부동산중개', '부동산감정평가', '부동산정책', '부동산신탁', '부동산상담', '부동산마케팅' 등의 활동이 있다. 다만 부동산관리나 개발활동을 대행하는 전문업은 부동산소유자가 전문가에게 그 활동을 위탁하여 실행되는 위탁행위의 일종이므로 지원활동의 범위에 포함되지는 않는다.

제 2 절 부동산투자의 특징과 종류

부동산투자는 부동산의 특성과 부동산시장의 특성 등으로 말미암아 증권이나 예금 등에 투자하는 재무투자에 대비할 경우 다음과 같은 장점과 단점이 있다.

1. 부동산투자의 장점

첫째, 안전성이 높다. 부동산은 영속성의 특성이 있어서 원본상실 가능성이 적으므로 다른 투자 자산에 비해 투자를 통해 획득한 자산을 처분하여 원금을 합리적으로 회수할 가능성이 크며, 이에 따라 부동산투자는 안전성(安全性, safety)이 높은 것으로 알려져 있다. 부동산투자는 거래과정에서 사고가 없는 한 증권투자와 같이 하루아침에 휴지조각이 되는 문제점도 없으며 금과 같이 분실될 가능성도 낮기 때문이다.

둘째, 자본이득과 소득이득을 향유할 수 있다. 부동산투자를 통해 보유 기간 중 생산활동으로 발생하는 소득이득(Income gain)과 기간 말에 처분함으로써 발생하는 자본이득(Capital gain)을 함께 획득할 수 있다. 즉 부동산투자 중 소득수익을 목표로 하는 임대용 빌딩이나 공장 등에 대한 투자는 보유 기간 중에 임대활동으로 발생하는 소득수익과 투자기간 말 처분시점에 발생하는 자본수익을 모두 획득할 수 있다.

셋째, 지렛대 효과(Leverage effect)를 향유할 수 있다. 부동산은 담보가치가 있어 부동산투자자는 투자금액 중 일부를 대출받아 투자하게 되므로, 자기자본만으로 투자하는 경우보다 적은 투자비용으로부터 큰 투자효과를 얻을 수 있다. 타인자본을 동원하여 자기자본수익률을 상승시키는 것을 지렛대 효과 또는 레버리지 효과라고 한다.

대출금이나 임대보증금과 같은 타인자본을 레버리지(leverage)라고 한다. 부동산투자에서는 기대수익률보다 낮은 이자율의 레버리지를 동원할 경우 자기자본만으로 투자하는 것 보다 높은 자기자본수익률을 기대할 수 있다. 다만 레버리지를 동원할 경우 융자를 제대로 갚지 못해 부도가 날 위험도 발생할 수 있으며, 총투자금 중 융자 비율(LTV)이 높을수록 이자율이 높아져 레버리지 효과가 감소할 수 있음을 유의해야 한다.[7] 레버리지 효과로 인해 부동산투자자는 부동산금융에 대한 지식이 필요하며, 총투자자본에 대한 수익률 보다는 자기자본에 대한 수익률을 근거로 투자타당성을 분석해야 한다.

넷째, 절세효과가 있다. 부동산투자는 소득세 계산에서 감가상각비를 비용으로 처리하는 절세효과가 있으며, 기타 낮은 세율과 세액공제 등의 기회가 있어 세금부담을 최소화할 수 있는 등 투자 측면에서 유리하다. 예를 들어, 임대용 빌딩과 같은 사업용 목적의 부동산에 투자하여 소득수익을 누리는 투자자는 소득수익 중에서 건물 부분에 대한 감가상각비를 비용으로 인정받아 실제 수익보다 낮은 소득세만을 부담한다. 임대주택사업과 같은 경우에는 낮은 세율과 세액공제 등의 기회가 있어 세금부담을 최소화할 수 있는 경우도 있다.

다섯째, 구매력 보호의 효과가 있다. 부동산투자는 인플레이션으로 발생하는 화폐가치의 하락을 방지함으로써 현금의 구매력을 보호하는 기능을 수행한다. 이를 인플레이션 헷지(Inflation hedge) 효과라고 한다. 인플레이션은 보유한 현금의 가치를 하락시켜서 현금의 구매력을 감소시킨다. 그러나 부동산투자는 실물투자 중 하나로서 인플레이션이 발생할 경우 부동산가격도 그만큼 상승하게 되어 실질적으로 인플레이션을 헷지(방어)할 수 있기 때문이다.

여섯째, 소유의 긍지와 만족감을 누릴 수 있다. 부동산 소유는 소유자의 재산증식 수단이 되는 동시에 부(富)의 척도로서 소유의 긍지와 만족을 주게 되므로 부동산투자를 촉진한다. 일반적으로 투자자들은 부동산 소유를 부의 축적 방법 중에서 가장 중요한 수단으로 보고 있기 때문에 소유에 대한 긍지가 대단히 높은 편이다.

일곱째, 자용(自用)뿐만 아니라 점용(占用)을 통해서도 투자가 가능하다. 부동산투자자는 부동산을 구입하여(자용) 투자할 수 있고, 부동산을 임차해서(점용)도 투자할 수 있다. 자용 방식의 투자는 임대료가 절감되는 장점이 있으나 초기투자가 과다할 수 있으며, 점용 방식의 투자는 운영자금을 풍부하게 확보할 수 있으나 수익 중 상당 부분을 임대료로 지불해야 하는 문제가 있다.

---

7) 투자금 중 융자 비율(LTV)가 높아지면 대출자 입장에서는 채무불이행 위험이 높아지므로 융자 이자율이 높아지는 것이 일반적이다. 이와 관련하여서는 제3편에서 상세하게 설명하기로 한다.

2. 부동산투자의 단점

첫째, 환금성(換金性, cashability)이 낮다. 부동산은 예금이나 증권 등 다른 투자재에 비해서 고가이며, 각종 거래비용이 소요되고 행정적 절차가 복잡하여 필요시 즉시 현금화가 곤란하므로 환금성이 낮다. 여기에서 환금성이란 특정자산의 가치 손실없이 현금화되는 정도를 말한다.

그러나 모든 유형의 부동산이 환금성이 동일한 것은 아니므로 투자대상물을 선정할 때는 동일한 조건이라면 다음과 같이 인근지역의 유사한 부동산에 비해 유효수요자의 선호도가 높아 환금성이 높은 유형의 부동산을 선택해야 한다.

- 유용성이 높은 부동산일수록 환금성도 높다.
- 부동산의 고가성으로 인해 일반적으로 거래 규모가 작을수록 환금성이 더 높다.
- 분석이 단순한 부동산일수록 환금성이 높다.
- 동일 유형의 부동산 숫자가 많을수록 환금성이 높다.
- 잘 알려진 부동산일수록 환금성이 높다.

둘째, 다양한 위험부담의 문제가 있다. 부동산투자에는 사업상의 위험, 금융적 위험, 인플레이션 위험, 법적 위험 등 다양한 위험부담이 있다. 부동산투자 수익에 영향을 주는 다양한 환경들은 끊임없이 변화하여 부동산에 대한 기대수익을 크게 하락시킬 수 있기 때문이다. 이에 따라 경영학에서는 부동산투자를 고위험투자로 분류한다.

셋째, 소유자의 노력이 필요하다. 부동산투자는 관리를 위한 소유자의 돈·시간·노력 등이 요구된다. 예금이나 증권, 귀금속과는 달리 부동산투자는 보유기간 중 부동산을 적절하게 관리해야 한다. 따라서 소유자의 관리업무가 많이 필요한 중소형 임대용 빌딩 등에 투자할 경우에는 자신의 주된 활동지역에서 멀지 않은 지역에 소재한 부동산을 선택하는 것이 바람직하다. 또한 부동산관리 과정에서는 보유세금(재산세, 종합부동산세 등)이나 유지관리비, 소득세 등 다양한 비용요소가 발생되므로 부동산 투자수익을 계산할 경우 이들 비용요소에 대한 고려가 필수적이다.

넷째, 거래비용이 과다하다. 부동산거래에는 세금과 중개수수료, 등기비용 등 여러 가지 거래 부대비용이 많이 소요된다. 취득을 위해서는 취득세 등 거래가격의 약 5%에 달하는 취득 관련 세금을 부담해야 하며, 중개수수료와 소유권이전등기 비용이 추가로 소요된다. 보유한 이후에 매각할 경우에는 매각을 위한 광고비나 중개수수료, 양도소득세 등 다양한 부대비용이 소요된다. 따라서 부동산투자자는 거래와 관련한 세무전문가의 도움이 필요한 경우가 많다.

다섯째, 행정적 통제와 규제 법률의 복잡성 문제가 있다. 부동산투자에는 토지이용규제·개발규제·거래규제 등 여러 가지 행정적 규제가 가해지고 있다. 부동산투자에는 부동산의 거래나 이용 활동이 수반되며, 우리나라의 경우 토지거래허가제 등 부동산거래를 규제하는 제도나 실거래가 신고 등 부동산거래를 위해 반드시 거쳐야 하는 법정절차가 있으므로 부동산투자를 위해서는 이에 대한 지식이 필요하다. 또한 광의의 부동산투자의 개념에는 개발활동이 포함되며, 개발활동과 관련해서는 개발허가제도나 용도지역제도 등 토지이용을 규제하는 다양한 법률이 있다. 따라서 부동산투자자는 자신의 투자행위 전반에 걸친 다양한 법률적 규제 내용을 숙지해야 할 것이다.

여섯째, 투하자본이 고액인 문제가 있다. 부동산의 고가성으로 인해 부동산투자에는 다액의 자금이 소요된다. 이로 인해 부동산투자자의 의사결정은 다른 투자에 비해 신중하게 되어 침체된 부동산경기의 회복이 늦어지고 부동산시장이 경기순환주기가 일반경기에 비해 장기화되는 중요한 이유 중 하나가 된다.

일곱째, 부동산투자는 장기간이 소요된다. 부동산에 대한 유용성을 증가시키는 각종 개발사업에 소요되는 기간은 사업계획 발표부터 완공까지 1년 이상이 소요되는 경우가 대부분이며, 사업에 따라서는 10여년 이상이 소요되는 경우도 있고, 부동산투자의 높은 거래비용으로 인해 투자자가 목표한 수익을 달성하기 위해서는 상당한 원금 회수기간이 필요하기 때문이다. 따라서 부동산투자에 대한 수익률 분석에는 화폐의 시간가치와 위험을 감안하여 할인율을 계산하는 할인현금수지분석법을 적용하는 것이 합리적이다.

3. 부동산투자의 종류

부동산은 인간의 모든 활동을 담는 도구이므로 부동산의 종류는 다양하며, 투자자 개인에 따라 투자하는 방법도 다양할 것이다. 이에 따라 부동산시장에서 볼 수 있는 부동산 투자활동 역시 다양한 양상으로 나타난다.

표 1-1 부동산투자 유형

구분 기준	내 용	
투자 참여 형태	직접투자, 간접투자(펀드형, 참여형)	
투자자 숫자	개별투자, 공동투자	
취득 권리	자용(소유권)투자, 점용(이용권)투자	
부동산 활동	보유형, 관리형, 리모델링형, 개발형, 재개발형	
권리취득 방식	협의취득방식(매수, 임차, 전세 등), 분양방식, 경·공매방식, 기타 방식(상속·증여, 시효취득, 환매 등)	
부동산 종류	토지	나대지, 농지, 임야, 기타
	건물	주거용, 상업용, 공업용, 농업용, 임업용, 기타
	기타(부동산부착물)	
기타 구분 기준	기간(장기, 단기), 지역시장, 규모(소형, 대형), 적법성(합법, 불법), 기타	

주) 건물은 토지의 부가물이므로 부동산 종류 중 '건물'이란 토지와 건물이 포함된 복합부동산을 의미함

　다양한 부동산 투자활동은 여러 가지 기준에 따라 달리 구분될 수 있다. 부동산투자자의 투자활동에 대한 직접 참여 여부나 투자 목적, 투자를 위한 대상 부동산의 취득 방법, 대상 부동산의 종류 등이 그 기준이 될 수 있으므로, 부동산투자는 다음의 〈표 1-1〉과 같이 분류될 수 있다. 여기에서는 표에 포함된 다양한 부동산투자 유형에 대한 세부 설명은 생략하기로 한다.

　본서는 부동산투자에 대한 핵심이론을 전달하기 위한 것이므로, 본서에서의 이론은 다양한 부동산투자 유형 중 투자 참여 형태를 기준으로 보면 직접투자에 대해서 논의하며, 투자자 숫자 기준으로는 개별투자, 취득 권리 기준으로 자용(소유권)투자, 권리취득 방식은 협의취득방식, 부동산 종류는 토지와 건물이 복합된 복합부동산, 기간은 장기(5년), 규모는 대형, 적법성은 합법 투자에 대해서 논의를 전개한다.

제2장
부동산투자 주체와 절차

■ 학습방법

앞의 제1장에서는 부동산투자의 개념에 대하여 학습하였다. 부동산투자는 인간의 부동산활동 중 하나로서 부동산투자 이론을 정립하기 위해서는 부동산 투자활동에 참여하는 자는 누구인지, 투자자는 부동산투자 과정에서 구체적으로 어떤 일을 해야 하는지 등에 대해서 알아야 한다. 또한 인간의 부동산활동은 결정과 실행 과정을 거쳐야 하므로 투자결정을 위한 세부적 절차도 함께 알아야 한다.

따라서 제2장 '부동산투자 주체와 절차'에서는 다음과 같은 3가지 내용들을 학습하게 된다.

1. 부동산투자에 영향을 미치는 참여자는 어떤 사람들이 있고, 이들은 부동산투자 활동에서 어떤 역할을 수행하게 되는지 점검한다.

2. 부동산투자 주체가 부동산투자 과정에서 수행하게 되는 부동산활동의 구체적인 내용들을 알아본다.

3. 부동산투자 주체가 합리적인 부동산투자 의사결정을 위해서는 어떤 절차를 거치는 것이 바람직하며, 각각의 절차에서 부동산 투자 주체가 해야 할 일은 어떤 것이 있는지 알아본다.

본서를 통해 부동산투자를 공부하는 학습자는 '제1절 부동산투자 참여자'에서는 부동산투자에 관여하는 다양한 참여자들의 역할을 명확하게 구분할 수 있어야 한다. 또한 '제2절 부동산 투자활동 단계'에서는 단위 부동산투자가 시작되어 종결될 때 까지 일반적으로 어떤 절차를 거치는지에 대한 흐름을 이해해야 하나, 부동산투자 의사결정 이외의 각 활동 절차에 대한 구체적인 지식은 본서가 아닌 해당 활동별 전문 이론서를 통해 습득한다. 기타 '제3절 부동산 투자결정 절차'에서는 부동산 투자활동의 첫 번째 단계로서 모든 부동산 투자이론은 투자결정을 중심으로 전개되는 점을 감안하여 보다 심도 있게 공부하는 것이 좋다.

이와 같은 부동산투자 참여자에 대한 지식과 부동산 투자활동의 절차, 부동산 투자결정 절차에 대한 지식은 본서에서 다루는 부동산 투자이론의 전체 구성과 흐름을 이해하기 위한 나침반과 같은 것이므로, 앞의 제1장과 함께 제2편 이후의 모든 내용의 학습에 적용되는 기본 이론이 된다.

제 1 절   부동산투자 참여자[8]

부동산투자에는 다양한 이해관계자가 존재할 수 있으며, 부동산투자의 규모가 클수록 또는 기간이 길수록, 부동산투자에 필요한 절차가 많을수록 이해관계자의 수가 증가할 수 있다. 부동산투자와 관련한 다양한 이해관계자를 '부동산투자 참여자'라고 하며, 이들 투자 참여자들은 '부동산투자에 영향을 미치는 자'이다. 따라서 부동산투자 타당성을 분석하기 위해서는 이들 각 참여자의 역할이나 참여자에 의해 발생할 수 있는 위험, 참여자에 대한 수익 배분 등에 대한 이해가 필요하다.

일반적으로 부동산학에서 주로 논의되는 부동산투자 참여자는 다음의 〈그림 1-2〉와 같이 부동산투자자(지분투자자) 이외에도 저당대출자(저당투자자), 임차인, 정부, 지원분야 전문가 등 다양하다.

그림 1-2   부동산투자 참여자

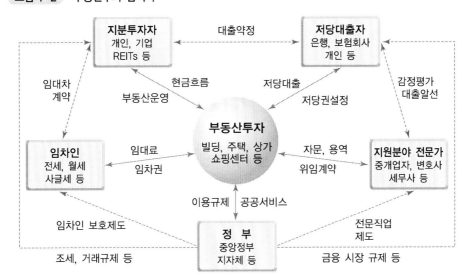

---

8) 이창석, 상게서, p. 250 및 이원준, 『부동산학원론』, 상게서, pp. 199~200; 이원준, 『부동산컨설팅업 경영과 실무』, 상게서, p. 204; 안정근, 상게서, p. 270 참조.

1. 지분투자자

지분투자자(持分投資者, Equity investor)란 직접적으로 부동산투자를 실행하는 주체로서 일반적으로 부동산투자자를 말한다. 이는 부동산투자에 대한 궁극적인 의사결정을 하는 주체이다. 일반적으로 부동산은 안전성의 특성으로 인해 담보가치가 높으며 부동산을 담보로 대출을 받아 투자할 경우 레버리지효과를 기대할 수 있어 대부분의 부동산투자자는 전체 투자금 중 일부는 대출 등을 통해 타인자본을 조달함으로써 부의 극대화를 추구할 수 있다. 결국 부동산투자자가 투자하는 현금은 총투자액 중 일부분(지분)이 되므로 부동산투자자는 '지분투자자'라고 하며, 지분(持分, equity)이란 자기자본(自己資本)을 의미하므로 지분투자자를 자기자본투자자라고 부르기도 한다. 지분투자자는 개인이나 기업, 부동산투자회사(REITs), 부동산펀드, 기타 각종 법인 등 권리를 향유할 수 있는 주체이다.

지분투자자는 부동산으로부터 발생하는 여러가지 이익을 향유할 수 있다. 투자자가 대상 부동산에 대해 가지는 권리는 부동산권(Property right)으로 대상 부동산을 사용·수익할 수 있는 소유권이나 임차권, 지상권, 전세권 등이 포함된다. 부동산에서 발생하는 이익은 부동산권을 바탕으로 하고 있다.

지분투자자의 부동산 투자활동의 범위는 그 활동 내용에 따라 ① 토지를 매입하여 일정 기간 관리한 후 매각하거나, ② 구입한 토지를 개발 또는 재개발함으로써 부가가치를 높여 실수요자 혹은 부동산 임대사업자에게 매각하거나, ③ 개발 완료된 빌딩이나 주택 등 부동산을 매입하여 일정 기간 임대사업을 운영한 후 매각하는 것으로 구분된다. 이밖에 최근 들어서는 기존 도시지역에서 오래된 건물을 리모델링하는 방식의 투자도 성행하고 있다.

본서에서는 이와 같은 다양한 투자 방식 중 통상 '임대용 빌딩을 구입하여 일정 기간 임대사업을 운영한 후 매각하는 방법'을 가정하고 이를 전제로 하여 투자이론에 대한 논의를 전개한다.

2. 저당대출자

저당대출자(抵當貸出者, Mortgage lenders)란 지분투자자에게 부동산을 담보로 투자자금을 융통해 주는 자를 의미한다. 중요한 저당대출자로는 은행·보험회사·신탁회사·투자기금 등이 있으며, 개인도 저당대출자가 될 수 있다.

일반적으로 부동산투자에는 많은 자금이 소요되고, 타인자본을 동원할 경우 기대되는 레버리지 효과로 인해 많은 투자자들은 저당대출자로부터 자금을 차입하여 투자재원의 일부로 활용하고 있으므로 저당투자자도 부동산시장 참여자로 본다. 즉 부동산을 담보로 저당대출을 해주는 대출자도 투자자금의 일부를 제공하여 간접적으로 대상 부동산에 투자를 하고 있으므로 저당투자자(抵當投資者, Mortgage investor)라고도 할 수 있다. 저당투자자는 지분투자자보다 수익을 우선배당을 받는 선(先)순위 채권을 보유하게 되며, 원리금상환을 담보하기 위하여 부동산에 저당권을 설정하는 경우가 많다.

매기별 임대료 등 수익이 발생하는 일정 규모 이상의 상업용부동산 투자는 레버리지 효과 등을 감안하여 대부분 저당대출을 통해 투자자금을 조달하고 있다. 따라서 저당대출 이자율이나 원리금 상환방식 등 대출 조건은 부동산투자의 현금흐름과 수익구조에 큰 영향을 미치는 중요한 변수가 된다.

3. 임차인

임차인(賃借人, tenant)이란 대상 부동산을 직접 점유하여 사용하는 사람을 의미하며, 임차인은 매 기간마다 일정한 임대료를 지불하고 지분투자자로부터 대상 부동산에 대한 일시적 사용권을 매수한다.

임차인이 매수하는 일시적 사용권은 전세나 월세, 사글세 계약에 의해서 발생되며, 우리나라의 경우 임대보증금을 지급하는 전세나 월세 방식의 임대차계약이 성행하고 있다. 임차인의 임대보증금은 임대차계약이 시작되는 시점에서 소유자에게 지급되나, 계약이 종료되면 다시 임차인에게 그 원금만 반환한다. 따라서 임대보증금은 무이자(無利子) 타인자본으로 볼 수 있으며, 부동산투자 타당성분석에서는 임대보증금으로 인한 레버리지 효과도 감안되어야 한다.

임대용 빌딩이나 임대주택 등의 투자에 있어 임차인들의 임차수요는 부동산투자에서의 수익을 결정하는 것이므로 부동산투자에서의 중요한 변수가 된다. 결국 임차인들의 대상 부동산에 대한 임차수요는 사실상 임대용 빌딩의 가치를 결정하는 변수로서, 부동산투자의 전체 단계에 걸쳐서 항상 우선적으로 검토되어야 하는 매우 주요한 요소이다.

4. 정 부

정부(政府, government)는 다양한 정책을 통하여 투자자·대출자·임차인과 그들 상호관계에 많은 영향을 주고 있다. 따라서 정부는 부동산의 취득에서 처분에 이르기까지 부동산투자에 각종 규제를 가하거나 투자를 조장함으로써 부동산투자 환경 중 하나인 정책환경을 조성하는 주체이다.

저당투자자에 대해서도 이자율의 변동, 대출규제, 화폐정책 등의 방법으로 다양한 방식의 규제 또는 조장 정책을 시행 하고 있다. 최근 우리나라의 경우 주거용 부동산시장에 대한 관리방법으로 대출규제를 통한 간접규제 방식을 택하고 있으며, 정부의 시장이자율 정책은 부동산투자 수익률에 영향을 미치는 중요한 환경이 되고 있다.

5. 지원분야 전문가

지분투자자나 저당대출자의 투자의사결정을 지원하는 지원분야 전문가에는 부동산중개업자나 자산관리사, 감정평가사, 신탁회사(〈부록 2〉 참조), 회계사, 상담사, 변호사, 세무사, 법무사 등이 있다. 이들은 대상 부동산과 의사결정주체들 사이에서 부분적이고 일시적인 지원기능을 수행한다. 부동산투자를 위해서는 다양한 전문적 지식이 필요하므로 지원분야 전문가의 적절한 활용은 부동산투자 성공을 위해 필수적인 요소이다.

부동산투자 타당성분석에서는 투자 초기에 이들 전문가에 대해 지불하는 보수를 취득비용의 일종으로 처리하며, 투자결정 후 보유단계에서는 운영비용으로, 처분단계에서는 처분비용의 일종으로 간주한다.

제 2 절 부동산 투자활동 단계

1. 부동산 투자활동 단계의 구분

그림 1-3 부동산투자실행 5단계

부동산활동은 공통적으로 의사결정과 실행의 2단계로 구분되는데, 지분투자자의 부동산 투자 활동 역시 크게는 부동산투자 의사결정(투자결정) 과 투자실행의 2가지 단계를 거치게 된다.

첫 번째 단계인 부동산 투자결정 단계란 투자 대상 부동산을 선정하고 해당 부동산에 대한 투 자의사를 확정하는 단계를 의미한다. 또한 투자 실행 단계란 부동산투자자가 투자에 대한 의사 결정을 한 후 직접 부동산을 구입하고 운영하는 절차를 의미한다.

두 번째 단계인 투자실행 단계를 다시 자세히 나누어 보면, 결국 다음의 〈그림 1-3〉과 같이 부동산 투자활동은 투자결정 이후의 4가지 단계를 포함하여 총 5단계로 구성된다. 구체적으로 ① 부동산투자 의사결정, ② 사용·수익·처분권 확보, ③ 이용·관리·개발 등, ④ 부동산 처분, ⑤ 소득세 등 사후처리의 단계로 구분할 수 있다.

2. 부동산 투자활동 단계별 주요 업무

1) 부동산 투자결정 단계

부동산투자의 시작은 특정 부동산에 대한 투자 의사결정 단계이며, 이는 투자 대상 부동산과 부동산시장에 대한 면밀한 조사와 이를 근거로 한 투자타당성 분석을 통해 투자 여부를 결정하는 단계이다. 특히 부동산투자는 장기투자의 특징이 있으며, 투자위험도 높은 점을 감안할 때 5가지 단계 중 투자 의사결정 단계가 가장 중요한 것으로 봐야 할 것이다. 따라서 부동산투자의 성공 여부는 이 단계에서의 투자타당성 분석이 얼마나 정확한가에 따라 결정된다고 해도 과언이 아니다. 부동산 투자 결정에 대해서는 다음 절에서 더욱 상세하게 논의하기로 한다.

2) 사용 · 수익 · 처분권 확보 단계

투자 대상 부동산의 '사용 · 수익 · 처분권 확보'를 위해서는 일반적으로 부동산을 구입하거나 임차하게 된다. 부동산의 사용 · 수익 · 처분권을 확보한다는 것은 법률상 부동산의 소유권을 취득하는 것이며, 부동산의 사용 · 수익권만 확보하기 위해서는 부동산의 임차권이나 지상권, 전세권을 취득한다. 또한 이를 위해서는 보유한 현금뿐만 아니라 저당대출, 임대보증금 등을 통해 투자자금을 확보하고 거래계약을 체결하여 이행해야 한다.

부동산에 대한 소유권이나 임차권 등을 확보할 경우 부동산거래와 관련된 다양한 위험에 직면할 수 있다. 이와 같은 거래와 관련된 위험이 현실화 되는 것을 부동산 거래사고라고 하며, 부동산 거래사고로 인한 위험은 회복이 불가능한 위험이 많으므로 이들 위험은 회피 대상 위험이 된다. 부동산 거래사고로 인한 위험을 회피하기 위해서는 부동산 관련 법률이나 기술, 경제적 전반에 대한 전문적인 지식이 필요하게 되며, 이로 인해 다양한 분야의 관련 전문가(중개업자, 변호사, 법무사, 감정평가사 등)의 지원이 필요하다.

사용 · 수익 · 처분권 확보를 위한 재원, 즉 부동산투자 재원 마련을 위한 노력도 수반되는데, 특히 타인자본 마련을 위한 저당대출 과정에서도 저당대출자와의 협의를 통해 금리나 대출 조건이 결정되며, 이와 같은 조건에 따라 금리 위험이 결정되는 것이므로 저당대출을 위해서는 부동산금융에 대한 다양한 지식도 필요하게 된다.

3) 이용 · 관리 · 개발 단계

투자 대상 부동산에 대한 '이용 · 관리 · 개발 등' 단계에서는 인수받은 부동산을 투자목적에 알맞도록 이용하거나 관리, 개발, 재개발, 리모델링 등의 활동을 수행한다. 즉 단순히 자본수익만 목적으로 하는 투자자의 경우에는 인수받은 부동산을 단순히 보유만 하는 경우도 있으며, 취득한 부동산의 유용성을 증가시키고자 할 경우에는 개발(재개발, 리모델링 포함)을 하게 된다. 또한 소득수익을 목적으로 하는 투자자의 경우에는 대상 부동산을 직접 이용하여 사업을 하거나 임대하여 임대수익을 획득하게 된다.

부동산투자에서의 수익은 이용·관리·개발 단계에서도 발생하게 되며, 이용·관리 과정에서의 임대료 수입이나 가격상승 이익, 개발로 인한 개발이익 등이 이들 수익에 포함된다. 부동산투자에서의 위험이란 기대하는 수익이 발생되지 않을 가능성을 의미하며, 투자결정 단계에서 추정된 위험은 이용·관리·개발 단계에서 실현되는 경우가 많다. 따라서 부동산투자자는 이 단계에서 직면하는 다양한 위험을 효율적으로 관리할 수 있는 지식이 필요하다.

결국 부동산투자자는 투자의사결정과는 별도로 각 활동별 의사결정과정을 거쳐 실행을 해야 하며, 의사결정을 위해서는 별도의 타당성분석을 해야 한다. 이와 같은 각 활동별 타당성분석 역시 해당 분야의 상당한 지식이 필요하므로 부동산관리나 개발 전문가의 개별적 지원을 확보할 수 있는 방안을 마련해야 할 것이다.

4) 부동산 처분 단계

'부동산 처분'이란 투자가 종료되어 투자를 위해 구매한 부동산을 매도하거나 임차한 부동산을 임대인에게 반환하는 절차를 의미한다. 부동산을 매도할 경우에는 부동산투자에 동원된 타인자본에 대한 정산이 필요하며, 부동산을 임대인에게 반환하는 경우에는 임대보증금의 정산이나 부동산의 원상회복 등의 절차가 필요하다.

투자 대상 부동산을 매도할 경우에는 매도가격이나 시점, 조건의 결정에 따라 부동산투자의 수익이 차별화 되며, 부동산처분을 위해서도 이들 조건을 감안한 별도의 타당성분석을 통한 의사결정이 필요하다. 이때의 타당성분석 과정에서는 매도 이후 지분투자자에게 귀속되는 현금의 투자대안과 매도하지 않고 그대로 보유하는 경우의 대안을 상호 비교함으로써 매도 여부를 결정하는 것도 필요할 것이다. 기타 부동산의 매각이나 반환 과정에서는 부동산거래 관련 지식을 충분히 참조해야 하며, 부동산을 매각할 경우에는 매각가격이나 양도소득세 등을 감안하여 매각에 대한 타당성분석을 거치는 것이 바람직하다.

5) 소득세 등 사후처리 단계

마지막 단계인 '소득세 등 사후처리'란 부동산을 매도한 이후에 개인의 경우 양도소득세, 법인의 경우 법인세 등 부동산양도 관련 세금을 신고·납부하고, 대출이나 임대보증금 채무를 인계하는 등 투자 종료시점에서 필요한 업무를 수행하는 것을 말한다. 특히 부동산투자에서 양도차익에 대해 부과되는 양도소득세나 법인세는 처분전략에 따라 부담하는 세금이 달라질 수 있으므로, 부동산 처분단계에서는 세무사나 회계사 등 지원분야 전문가의 도움을 받아 양도소득세 등의 절세전략도 감안해야 할 것이다.

부동산투자로 인한 지분투자자의 수익은 소득세 등 사후처리가 끝난 이후의 현금주의 회계 원칙에 따라 산정되어야 한다. 즉 사후처리가 모두 종료된 이후 부동산투자 결과에 대한 현금흐름 분석을 통해 대상 부동산투자를 재분석함으로써 향후 부동산투자를 위한 참고자료로 활용할 수 있을 것이다.

제 3 절 부동산 투자결정 절차

1. 부동산 투자결정 5단계

부동산투자의 능률성 측면에서는 상기에서 논의한 총 5가지의 부동산 투자활동 단계 중 부동산의 특성이나 부동산투자의 특성 등을 감안할 때 부동산투자결정(의사결정) 단계가 가장 중요하다. 따라서 부동산 투자이론은 투자의사결정의 핵심적 내용인 부동산투자 타당성분석에 집중되어 논의되고 있다.

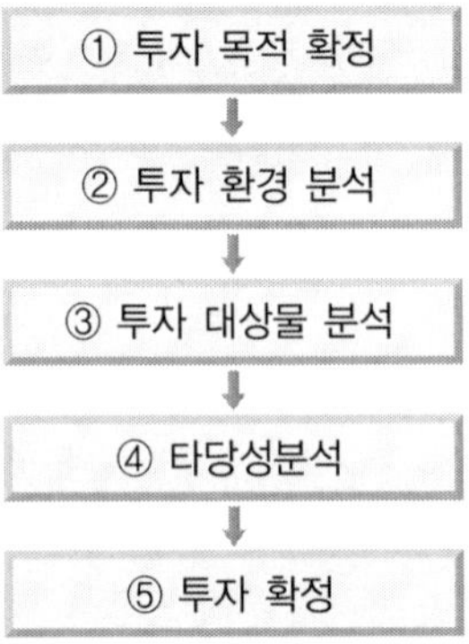

부동산시장 참여자들은 여러 가지 형태의 부동산활동과 관련된 의사결정을 하고 있으며, 이를 줄여서 부동산결정(不動産決定)이라고 한다. 부동산결정이란 어떤 부동산에 투자할 것인가를 결정하는 문제만을 의미하는 것이 아니나 가장 중요한 것은 역시 부동산투자에 관한 결정이므로, 본서에서는 별도로 '부동산 투자결정' 혹은 '투자결정'으로 표현하고자 한다.

부동산 투자결정의 과정은 〈그림 1-4〉와 같이

그림 1-4 부동산투자결정 과정

① 투자 목적 확정
↓
② 투자 환경 분석
↓
③ 투자 대상물 분석
↓
④ 타당성분석
↓
⑤ 투자 확정

① 투자 목적 확정, ② 투자 환경 분석, ③ 투자 대상물 분석, ④ 타당성분석, ⑤ 투자 확정의 5가지 단계를 거쳐 이루어지는 것이 바람직하다.[9]

2. 부동산 투자결정 과정별 내용

1) 목적 확정

부동산투자의 첫 번째 과정은 부동산투자 주체인 지분투자자의 부동산투자 목적이 무엇인지를 확정하는 것이다. 지분투자자의 목적은 기대되는 임대료 수입, 부동산을 활용한 사업 등을 통한 이용이익, 인플레이션 헷지, 부동산 가치의 상승으로 인한 이익, 후손에 대한 배려(증여), 부동산 소유의 만족감 등 다양하다. 일반적으로 부동산 투자이론에서는 다양한 부동산투자의 목적은 지분투자자의 부(富)의 극대화로 귀결되므로, 부동산투자 목적은 기대 수익(부)의 극대화에 있다고 가정한다.

2) 환경 분석

부동산 투자결정에 영향을 미치는 각종 환경을 분석한다. 부동산투자 환경에는 부동산의 시장상황, 투자에 영향을 미치는 법적, 금융적, 세제적 환경이 포함된다. 학자에 따라서는 다양한 부동산투자 환경을 분석하는 것을 시장분석이라고도 한다. 부동산투자에서 시장분석의 근본적인 목적은 다양한 부동산시장 환경 중 어떤 환경이 대상 부동산투자에 영향을 미칠 수 있을 것인지, 또한 대상 부동산투자에 영향을 미치는 환경으로 인해 부동산투자의 편익과 비용은 어떤 영향을 받을 것인지를 분석하는 것이다.

부동산은 환경의 구성요소인 동시에 환경은 부동산의 용도나 가치를 결정하게 된다. 특정한 투자 대상 부동산이 사전에 결정되어 있지 않은 경우에는 투자 대상 부동산의 선정(입지선정)을 위해 시장분석의 절차가 필요하기도 하며, 선택된 투자 대상 부동산의 최유효이용 용도결정을 위해서도 시장분석이 필요하다.

투자 대상물 분석 단계는 일반적으로 ⓐ 도시 분석, ⓑ 지역 분석, ⓒ 대상물 분석의 3가지 단계를 거쳐야 한다. 또한 도시 · 지역 · 대상물 분석에서는 공통적으로

---

9) Austin J. Jaffe and C. F. Sirmans, 『Real Estate』(New Jersey: Prentice-Hall, 1982), pp. 7~19.

'자료수집 → 자료분석 → 선정'이라는 단계를 거치게 된다. 결국 투자 대상물 분석은 〈그림 1-5〉와 같이 총 9단계를 거치게 된다.

그림 1-5   부동산 투자대상물 선정

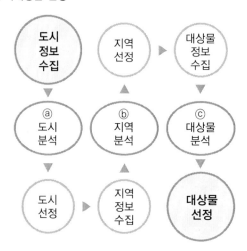

첫 번째의 '도시 분석'이란 투자 대상 부동산 선정을 위해 가장 먼저 시행되는 단계로서 선택 가능한 도시에 대한 정보를 수집하여 분석함으로써 투자 타당성이 가장 높은 도시를 선정하는 단계를 의미한다. 도시 분석 단계에서는 해당 도시의 경제기반이나 인구, 소득수준, 교통체계, 발전계획 등 해당 도시의 전체 부동산시장에 영향을 미치는 다양한 정보를 감안하여 분석한다.

두 번째의 '지역 분석'은 선정된 도시 중 투자 대상 부동산이 속한 시장지역을 비교분석하여 투자 타당성이 가장 높은 시장지역을 선정하는 것이다. 부동산의 가격이나 용도는 그 부동산이 속한 시장환경에 의해 결정된다. 예를 들어, 자본수익을 목적으로 하는 투자자의 경우에는 장차 해당지역의 유용성이 증가되어 가격 상승이 예상되는 지역시장을 선택해야 할 것이며, 분양상가를 구입해 소득수익을 획득할 것을 목적으로 하는 투자자의 경우에는 상업중심지시장 등을 선택해야 할 것이다.

세 번째의 '대상물 분석'이란 시장지역에 속한 개별 부동산을 비교분석하여 투자자의 자금조달 능력이나 투자활동의 목적에 알맞은 면적과 위치, 모양, 도로 조건 등을 갖춘 부동산을 선정하는 작업이다.

도시 분석과 지역 분석, 대상물 분석에 대한 사항은 제2편 부동산 시장분석에서 상세히 설명하기로 한다.

3) 편익 · 비용 분석

부동산투자로부터 기대되는 비용(費用, cost)과 편익(便益, benefit)을 분석한다. 편익 · 비용분석에서 가장 흔히 쓰이는 것은 화폐적 척도에 의한 현금수지(Cash flow)의 측정이다. 현금수지 측정에서 비용이란 지분투자자가 지출하는 '현금유출액'을 의미하며, 편익이란 지분투자자에게 유입되는 '현금유입액'을 의미한다. 이와 같은 편익과 비용을 분석하는 것을 경영학에서는 비용편익분석(Cost-benefit analysis)이라고 하는 경우도 있으나, 부동산학에서는 '현금흐름분석(Cash flow analysis)이라고 부르기도 한다.

부동산투자의 경우 일반적으로 거래비용이 과다하고 투자에 장기간이 소요되므로 전체 투자기간 중에 발생하는 편익 · 비용을 분석하기 위해서는 시간의 흐름에 따른 비용과 편익의 변화도 감안되어야 한다. 편익과 비용의 변화는 상기 시장분석에서 수집된 정보를 기초로 추정될 수 있다.

4) 타당성분석

부동산투자에 대한 타당성분석은 기술적 측면의 타당성분석과 법률적 측면의 타당성분석, 경제적 측면의 타당성분석이 필요하다. 기술적 타당성분석이란 대상 부동산의 위치나 면적, 모양, 층수, 구조 등 물리적 상황에 대한 분석을 의미하며, 법률적 타당성분석이란 대상 부동산의 권리 관계에 하자가 없는가에 대한 분석을 의미한다. 경제적 타당성분석이란 대상 부동산 투자로 인한 수익의 획득 가능성을 분석하는 것이다.

부동산투자자의 투자 목적이 수익(부)의 극대화에 있다는 전제에서는 이들 3가지 중 경제적 타당성분석이 가장 중요하다. 이 경우 경제적 타당성분석에서는 기술 · 법률적 타당성분석 요소들이 별도의 부동산투자 위험으로 간주되기도 한다.

경제적 타당성분석에서는 목표로 하는 수익의 획득이 가능한지 여부를 분석하는 것이므로, 3개 정도의 부동산 투자 대안을 선정하여 타당성이 가장 높은 대상물을 선정하는 것이 바람직하다. 1개의 투자 대안에 대해서 선택할지 여부를 결정하거나 복수의 투자 대안 중 어떤 투자대안을 선택할 것인지 여부를 판정하기 위한 기준을

'투자준거(投資準據, Investment criteria)라고 한다. 일반적으로 부동산투자 타당성분석에서는 분석된 현금수지로부터 다양한 투자준거를 산정하여 투자의 타당성을 판단한다. 투자준거는 투자분석기법을 적용하여 산출되며, 구체적인 타당성분석 기법에 대한 논의는 다음의 제3편에서 자세히 다룰 예정이다.

5) 투자결정

지분투자자는 부동산투자 타당성분석 결과를 토대로 하여 투자 여부를 최종적으로 결정한다. 투자결정을 판단하는 근거(투자준거)에는 기대수익률과 요구수익률을 비교하는 방법과 투자가치와 시장가치를 비교하는 방법 등 다양한 방법이 있다.

부동산투자의 수익률이나 가치는 상기 타당성분석 과정에서 도출되는 투자준거의 일종이 된다. 다양한 투자준거 중 어떤 준거를 적용할 것인지 여부는 부동산투자 기간이나 부동산의 종류, 타당성분석 내용 등에 따라 달라질 수 있다.

제 2 편

부동산 시장분석 이론

제**3**장
부동산시장과 시장분석

■ 학습방법

제2편 부동산 시장분석 이론은 부동산 투자결정과정 중 2단계인 환경분석을 위한 것이며, 시장분석 결과는 부동산투자를 위한 위험의 분석이나 관리, 투자 타당성분석 등을 위해 반드시 활용해야 할 정보가 된다. 따라서 본격적인 부동산 시장분석을 위해서는 부동산 시장분석이 어떤 것인지(제3장)와 부동산 시장분석을 위한 기초지식(제4장)을 습득해야 한다.

특히 부동산 활동자는 자신이 원하는 목적을 위해 부동산시장을 분석해야 하므로 이를 위해서는 가장 먼저 부동산 시장분석이나 부동산시장이 어떤 것인지, 구체적으로 부동산 시장분석을 위한 절차 등에 관한 기본 지식을 보유하고 있어야 한다.

따라서 제3장 '부동산시장과 시장분석'에서는 다음과 같은 4가지 내용들을 학습하게 된다.

1. 부동산 시장분석이란 무엇이며 어떤 절차를 거쳐 부동산 시장분석을 해야 하는지에 대한 개략적인 사항을 알아본다.

2. 분석 대상인 부동산시장이 무엇이고 누가 부동산시장에 참여하는지, 부동산시장은 다른 시장에 비해 어떤 특징이 있는지 알아본다.

3. 부동산시장은 그 분석 목적에 따라 가변적인 것이므로 분석 대상 부동산시장의 권역은 어떻게 형성되는지 알아본다.

4. 부동산시장의 권역은 부동산의 용도별로 형성되는 경우가 많으므로 시장권역 설정을 위한 부동산의 적정용도를 분석하는 방법을 알아본다.

본서의 학습자는 '제1절 부동산 시장분석'에서는 부동산투자에서의 부동산 시장분석의 개념과 절차에 대한 분명한 이해가 필요하며, '제2절 부동산시장'에서는 부동산시장의 정의를 이해하고 일반 시장과 다른 특징도 함께 이해해야 할 것이다. 또한 '제3절 부동산시장의 범위'에서는 투자 대상 부동산의 유형에 따른 시장권역을 설정하는 기준에 대해서 이해해야 한다. 기타 '제4절 최유효이용 분석'에서는 시장권역 설정 이전에 판단해야 할 부동산의 최유효이용을 분석하는 방법을 알아본다.

이와 같은 부동산 시장분석과 부동산시장에 대한 개념과 시장권역 설정에 대한 지식은 제2편의 전반적 이해에 필요한 기초지식으로 활용된다.

제 1 절 부동산 시장분석

1. 부동산 시장분석의 의의

1) 시장분석 목적

자본주의 사회는 시장경제를 근간으로 하며 모든 부동산활동은 시장에서 이루어지게 되므로 부동산결정을 위해서는 부동산활동에 영향을 미치는 부동산시장에 대한 정확한 정보를 수집하여 해당 부동산활동에 미치는 영향의 크기와 내용을 분석하여야 한다. 부동산 시장분석(Real estate market analysis)이란 일정 지역시장 단위에서 특정 유형의 부동산의 수요와 공급에 미치는 영향을 연구·분석하는 것이다. 때로는 특별한 입지에서의 개발시장을 분석하는 개발 선행활동으로 이루어지기도 한다. 이와 같이 시장분석은 공급부문의 분할(disaggregation)과 수요부문의 세분화(segmentation)로 구분하여 세분화된 부동산 시장 내에서 이루어지는 것이 일반적이다.

부동산 시장분석의 정의에 대해서는 다양한 의견들이 있으며, 부동산개발을 위한 시장분석이론에서는 시장(市場) 분석과 시장성(市場性)분석을 구분하여 논하기도 한다. 부동산학자에 따라서는 시장분석을 수요·공급분석이나 환경분석, 입지분석, 지역분석 등의 다양한 용어로 표현하기도 한다(김용창, 2001).[1]

관련 정의들을 요약해 보면 부동산 시장분석은 특정 부동산시장에서의 수요와 공급의 현황 및 장래 변동을 예측하는 활동을 포함하고 있다. 이를 위해서는 해당 부동산시장에서의 현재와 장래의 수급에 영향을 미치는 각종 환경을 분석해야 한다. 시장분석 결과는 각각의 부동산 의사결정을 위한 기본 정보로 활용된다.

2) 부동산활동과 시장분석

부동산 시장분석을 통해 예측된 수요·공급의 현황 및 동향은 각각의 부동산활동의 목적에 따라 달리 활용된다. 예를 들어, 임대용 빌딩에 대한 투자 타당성분석을

---

1) 김용창, 2001, 부동산시장 및 타당성분석체계에 대한 연구(감정평가연구 Vol.11), 한국부동산연구원.

수행할 경우에는 부동산시장의 수급 현황 및 전망을 통하여 투자 전체 기간의 임대료 수준과 공실률, 시장 위험의 크기, 투자 종료시점에서의 유동성 위험 등을 추정할 수 있다. 또한 투자대상 임대용 빌딩의 현재 가치의 적정성이나 임대료 수준의 적정성, 공실률의 적정성도 함께 분석할 수 있다. 또한 오피스텔 개발을 위한 시장분석 결과를 근거로 오피스텔의 장래 분양률(흡수율)과 분양가격, 개발비용, 시장 위험의 크기 등을 추정할 수도 있다.

부동산관리자를 위한 관리 타당성분석에서는 시장분석 결과를 근거로 전체 관리 기간 중의 적정 임대료 수준과 공실률, 시장 위험의 크기 등을 추정하는데 활용될 것이며, 필요에 따라서는 현재의 임대료 수준과 공실률의 적정성을 분석하는데 활용할 수 있다. 부동산금융에서 대출자의 경우에는 시장분석 결과를 근거로 인플레 위험이나 시장 위험, 법률 위험 등의 크기를 측정할 수 있다. 부동산정책 담당자를 위한 시장분석 결과는 현재 시장의 문제점을 분석하고, 이에 대한 대책을 모색하는 데 활용될 수도 있다. 부동산입지선정 담당자가 추진하는 시장분석 결과는 입지선정 대상 부동산의 경제적 타당성분석(입지 차이로 인한 편익의 차별성)에 활용될 수 있다. 부동산감정평가사가 추진하는 시장분석 결과는 평가 대상 부동산 가격에 영향을 미치는 시장환경으로 활용되며, 시장환경과 개별부동산에 대한 분석 정보를 활용하여 장래의 수익이나 위험의 크기, 가치 등을 분석할 수 있다. 기타 부동산중개업자는 중개대상물의 거래를 알선하기 위하여 고객의 의사결정에 필요한 시장정보를 수집하고 분석하여 중개대상물의 가격수준이나 가격변동 가능성 등의 정보를 제공해야 한다.

이와 같이 부동산활동에서의 시장분석의 내용은 분석 전체 기간에 걸친 수급 현황과 전망을 의미하는 것이므로 개별 부동산활동에서의 시장분석은 활동의 종류에 따라 그 대상과 내용이 각각 달라지기 마련이다.

3) 시장분석과 부동산투자 타당성분석

부동산활동에서의 시장분석은 특정 부동산활동의 의사결정을 위한 정보수집 단계이며 시장분석을 통해 분석된 결과는 각각의 부동산결정을 위한 정보로 활용된다. 따라서 시장분석활동은 개별 부동산결정활동을 위한 필수적 절차로서의 성격을 지닌다. 물론 시장분석의 결과와 개별 부동산활동을 위한 타당성분석의 결과는 동일하다고 볼 수는 없다. 즉 시장분석의 결과는 대상 부동산활동의 시장환경에 대한 분석이며, 이를 토대로 개별 부동산활동에 필요한 경제적 타당성분석(경제성분석)은 별도의 절차를 거쳐야 한다.

경제성분석을 위한 정보는 시장분석을 통해 수집된다. 즉 시장분석은 각각의 부동산활동의 경제성분석을 위한 정보수집의 역할을 수행하는 것이므로 경제성분석을 위한 각종 변수는 시장분석을 통해 결정될 수 있을 것이다. 그러나 시장분석과 경제성분석의 범위에 대해서는 학자마다 각각 달리 정하고 있어 시장분석의 범위를 한마디로 표현하기는 곤란하다.

시장분석의 목적은 좁게 볼 경우에는 특정한 부동산시장의 수급 현황과 전망을 도출하는 것이며, 넓게 볼 경우에는 경제성분석을 위한 변수 계산까지 포함한다. 이때 경제성분석을 위한 변수란 할인현금수지분석(DCF분석)의 경우, 투자 전체 기간의 임대료 현황 및 변동률, 공실률 현황 및 변동률, 운영비 현황 및 변동률, 금리 현황 및 변동률, 시장 위험, 운영 위험 등 각종 위험의 크기 및 변동률 등을 포함한다. 오피스텔 분양 목적의 개발활동에서 경제성분석을 위한 변수는 예상 분양률(흡수율), 자재가격 현황 및 변동률, 위험 현황 및 변동률 등이 될 수 있다.

이와 같은 논의를 종합해볼 때 부동산투자에서의 부동산 시장분석이란 부동산시장의 수요와 공급 현황 및 분석 기간의 장래 수요·공급 변화 전망을 분석함으로써 부동산결정에서의 경제적 타당성분석을 위한 각종 변수를 도출하는 것으로 정의할 수 있다. 다만 본서에서의 부동산 시장분석은 부동산 투자결정을 위해 사전에 수행되는 것이므로 부동산 시장분석의 목적은 할인현금수지(DCF) 분석을 위한 각종 변수와 변수값(투자준거)의 도출로 정의될 수도 있겠다.

부동산 시장분석과 유사한 개념인 부동산개발에서의 시장성분석(Marketability analysis)은 주어진 입지에서 개발형태에 따른 수요자의 선호와 경쟁환경을 분석하여 개발사업의 분양(임대) 실적을 극대화하는 토지의 최유효이용에 대한 연구작업을 말하며, 흔히 시장분석의 한 부분으로 취급된다고 하였다(이창석, 1998). 또한 김용창 (2001)은 시장성분석은 시장분석의 마지막 단계라고 할 수 있는 것으로 특정 부동산이 시장성이 있는지 여부를 결정하기 위해 가격, 품질, 속성 등의 측면에서 경쟁관련 정보를 중심으로 분석하는 것이라고 정의하였다.

일반적으로 시장성분석의 최종 목표는 계획 제품에 대한 판매예측, 즉 앞으로 생산할 제품이 시장에서 얼마나 팔릴 것이냐, 향후 수요증가 추세는 어떻게 변할 것이

나를 분석하는 것으로 집약할 수 있으며, 부동산개발을 위한 시장성분석에서는 시장흡수율이나 시장침투율에 대한 분석이 포함된다. 따라서 부동산투자에서의 시장성분석은 투자 최종연도에서의 대상 부동산에 대한 매각 용이성이나 투자 기간의 임대 용이성을 분석하는 것이므로 시장성분석은 시장분석의 일부라고 간주해야 할 것이다.

또 다른 유사 개념인 타당성 분석(Feasibility study)은 일반적으로 어떤 경제주체가 수행 및 추진하고자 하는 사업활동의 적합성 여부를 사전에 미리 조사·분석·검토하는 것을 의미한다. 궁극적으로 사업활동 본래의 목적인 경제성(목표이윤)의 달성가능 여부를 사전에 조사 검토하는 것을 말한다. 이와 관련하여 이창석(1998)은 부동산개발사업의 타당성분석은 개발사업을 전제로 하여 충분한 수익이 있는가에 초점을 맞춘 분석으로 재무적 타당성분석으로 시장분석의 결과를 활용하여 시행된다고 하였다.

이와 같은 선행연구를 감안할 경우, 부동산투자에서의 타당성분석은 대상 부동산에 대한 투자 결과로 부(富)의 극대화가 달성될 가능성이 있는지 여부를 사전에 종합적으로 조사·검토하는 일련의 과정으로 볼 수 있다. 한편 타당성분석은 시장분석의 결과를 활용하게 되므로 시장분석은 타당성분석을 위해 거쳐야 하는 필수 절차가 된다. 따라서 넓은 의미의 타당성분석의 범위 안에 시장분석이 포함되는 것으로 봐야 할 것이다.

2. 부동산 시장분석의 구성요소

부동산 시장분석을 위해서는 현재 및 미래 부동산의 수요와 공급 예측은 물론 수요와 공급에 영향을 미치는 다양한 원인 변수(예: 입지요인 등)의 수급결정요인을 고려해야 한다. 부동산 시장분석의 구성요소에 대해서는 학자들의 다양한 주장이 있으나, 요약해 보면 다음의 〈그림 2-1〉에서 제시된 것과 같이 대체로 ① 시장지역분석, ② 인근지역 분석, ③ 대상물분석, ④ 수요분석, ⑤ 공급분석의 5가지로 구분할 수 있다.

5개 시장분석 구성 요소의 상호관계를 보면 시장분석을 통해 도출된 시장지역 특성은 인근지역의 특성에 영향을 미치며, 인근지역의 특성은 대상 부동산의 특성에 영향을 미친다. 또한 시장지역의 특성과 인근지역의 특성, 대상 부동산의 특성은 수요와 공급에 영향을 미친다. 기타 시장지역 특성과 인근지역 특성, 대상 부동산 특성, 수요, 공급은 타당성분석 변수에 영향을 주게 되므로 타당성분석 변수는 이들 5개 요소에서 도출된 다양한 특성과 속성을 감안하여 결정된다.

그림 2-1 부동산 시장분석 모형

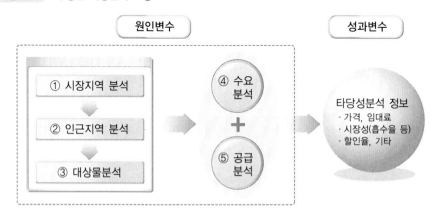

1) 시장지역 분석

시장지역 분석(Analysis of local economy)은 학자에 따라서는 '지역경제 분석' 또는 '도시분석'이라고도 하며, 분석 대상 부동산시장에 미치는 국가경제 등 거시적 환경과 분석 대상 부동산시장에 내재된 수요·공급 결정요인을 분석하는 것을 말한다. 또한 학자에 따라서는 부동산시장 환경분석과 대상 부동산 시장분석을 각각 구분하여 설명하기도 한다. 그러나 거시적 환경 중 대상 부동산시장에 영향을 미치는 환경은 수요·공급 결정요인이 된다고 볼 수 있다. 따라서 본서에서는 시장지역 분석은 부동산시장에 대한 수요·공급 결정요인을 분석하는 것으로 정의한다.

시장지역은 대상 부동산의 시장권역으로 시장지역에서의 다양한 법률·경제·기술적 환경은 부동산 시장환경을 구성한다. 시장환경은 대상 부동산시장의 수요와 공급을 결정하게 되며 시장분석을 위해서는 가장 먼저 시장지역분석을 통해 다양한 시장환경 중 수요·공급 결정요인의 현황과 변화 가능성을 분석해야 한다.

부동산개발을 위한 시장지역 분석에서는 중요 분석요소로 다음과 같은 6가지 요소를 예시하고 있으나(이원준, 2002),[2] 부동산감정평가에서는 시장지역 분석을 '일반요인 분석'으로 표현하며, 분석 대상 일반요인을 사회적 요인과 경제적 요인, 행정적 요인으로 구분하고 있다. 또한 시장분석의 목적이나 대상 부동산의 종류에 따라 아래에 열거한 것과 같이 차별화 될 수 있음을 유의해야 한다.

- 국가경제가 시장지역에 미치는 영향
- 시장지역의 경제기반 분석
- 시장지역의 인구분석
- 시장지역의 소득수준
- 시장지역의 교통체계
- 시장지역의 성장과 개발의 유형

우리나라의 경우 부동산정책은 부동산시장 전반에 상당한 영향을 주고 있다. 따라서 현재의 부동산정책이 부동산시장에 미치는 영향과 이들 부동산정책의 변화 전망도 시장지역분석 대상에 포함되어야 할 것이며, 이는 부동산투자를 목적으로 한 시장분석에만 한정되는 것은 아니다.

한편 우리나라에서는 부동산에 대한 투자재로서의 인식이 높으므로 주식이나 국·공채, 예금 등 대체 투자시장에 대한 동향과 이들 동향이 부동산시장에 미치는 영향도 분석 대상에 포함되어야 한다. 부동산가격이나 경기에 대한 전망도 부동산투자에 큰 영향을 미치고 있으므로 국가 전체 부동산시장의 경기동향과 전망도 분석 대상에 포함되어야 할 것이다.

2) 인근지역 분석

인근지역(neighbourhood) 또는 근린지역이란 대상 부동산이 속해 있는 용도적 지역이며 대상 부동산의 가격형성에 직접 영향을 미치는 지리적 구역을 말하는 것이므로 인근지역에 속한 대체부동산 가격은 상호 연관성이 높아 일정한 가격수준을 형성하게 된다.

인근지역 분석(Regional and neighborhood analysis)이란 대상 부동산이 속한 인근지역의 다양한 환경 중 대상 부동산 활동에 영향을 미치는 환경요소의 현황과 전망을 분석하는 것을 말한다.

부동산의 유용성(有用性)은 대상 부동산의 수요에 영향을 미치며, 대상 부동산의

---

2) 이원준, 2002, 부동산학원론, 박영사.

유용성은 인근지역의 다양한 환경에 의해 직접 영향을 받는다. 따라서 인근지역 환경은 인근지역에 속한 부동산(대상 부동산 포함)과 유사지역에 속한 대체부동산을 차별화하는 요소가 되며, 인근지역에 속한 부동산들은 동일한 시장환경의 영향을 받게 된다. 따라서 인근지역 분석을 통해서 대상 부동산이 속한 인근지역이 동일한 시장지역에 속한 유사지역에 비해 수요·공급의 측면에서 어느 정도 특화되어 있는지의 차별성(지역 특성)을 분석해야 한다. 이와 같은 의미에서 부동산감정평가에서는 인근지역 분석은 용도별 부동산 가격결정요인 중 지역요인을 기준으로 인근지역이 유사지역과 다른 특성을 분석하는 것으로 정의하고 있다.

부동산개발을 위한 인근지역 분석에서는 중요 분석요소로 다음과 같은 5가지 요소를 예시하고 있으나(이원준, 2002), 이 역시 시장분석의 목적이나 대상 부동산의 종류에 따라 달라질 수 있음을 유의해야 한다.

- 시장지역의 경제가 대상 부동산에 미치는 영향
- 인근지역의 교통 흐름
- 인근지역 안에서의 대체부동산 상호간의 경쟁
- 인근지역에서의 장래 발생 가능한 경쟁 가능성
- 인근지역 인구의 특성

3) 대상물분석

대상물분석(Individual analysis) 또는 개별분석, 부지분석이란 대상 부동산이 지닌 수요·공급측면에서의 속성 중 대체부동산과 차별화되는 속성(개별 특성)의 내용과 이로 인한 영향력의 크기를 분석하는 것을 의미한다.

대상 부동산의 수요에 영향을 미치는 유용성은 대상 부동산의 개별특성에 의해 결정된다. 따라서 시장분석을 위해서는 대상 부동산이 시장지역 안의 대체부동산에 대비한 차별성(개별특성)을 분석해야 한다. 세 번째의 대상물분석이란 대상 부동산이 지닌 인근지역 혹은 시장지역 안의 대체부동산에 대비한 개별특성을 분석하는 것으로 볼 수 있다.

부동산감정평가에서는 부동산의 용도나 유형(토지, 건물)별 개별요인으로 다양한 속성을 제시하고 있다. 부동산개발을 위한 대상물분석에서는 중요 분석요소로 다음과 같은 5가지 요소를 예시하고 있으나(이원준, 2002), 이 역시 시장분석의 목적이나 대상 부동산의 종류에 따라 달라질 수 있음을 유의해야 한다.

- 대상 부동산에 대한 토지이용규제 사항
- 대상 부동산에 인접한 편익시설
- 대상 부동산에 대한 접근성
- 대상 부동산의 크기와 모양
- 대상 부동산의 지형

4) 수요분석

일반적 의미에서의 수요분석(Demand analysis)이란 특정 상품에 대한 수요결정요인을 파악하여 이 요인들이 전체의 수요에 미치는 영향을 밝히는 것으로 볼 수 있으며, 부동산 시장분석에서의 수요분석은 지역시장 분석과 인근지역 분석, 대상물분석을 통해 수집된 자료를 근거로 대상 부동산에 대한 수요량과 변화를 예측하는 것을 의미한다. 물론 대상 부동산에 대한 수요 현황과 장래 전망은 시장분석의 핵심적 요소이기는 하나 대상 부동산에 대한 특정시점의 수요량은 정확하게 분석하기 어려우므로 시장분석에서의 4번째 단계인 수요분석은 대상 부동산에 대한 유효한 가망수요량과 장래의 추세를 분석하는 것이 된다.

부동산개발이론에서는 수요분석 요소로서 다음과 같은 3가지 요소를 제시하고 있으나(이원준, 2002), 이 역시 시장분석의 목적이나 부동산의 종류 등에 따라 달라질 수 있음을 유의해야 한다.

- 경쟁력
- 인구분석
- 추세분석

5) 공급분석

부동산시장은 수요뿐만 아니라 공급에 의해서도 결정되고 변동되므로 부동산 시장분석에는 반드시 공급분석이 포함되어야 한다. 공급분석(Supply analysis)이란 시장지역에서의 공급량 현황과 추세를 분석하는 것을 의미하므로, 부동산의 영속성(건물은 내구성)을 감안할 때 부동산 공급분석이란 시장지역 안에서의 대체 가능한 부동산의 존재량 및 향후 대체 가능한 부동산의 증감추세를 분석하는 것을 의미한다.

부동산개발이론에서는 공급분석 요소로서 다음과 같은 5가지 요소를 제시하고 있으나(이원준, 2002), 이 역시 시장분석의 목적이나 부동산의 종류 등에 따라 달라질 수 있음을 유의해야 한다.

- 시장지역의 공실률 및 임대료 추세
- 대체부동산 관련 공공서비스의 유용성
- 대체부동산의 건축 착공량과 건축허가 건수
- 시장지역의 도시 및 지역계획
- 시장지역의 건축비용 추세 및 금융의 유용성

3. 부동산 시장분석 활동절차

상기와 같은 부동산 시장분석 활동은 그 목적에 따라 달라질 수 있으나, 일반적으로 〈그림 2-2〉와 같이 크게는 ① 시장분석 목적 확정 ② 시장권역 설정 ③ 시장환경분석 ④ 수요·공급 분석 ⑤ 시장분석 결과 도출의 5단계의 구체적인 절차를 거쳐 시행되는 것이 바람직하다.

5가지 단계 중 두 번째 단계의 시장권역 설정이나 다섯 번째 단계의 시장분석 결과 도출은 부동산활동의 목적에 따라 각각 달라질 수 있다. 본서는 부동산투자 타당성분석을 위한 과정에 포함되는 시장분석에 대하여 설명하고 있으므로, 시장분석 관련 논의는 주로 부동산투자의 경제적 타당성분석을 위한 정보의 도출과정을 중심으로 전개된다.

1) 시장분석 목적 확정

부동산 시장분석의 첫 번째 단계는 부동산 시장분석의 목적을 결정하는 것이다. 시장분석의 목적에는 부동산투자 타당성분석(투자결정), 개발 타당성분석(개발결정), 금융 위험분석(금융결정), 정책환경분석(정책결정), 자산관리 타당성분석(자산관리방법 결정), 입지 타당성분석(입지결정), 부동산시장 동향분석 등이 있을 수 있다.

부동산시장은 지역, 용도 등에 따라 세분화되므로 시장분석은 부동산활동의 대상인 세분화된 특정 부동산시장을 대상으로 시행된다. 또한 시장분석 목적에 따라 시장분석 결과가 각각 달라질 수 있으며 시장분석 결과의 내용에 따라 시장분석 과정

그림 2-2 부동산 시장분석 절차

에 투입되는 구체적인 정보와 분석 기법 등이 달라질 수 있다.

시장분석 목적에 따라 분석 대상기간이나 분석의 범위 등도 결정될 것이다. 분석기간은 경제성분석 기간을 의미하며, 일반적으로 부동산투자 타당성분석(경제성분석)은 투자자의 의사에 따라 달라지나 5년 혹은 10년을 분석기간으로 설정한다. 그러나 부동산개발을 위한 경제성분석은 분양 목적의 개발의 경우 3년 정도로 단축될 수 있으며, 다양한 부동산활동의 종류에 따라 그 기간이 달리 정해질 수 있다. 또한 시장분석의 범위는 투자결정이나 개발결정, 금융결정에서는 특정 부동산이 속한 시장이 될 수 있으며, 입지결정에서는 입지 가망지역의 모든 시장이 될 수 있고, 정책결정이나 시장동향 분석 등에서는 전국이 분석대상 시장 범위로 정해질 수 있을 것이다.

2) 시장권역 설정

부동산 시장분석의 대상인 시장권역은 부동산의 지리적 위치의 고정성으로 인해 대상 부동산의 대체부동산(대체재)이 존재하는 지리적 범위가 된다. 따라서 부동산 시장분석을 위해서는 우선 그 시장의 지역적 범위를 설정해야 한다. 특히 부동산시장에서 부동산수요나 공급을 결정하는 요인은 다양하므로 정확한 시장분석을 위해서는 부동산시장의 지역적 범위를 보다 구체적으로 설정해야 한다.

부동산시장의 범위는 대상 부동산의 용도나 기타 개별특성에 따라 그 지역적 범위가 달라질 수 있으며, 대상 부동산의 용도는 지역환경과 거시환경에 따라 결정된다. 따라서 시장범위 설정을 구체적으로 살펴보면, ① 대상 부동산 확정 ② 인근지역 분석 ③ 유사지역 분석 ④ 대상 부동산 용도 결정 ⑤ 시장범위 설정의 5단계를 거치는 것이 합리적이다.

첫 번째의 '대상 부동산 분석'이란 부동성(不動性)의 특성으로 인해 부동산은 위치에 따라 그 시장이 달라질 수 있으므로, 시장분석 이전에 분석대상 부동산을 결정하고 대상 부동산의 면적이나 지세, 지질, 도로조건 등 속성을 분석하는 절차를 의미한다. 부동산투자의 경우 다양한 투자 대안이 존재할 수 있으므로 투자 대안인 부동산들이 각각 다른 부동산시장에 속할 경우에는 각 대안별 부동산 시장분석이 필요하다.

두 번째의 '인근지역 분석'이란 대상 부동산이 속한 지역 중 인근지역의 표준적 이용 등 지역환경을 분석함으로써 대상 부동산의 구체적인 용도 결정과 유사지역 분석에 필요한 정보를 수집한다.

세 번째의 '유사지역 분석'이란 인근지역과 대체관계가 인정되는 유사지역이 존재하는 지역적 범위와 대상 부동산과 유사지역에 존재하는 대체부동산 상호간의 경쟁관계 분석에 필요한 정보를 수집하고 이를 분석한다.

네 번째의 '대상 부동산 용도 결정'이란 대상 부동산의 개별특성과 지역 특성을 감안하여 대상 부동산의 최유효이용을 결정하는 것을 의미한다. 이때의 최유효이용(Highest and best use)은 대상 부동산의 이용가능 용도 중 유용성이 가장 높은 용도를 의미한다. 부동산투자나 개발, 금융, 자산관리, 입지 등을 위한 타당성분석을 목적으로 시장분석을 할 경우 부동산의 적정용도 결정이 필수적이다. 그러나 정책환경분석(정책결정)이나 부동산시장 동향분석 등을 목적으로 할 경우에는 단순히 시장의 흐름만을 분석 대상으로 하므로 최유효이용 결정과정은 생략될 수도 있다.

다섯 번째의 '시장범위 설정'이란 대상 부동산의 최유효이용을 기준으로 분석대상 부동산이 속한 시장권역의 범위를 결정하는 것을 의미하므로 상기 인근지역이나 유사지역 분석 과정에서 수집된 정보를 기초로 시장 범위를 설정한다. 또한 대상 부동산의 용도에 따라 인근지역의 범위나 유사지역이 달라질 수 있으므로 대상 부동산의 용도가 결정된 이후 다시 대상 부동산이나 인근지역, 유사지역을 추가로 분석하는 경우도 있다. 기타 시장범위를 설정하는 과정에서 분석되지 않은 유사지역이 발견될 경우 인근지역 분석과 유사지역 분석 절차로 회귀하는 경우도 발생할 수 있다.

기타 구체적인 시장지역 범위 설정을 위해서는 제4절 최유효이용 분석에서의 지식을 참조하는 것이 바람직하다.

3) 시장환경 분석

토지의 영속성의 특성과 건물의 내구성의 특성, 부동산거래 비용의 과다성이라는 부동산시장의 특성 등으로 인해 부동산활동은 장기적 활동의 특성을 지닌다. 또한 부동산시장에서의 수요량이나 공급량 역시 시간의 흐름에 따라 지속적으로 변화하는 유량(flow)의 일종이므로 부동산 시장분석 역시 목적 부동산의 활동 전 기간에 대한 수급량을 분석함으로써 시장의 현황은 물론 변화 전망도 함께 분석해야 한다.

부동산 수급량의 변화에 영향을 미치는 시장환경 요인은 수요·공급 결정요인을 의미하며, 부동산감정평가에서는 '가격형성요인'이라고 표현하고, 부동산입지선정에서는 '입지요인'이라고 표현한다. 따라서 부동산시장에서의 수급량 변화를 추정하기 위해서는 우선 수요·공급 결정요인의 장래 변화 추정이 선행되어야 한다.

보다 구체적으로 보면 시장환경 분석 단계에서는 현재 및 장래의 부동산시장에 영향을 미치는 수요·공급 결정요인에 대하여 분석한다. 또한 2단계인 '시장권역 설정' 단계가 현재의 시장환경 분석에 그친다면, 3단계에서는 장래의 시장환경을 분석하는 점에서 차별화 된다.

부동산시장 환경은 다양하며 복합적으로 부동산에 영향을 미치므로 부동산감정평가에서는 부동산환경 요소가 영향을 미치는 범위에 따라 시장 전체에 영향을 미치는 일반요인과 특정 지역에 속한 부동산에만 영향을 미치는 지역요인, 개별 부동산에만 영향을 미치는 개별요인으로 구분하고 있다.

일반·지역·개별요인 상호간의 위상관계를 보면 특정 지역에 속한 부동산은 일반요인으로 분류되는 거시적 환경의 영향을 받게 되므로 일반요인 분석은 지역요인 분석보다 선행되어야 할 것이다. 또한 개별 부동산은 지역요인으로 분류되는 지역환경의 영향을 받게 되므로 지역요인 분석은 개별요인 분석보다 선행되어야 한다. 따라서 부동산 시장환경 분석은 ① 일반요인 분석, ② 지역요인 분석, ③ 개별요인 분석의 단계를 거치는 것이 바람직하다.

첫 번째의 일반요인 분석은 대상 부동산시장에 속한 모든 대체부동산의 수요·공급에 영향을 미치는 결정요인을 분석하는 것이므로 다양한 수요·공급 결정요인 중 대상 부동산시장에 영향력이 큰 요인을 선정하여 분석한다.

두 번째의 지역요인 분석이란 대상 부동산이 속한 인근지역의 대체부동산에 영향을 미치는 수요·공급 결정요인을 분석하는 것이므로 다양한 수요·공급 결정요인 중 유사지역에 대비한 인근지역의 특성을 구성하는 결정요인을 분석한다. 지역 특성은 인근지역의 수요·공급 결정요인과 유사지역의 수요·공급 결정요인을 비교하여 분석한다. 인근지역과 유사지역에 대한 수요·공급 결정요인을 분석하기 위해서는 전단계인 '시장권역 설정'에서 수집된 정보도 함께 활용하게 된다.

세 번째의 개별요인 분석이란 대상 부동산이 보유한 속성 중 인근지역의 대체부동산에 대비한 개별적인 특성을 분석하는 것이다. 이때의 개별특성은 대상 부동산에 대한 수요와 공급에 영향을 미치는 요인이므로 부동산의 효용(유용성)에 영향을 미치는 요인이 된다. 부동산의 개별특성을 분석하기 위해서는 전단계인 '시장권역 설정'에서 수집된 정보도 함께 활용하게 된다. 또한 대상 부동산의 개별 특성을 분석하기 위해서는 다양한 일반요인과 지역요인이 선행되어야 하며 개별 특성 분석과정에서는 추가로 일반요인과 지역요인을 분석하는 경우도 있다.

4) 수요·공급 분석

부동산시장에 대한 다양한 환경은 현재의 부동산시장에서의 수요와 공급을 결정하며 이들 환경의 변화는 수요와 공급을 변화시킨다.

부동산 시장분석의 네 번째 단계인 수요·공급 분석에서는 현재 부동산시장에서의 수요와 공급 현황을 분석하며, 앞 단계에서 분석한 다양한 시장환경(수요·공급결정요인)을 감안하여 장래의 수요·공급의 변화 전망을 분석한다. 이를 위해서는 일반적으로 ① 수요분석 ② 공급분석 ③ 시장 현황 분석 ④ 시장전망 분석의 4가지 단계를 거치는 것이 바람직하다.

첫 번째의 수요분석은 부동산시장에서의 부동산 수요 현황을 분석하는 것을 의미한다. 부동산 수요는 유효수요를 기준으로 분석되어야 하나 세분화된 시장별 구체적수요 현황에 대한 정확한 통계를 찾기 어려운 경우가 대부분이다. 따라서 다양한 관련 자료를 수집하고 이를 분석할 수 있는 기법을 동원함으로써 수요 현황을 분석해야 할 것이다.

두 번째의 공급분석은 부동산시장에서의 부동산공급 현황을 분석하는 것을 의미한다. 부동산시장에서의 공급은 완성된 부동산을 기준으로 분석하는 것이나 세분화된 부동산시장에서의 정확한 공급 현황에 대한 통계는 찾기 어려우므로 공급분석 역시 관련된 자료의 분석을 통해 가능할 것이다. 또한 이와 같은 수급 현황은 분석시점을 기준으로 한 수급량으로 저량(stock)의 개념이 된다.

세 번째의 시장현황 분석은 현재 부동산시장의 수급 균형이나 불균형 상태를 분석하는 것이므로 상기 수요분석과 공급분석의 결과가 된다. 시장현황 분석결과를 활용하면 현재의 가격이나 임대료의 적정성과 변동 가능성을 분석할 수 있을 것이다. 예를 들어, 현재 부동산 임대시장이 일시적인 수요초과 현상이 나타나 높은 임대료가 형성되어 있는 경우라면 현재의 임대료는 과다한 것으로 볼 수 있으며 장래의 공급 증가에 따라 임대료가 하락하게 된다.

네 번째의 시장전망 분석은 현재의 부동산시장 현황과 환경, 기타 장래의 수요공급 결정요인 변화전망 정보 등을 활용하여 부동산시장 장래 동향을 분석하는 것을 말한다. 부동산시장에서의 수요와 공급량은 각각의 수요·공급결정요인들이 개별 또는 복합적으로 부동산시장의 수요와 공급에 긍정적 또는 부정적 영향을 미침으로써 결정되기 마련이다. 따라서 이 단계에서는 부동산시장의 수요·공급 현황과 장래의 수요·공급 결정요인의 변화 예측을 통해 전체 분석 기간 중 시점별 수요·공급 상황에 대하여 분석해야 한다. 부동산시장 동향은 정확한 근거자료를 기준으로 수치화(정량화)하여 분석하는 것이 바람직하다.

5) 시장분석 결과 도출

시장분석 결과 도출 단계에서는 부동산투자나 개발, 자산관리, 금융 등을 위한 시장분석 활동 과정에서 도출된 정보를 근거로 대상 부동산활동의 경제성분석을 위한 각종 변수를 도출해야 한다. 예외적으로 정책환경분석(정책결정)이나 부동산시장 동향분석 등을 목적으로 할 경우에는 전국시장 또는 보다 광역적인 시장의 흐름만을 분석 대상으로 하므로 별도의 경제성분석 변수 도출은 필요하지 않을 것이다.

대부분의 부동산투자 타당성분석 이론에서는 현금흐름을 분석하는 할인현금수지분석법(DCF법)을 활용하고 있으므로 경제성분석 변수란 DCF법에 적용할 각종 변수를 의미한다. 예를 들어, 부동산투자를 위한 현금흐름에서는 현재와 장래의 임대료, 공실률 즉(1−점유율), 기타수입, 운영비용, 원리금상환액, 영업소득세가 주요 변수로 활용된다. 또한 할인현금수지분석을 위해서는 위험률이 주요 변수로 활용된다. 이들 변수는 현재 시점에서는 대상 부동산의 분석을 통해 결정되나, 장래시점에서는 현재의 현금흐름에 일정한 변동률을 적용하여 계산하게 된다. 따라서 이러한 변수들의 현황과 장래 변동률을 경제성분석 변수로 삼을 수 있다. 한편 분양을 위한 부동산개발에서는 현재와 장래의 분양가격과 분양률(흡수율), 건축비용, 부지비용, 분양경비, 원리금상환액, 제세공과금 등의 변수가 경제성분석을 위해 필요한 것으로 볼 수 있다.

본서에서는 부동산투자의 경제적 타당성분석을 위한 경제성분석과 관련된 변수를 시장분석의 목적 변수로 사용하기로 한다. 따라서 임대료와 공실률, 기타비용, 운영경비, 이자율(원리금상환액), 세율의 현황과 장래의 변동률을 주된 시장분석 대상변수로 삼을 수 있다.

제 2 절 부동산시장의 의의

1. 부동산시장의 개념

일반적 의미에서 '시장'이란 수요와 공급이 만나 거래가 이루어지는 곳이다. 좀 더 넓은 의미에서의 시장은 수요와 공급이 만나 정보를 교환하고, 가격이 형성되고 거래가 이루어지는 그 자체를 가리키는 추상적인 경우도 있다(이영직, 2006).[3] 부동산시장이란 양, 질, 위치 등의 제 측면에서 유사한 부동산에 대해 그 가격(price)이 균등해지는 경향이 있는 지리적 구역으로 부동산학에서 단순히 시장이라고 할 경우 이것은 시장지(Market place) 또는 시장지역(Market area)을 의미하는 수가 많다(이창석, 1998).[4] 따라서 일반 재화와 다른 부동산 특성과 관련 지워 볼 때 부동산시장은 구체적 시장으로 어떤 국지적인 지역을 의미한다고 하겠다(유원상, 2009).[5]

요약해 보면 부동산시장(不動産市場, Real estate market)이란 부동산 수요자와 공급자 간에 토지와 건물 등 부동산의 교환이 이루어지는 지리적 권역으로 정의할 수 있다. 그러나 부동산시장은 지리적 위치의 고정성으로 인하여 일반 상품시장과 같이 구체적 시장을 형성하지 못하고 추상적 시장이 된다.

일반 재화의 시장은 개념적 공간이므로 지리적 공간을 수반할 필요는 없으나, 부동산시장은 부동성의 특성으로 인하여 시장권역이라는 지리적 공간을 고려해야 한다. 부동산시장에서는 부동산의 용도나 규모, 위치 등 여러 가지 측면에서 유사한 부동산은 상호간에 대체성이 인정되며, 이와 같이 대체성이 인정되는 부동산이 모여 있는 시장권역을 부동산시장이라고 한다. 부동산시장의 지리적 권역은 세분화된 부동산시장별로 각각 다르므로 시장권역의 판단기준에 대해서는 다음에서 상세히 설명하기로 한다.

부동산시장은 일반 상품시장과 같이 부동산자원이 배분되며, 부동산과 현금, 부동산과 부동산, 소유와 임대 등의 교환(交換)이 이루어지게 된다. 이와 같은 교환 과정에서 가격이 형성되며 수급량이 조절된다. 또한 부동산시장은 부동산활동 주체에

---

3) 이영직, 2006, 경제 이야기, 스마트주니어.
4) 이창석 · 김영혜, 1998, 부동산 컨설팅에 있어 시장분석(대한부동산학회지 Vol.16 No.1), 대한부동산학회.
5) 유원상, 2009, 부동산시장의 변화와 그 과제(부동산학보 Vol.36), 한국부동산학회.

게 정보를 제공하며 투자자 · 건축가 · 개발업자 · 중개업자 등은 모두 업무상 가격결정이나 판단을 위해 부동산시장에서 부동산거래에 관한 정보를 수집하고 이를 이용하게 된다.

2. 부동산시장 참여자

부동산 시장분석에서의 부동산시장 참여자는 부동산시장에서의 자원배분에 참여하는 자를 의미한다. 부동산시장에서의 자원배분은 수요와 공급에 의해 결정되는 것이므로, 부동산시장참여자는 부동산시장에서의 수요자와 공급자는 물론 부동산시장에서의 수요와 공급 결정에 영향을 미치는 자를 모두 포함해야 할 것이다.

부동산시장에서의 '수요자'는 〈그림 2-3〉에서와 같이 개인이나 기업, 공공기관 등 다양하다. 이때 수요자란 구매의사와 구매능력을 갖춘 유효수요자를 의미하는 것이다. 또한 동일한 부동산시장에는 다양한 대체부동산이 존재할 수 있으므로 대상 부동산에 수요자뿐만 아니라 대체부동산에 대한 수요자를 합한 전체 수요자를 포함시켜야 할 것이다. 다만 부동산의 개별성으로 인해 대상 부동산과 대체부동산에 대한 구매의사를 갖는 유효수요자 숫자를 정확하게 측정하기는 어려울 것이므로, 수요자란 대상 부동산과 대체부동산에 대한 구매 가능성이 매우 높은 가망수요자를 의미하는 것으로 봐야 할 것이다.

그림 2-3   부동산시장 참여자

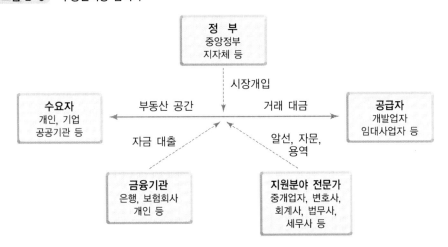

부동산시장에서의 '공급자'란 대상 부동산뿐만 아니라 대체부동산에 대한 공급자를 모두 포함하는 하는 개념으로 부동산개발업자나 임대사업자 등이 있다. 다만 부동산의 경우 공급 시차(時差)가 존재하므로 공급 의사만을 지닌 공급자는 시장에서의 공급자에 포함될 수 없으며 완성된 부동산을 보유하고 이를 공급할 의사를 보유한 자만이 공급자의 범위에 포함될 수 있을 것이다.

기타 부동산의 영속성과 내구성으로 인해 중고부동산을 보유한 자를 공급자의 범위에 포함시켜야 할 것인지 여부가 문제가 될 수 있다. 중고부동산을 보유한 자는 현재 대상 부동산의 수요자이나 보유 부동산을 시장에 출하할 경우 공급자가 되므로 시장분석에서 이들의 숫자를 간과할 수는 없다.

완전경쟁시장에서의 가격변화는 균형을 벗어난 수요량이나 공급량(초과 수요·공급량)에 의해 발생한다. 중고부동산 보유자는 해당 부동산에 대한 현재의 수요자이며, 그 수요에 대한 공급은 자신이 보유한 부동산으로 충당하고 있다는 점을 감안 할 때 중고부동산의 보유자는 시장분석에서의 수요자와 공급자의 범위에 모두 포함시키는 것이 합리적일 것이다.

이러한 의미에서 학자에 따라서는 현재 대체부동산을 보유하고 있는 자를 '유보수요자'라고 표현하기는 하나, '유보(留保)'의 단어적 의미를 감안할 때 현재 대체부동산을 보유한 자는 '기존수요자'라고 표현하는 것이 바람직하며, 현재 대체부동산을 보유하고 있지는 않으나 대상 부동산이나 대체부동산을 구입해야 하는 가망수요자는 '신규수요자'라고 표현하는 것이 바람직할 것이다.

결국 부동산시장에서의 공급자는 중고부동산과 신규부동산을 포함한 대체부동산 보유자 전체로 봐야 할 것이며, 수요자는 중고부동산을 보유한 자(기존수요자)와 대체부동산을 구입해야 하는 '가망수요자'를 합산한 것으로 봐야 할 것이다.

'정부'는 부동산시장에서의 자원배분의 효율성을 도모하기 위하여 부동산시장에 개입하는 또 다른 주체가 된다. 정부는 부동산시장에서 자원배분에 직접적으로 관여하거나 금융이나 조세 등을 통해 간접적으로 개입할 수도 있다. 물론 정부의 정책 중 부동산정책 이외의 경제정책도 부동산시장에 영향을 미칠 수 있다. 예를 들어, 2000년을 전후한 정부의 IT육성정책은 서울 강남지역 테헤란로 주변의 사무실 수요를 급증시켰으며, 2008년 이후 정부의 IT육성정책 후퇴는 이들 수요를 급감시킨 사례도 있다.

또 다른 시장참여자로서 '금융기관'이 있다. 우리나라의 경우 금융시장 자율화 이후 부동산시장에 대한 자본시장의 영향력은 날이 갈수록 커지고 있으며, 최근에는 금리나 대출규제가 주택시장에서의 수요에 직접적인 영향을 미치고 있다. 또한 프로젝트 파이낸싱이 일반화됨에 따라 부동산개발에 대한 금융기관의 영향력도 매우 큰 것으로 알려져 있다. 따라서 은행이나 보험회사 등 다양한 금융기관은 부동산시장에서 수요와 공급에 대한 영향력이 큰 자로서 금융기관에서 결정하는 금리나 대출정책은 부동산시장 분석에서 중요한 요소 중 하나가 된다.

마지막으로 '지원분야 전문가'란 부동산시장에서 자원배분에 영향을 미치는 전문가를 의미한다. 예를 들어, 변호사의 경우 자원배분 과정에서의 법률행위에 조력하고 있으며, 중개업자의 경우 자원배분을 촉진하는 대표적인 전문가가 된다. 세무사나 법무사의 경우 부동산거래나 운영 과정에서의 세무처리에 대해 조력하는 등 부동산시장에는 다양한 전문가들이 개입하여 자문이나 알선, 기타 용역을 제공하고 있으며, 이 과정에서 부동산시장에서 발생한 부가가치의 일부분을 대가로 취득하고 있다. 따라서 부동산 시장분석은 이들의 역할과 자원배분을 감안해야 할 것이다.

3. 부동산시장의 특징

부동산시장은 일반 상품이 거래되는 시장과 비교하면 여러 가지 특별한 성질이 있다. 이러한 특성은 부동산의 특성에서 연유하게 된다. 부동산시장의 특성 중 대표적인 특성을 열거해 보면 다음과 같다.

첫째, 불완전경쟁시장이다. 경제학에서의 완전경쟁시장이 성립되기 위해서는 ① 해당 시장에 다수의 수요자와 공급자가 존재해야 하며, ② 동질적인 상품이 존재하는 시장이고, ③ 시장에의 진입과 퇴출이 자유스러우며, ④ 해당 시장에 참여하는 모든 자들은 시장정보에 정통해야 한다. 부동산의 특성인 부동성·내구성·고가성 등은 완전경쟁시장의 성립요건을 갖추지 못하도록 함으로써 시장의 자율조절기능을 저하시켜 시장을 불완전하게 만든다. 부동산이 고가품이라는 사실도 부동산시장을 불완전하게 만드는 요인이 된다.

둘째, 부분시장(部分市場)이다. 부동산시장은 부동성으로 인하여 지역에 따라 여러 개의 부분시장(部分市場) 또는 하위시장(下位市場)으로 구분된다. 이와 같은 시장의 지역적 세분화로 인해 부동산시장의 경우 지역성의 특성이 인정된다. 또한 같은 지역에서도 부동산의 규모나 용도에 따라 다시 여러 개의 부분시장으로 세분되어 유사부동산과 다른 시장이 형성되기도 하며, 규모별이나 소유권과 임차권 등 권리형태별로 다른 시장이 형성되기도 한다. 이러한 현상을 '시장의 분화(分化)'라고 한다. 부동산시장의 분화 현상에 따라 부분시장별로 시장의 불균형을 초래하기도 한다. 시장의 분화로 인하여 부동산시장은 부분시장이 되며 전체 시장에 영향을 받는 하위시장(下位市場)이 된다.

셋째, 수급조절이 곤란하다. 부동산시장은 택지개발이나 주택건설에 소요되는 시간(공급시차)로 인해 상황이 변한다고 하더라도 수요와 공급을 조절하기가 쉽지 않고 이를 조절하는 데도 시간이 많이 소요된다. 따라서 단기적으로 가격의 왜곡(Price distortion)이 발생할 가능성이 높다.

넷째, 법적 제한이 과다하다. 부동산에는 여러 가지 법적 제한이 많이 있다. 이들 법률에 근거한 공적·사적 제한 역시 부동산시장을 불완전하게 만드는 요인이 되며, 법적 규제에 따라 부동산가격이 왜곡되고 시장의 조절 기능이 저하된다.

다섯째, 자금의 유용성에 영향을 받는다. 부동산의 고가성(高價性)으로 인해 부동산시장은 자금의 유용성과 밀접한 관계를 맺고 있다. 부동산은 고가품이기 때문에 자금의 원활한 유통은 더 많은 공급자와 수요자로 하여금 시장에 참여하게 만들어 부동산시장은 정부의 화폐정책에 민감한 반응을 보인다. 결국 정부의 화폐정책은 금융비용을 변화시켜 시장자금을 주식시장이나 채권시장과 같은 다른 자본시장으로 이동시킬 수 있다.

여섯째, 정보의 비공개성(은밀성)의 문제가 있다. 부동산시장의 지역성이나 부동산의 개별성으로 인해 부동산투자자는 부동산시장이나 거래대상 부동산에 대한 정보를 수집해야 하나, 이들 정보를 보유한 전문가 혹은 소유자는 정보가치의 극대화를 위해 대체로 정보를 공개하지 않는 경우가 많다. 또한 정부의 거래에 대한 다양한 규제로 인해 거래 사실도 비공개되는 경우도 많다.

일곱째, 거래에 장기간이 소요된다. 부동산시장은 불완전경쟁시장이며 부동산의 고가성, 법적 제한의 과다 등의 특성으로 인해 부동산시장에서의 거래는 장기간이 소요된다. 따라서 부동산 상품은 환금성(換金性)이 매우 낮다.

제 3 절   부동산시장의 범위

1. 시장권역

부동산시장이란 대체성이 인정되는 부동산이 모여 있는 시장권역을 의미한다. 따라서 부동산시장을 분석하기 위해서는 우선 시장권역의 지역적 범위를 설정해야 한다. 부동산 시장권역의 범위에 대한 연구는 부동산감정평가 분야에서 가장 발달하였으며, 부동산입지선정 분야에서는 상업용부동산과 관련되어 여러 가지 이론이 활용되고 있다.

감정평가에서는 부동산 시장권역을 '동일수급권'이라고 하며, 동일수급권은 다음의 〈그림 2-4〉와 같이 대상 부동산이 속한 '인근지역'과 인근지역을 대체할 수 있는 '유사지역' 그리고 인근지역과 유사지역의 사이에 있는 '기타지역'으로 구분된다.

1) 인근지역

인근지역(neighborhood)이란 분석대상 부동산이 속한 지역인 동시에 그 부동산과 대체될 수 있는 부동산이 모여 있는 지역을 말한다. 대상 부동산과 대체될 수 있다는 것은 용도나 품질이 동일 또는 유사하다는 것을 의미하므로, 인근지역은 동일한 용도의 부동산이 모여 있다는 점에서 '용도적 지역'의 일종으로 표현한다. 예를 들어, 아파트단지나 주택단지, 전철역 주변의 상점가, 소규모 공업단지는 대부분 하나의 인근지역을 형성한다. 인근지역에 소재한 부동산들은 상호 대체되므로 가격 수준이 유사하여 동일한 시세를 형성하는 경우가 많다. 또한 인근지역이 지닌 지역환경은 인근지역이 다른 지역과 구분되는 특성을 형성하며, 해당 인근지역의 부동산가격 수준을 결정한다.

인근지역은 용도적 지역의 일종이므로 인근지역의 범위를 분석하기 위해서는 무엇보다 대상 부동산의 적정용도(최유효이용)를 분석해야 한다. 예를 들어, 시장 복판에 있는 단독주택은 멀지 않아 상가로 사용될 수 있으므로 현재 상태는 단독주택이지만 분석할 때는 상업용 건물로 봐야 할 것이다.

인근지역 범위를 분석하기 위한 두 번째 단계는 인근지역의 경계를 판단하는 것

그림 2-4 동일수급권의 범위

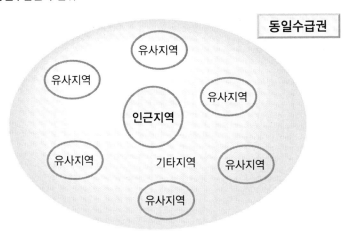

이다. 인근지역은 동일한 용도의 부동산이 모여 있는 지역이나, 동일한 용도의 부동산이라도 품질 차이가 크게 날 경우에는 대체성이 인정되기 어렵다. 예를 들어, 고급주택과 저급주택의 경우 상호 대체되기 어려우며, 아파트와 단독주택, 연립주택 상호간에도 대체성이 높지 못하다. 또한 인근지역이 행정구역 범위와 일치하는 것은 아니라는 점도 주의해야 한다. 따라서 인근지역의 경계를 분석할 때는 다음과 같은 사항을 종합적으로 확인하여 결정하는 것이 바람직하다.

- 부동산 이용상황
- 지반 · 지세 · 지질
- 하천 · 수로 · 철도 · 공원 · 도로 · 광장 · 언덕 등
- 공법상 용도지역 · 지구 · 구역 등
- 역세권, 통학권 및 통작권역 등

인근지역의 범위는 이와 같은 유형적 경계 이외에도 사회적 경계(종교, 인종, 언어 등)나 경제적 경계(소득수준, 문화생활 등), 행정적 경계(도시계획구역, 행정구역, 용도지역 등)도 감안해야 한다. 다만 인근지역의 경계가 행정구역이나 용도지역의 경계와 반드시 일치하지 않는 점에 유의해야 하며 시간의 흐름에 따라 경계가 변화될 수도 있다.

2) 유사지역

유사지역이란 인근지역과 대체되는 용도적 지역을 의미한다. 즉 인근지역 이외의 지역 중 분석대상 부동산과 유사한 용도의 부동산이 모여 있는 지역이며, 인근지역과 대체관계가 인정되는 지역이다. 예를 들어, 경기도 분당구 지역에 소재한 A아파트 단지는 동일한 분당구 다른 아파트 단지와 대체될 수 있으므로 분당구에 소재한 아파트 단지들은 A아파트 단지의 유사지역이 된다. 유사지역 소재한 부동산은 인근지역에 소재한 부동산과 용도·기능적인 면에서 동질적이므로 상호 대체성이 인정될 수 있어야 한다. 다만 유사지역은 인근지역과 인접해 있을 수도 있으나, 반드시 인접한 지역만 유사지역이 되는 것은 아니다.

3) 동일수급권

동일수급권(시장권역)은 인근지역과 유사지역, 기타지역을 포괄하는 지역 범위를 의미한다. 이는 상호 대체관계가 인정되는 용도지역이 존재하는 범위가 되며, 대체관계가 인정되는 유사한 부동산이 모여 있는 단위 지역을 의미한다. 부동산 상호간에 대체관계가 인정된다는 것은 부동산 상호간의 가격경쟁이 인정된다는 것이며, 동일한 수요층을 공유하고 있으므로 동일한 시장에 포함된 것으로 봐야 할 것이다. 부동산시장은 동일수급권 단위로 형성되고 변화된다.

4) 시장권역 구분

부동산 시장권역의 지역적 범위는 부동산의 종류나 규모 등에 따라 전국적일 수도 있고, 도나 시·군 정도의 크기일 수도 있다. 일반적으로 주거용 부동산시장의 시장권역은 상업용이나 공업용 부동산보다 크기가 작은 편이다. 따라서 시장권역의 지역적 범위는 부동산의 종별·성격·규모에 따라 적절히 판단해야 한다.

주거용부동산의 경우 시장권역은 도심으로부터 통근이 가능한 지역 범위와 일치하는 경향이 있다. 따라서 중소규모 도시나 군은 단일 시장을 형성하는 경우가 많다. 그러나 지역적 선호나 사회적 지위·명성 등에 따라 대체관계가 성립하여 범위가 좁아지기도 한다. 따라서 주거용부동산의 시장권역은 지역적 선호도에 따라 확대·축소될 수 있으며, 소문난 고급 주택가는 다른 지역과의 대체성이 적으므로 시장권역의 범위가 비교적 좁다.

상업용부동산의 시장권역은 대체로 배후지(상권)를 기초로 영업수익을 올리는 지역의 범위가 시장권역의 범위가 된다. 이때 배후지(상권)란 특정 점포를 방문하는 고객이 존재하는 지리적 범위를 의미한다. 또한 소규모 점포가 주로 있는 보통 상업지의 시장권역은 일반적으로 좁은 것이 보통이지만, 대규모 상업용부동산의 시장권역은 보다 광역적인 범위에 미치는 경우도 있다.

공업용부동산의 시장권역을 보면, 중소규모 공장의 시장권역은 대체로 제품의 생산비용(원료비, 노무비 등)이나 판매비용(운송비 등)이 상호 대체성을 가지는 지역의 범위와 일치하는 경향이 있다. 기타 대규모 공업용부동산의 시장권역은 전국적인 규모까지 확대되는 경향이 있다.

끝으로 토지 이용이 전환되고 있는 지역의 토지에 대한 시장지역은 전환 이후 용도의 시장권역과 일치하는 경향이 있다. 다만 이용 전환이 초기인 경우에는 전환 전 용도의 시장권역도 고려해야 한다.

주택시장의 세분화 사례

아래 그림은 국토교통부의 '주택종합계획(2003~2012)'에 포함된 전국 주택시장의 세분화 내용이다. 국토교통부에서는 지역별 주택시장 여건 분석 목적으로 수급상황 등을 감안하여 주택시장을 수도권과 지방 대도시, 지방 중소도시 주택시장의 3가지 유형으로 분류하였다. 또한 서울, 인천 및 경기도가 포함된 '수도권 주택시장'은 다시 서울 및 서울의 생활권역에 포함되는 인근 지역인 '서울권 주택시장'과 기타 시장으로 세분화 하였으며, '서울권 주택시장' 중 시장불안요소가 상존해 있는 강남구, 서초구, 송파구 등은 '서울 강남권'으로 재분류하였다.

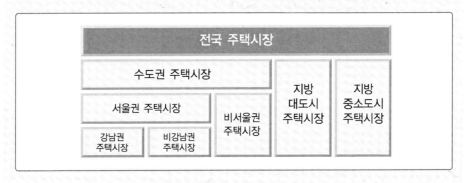

수도권 택지개발시장 구분 사례

국토교통부에서는 주택종합계획(2003~2012) 수립 과정에서 택지개발시장을 차별화하기 위해서 수도권 지역의 경우 다음의 표와 같이 5개 권역으로 구분하였다. (한편 지방의 경우는 부산·울산·경남권역과 대구·경북권역, 광주·전남권역, 대전·충남권역, 강원권역, 충북권역, 전북권역, 제주권역의 8개 권역으로 구분하였다.)

수도권 권역	시·군
중부권역	서울, 고양, 의정부, 구리, 하남, 성남, 부천, 광명, 과천
서부권역	인천, 김포, 시흥
남부권역	수원, 안양, 의왕, 군포, 안산, 용인, 오산, 화성, 평택, 안성
북부권역	파주, 연천, 동두천, 양주, 포천
동부권역	가평, 남양주, 양평, 광주, 이천, 여주

2. 상 권

상업용부동산의 시장권역은 대상 부동산의 상권(배후지)에 의해 결정된다. 상권(商圈, Trading area)이란 특정 상업용 부동산(또는 단위 상업중심지)의 고객이 존재하는 지리적 영역을 말한다. 이는 모든 소비자의 공간선호를 의미하며, 배후지(hinterland) 또는 시장지역(Market area), 시장권역이라고도 한다. 일반적으로 상업용 부동산은 상권의 범위 안에 해당 부동산이 필요로 하는 최소한의 고객 수 이상의 고객이 존재해야 한다. 따라서 상권의 범위 안에 유효한 고객 수가 많이 존재하는 상업용 부동산일수록 그 가치가 높은 것으로 볼 수 있다.

상권은 그 지리적 범위에 따라 중심상권과 일반상권, 근린상권으로 구분될 수 있다. 중심상권이란 일반적으로 대도시의 중심지에 소재한 상업용 부동산의 상권을 의미하며, 일반상권이란 대도시의 부심권에 소재한 상업용 부동산의 상권을 의미한다. 기타 근린상권이란 주거지역 중심지에 위치한 상업용 부동산의 상권을 의미한다.

독일의 지리학자인 크리스탈러(W. Christaller)의 이론에 따르면 중심상권을 형성하는 상업용 부동산이 소재한 지역은 고차중심지로 볼 수 있으며, 일반상권을 형성하는 상업용 부동산이 소재한 지역은 중차중심지, 근린상권을 형성하는 상업용 부동산이 소재하는 지역은 저차중심지로 볼 수 있다. 크리스탈러(W. Christaller)는 이들 중심지는 차원이 높을수록 점차 그 숫자가 적어지며, 이들 중심지의 범위는 고정적이 아니라 고객의 교통수단이나 소비자의 선호 등에 따라 유동적이며, 고차중심지에 위치한 상업용부동산의 상권범위는 상권이 속한 도시범위보다도 넓을 수 있다고 하였다.

따라서 상권의 범위는 분석 대상 상업용 부동산의 유형에 따라 일률적으로 획정하기 어려우며, 개별 상업용 부동산마다 고객이 존재하는 범위를 직접 조사하거나 기타 다양한 상권분석 방법론을 통해 분석해야 한다. 또한 대상 부동산의 상권을 직접 조사하기 어려울 경우라면 인근지역에 소재한 경쟁부동산의 상권을 조사함으로써 간접적으로 상권의 범위를 조사할 수 있을 것이다.

제 4 절 최유효이용 분석

1. 최유효이용의 의의

1) 최유효이용의 정의

최유효이용(最有效利用, Highest and best use)란 부동산의 유용성이 최고로 발휘될 가능성이 가장 풍부한 이용을 말하는 것이다. 또한 객관적으로 보아서 양식과 통상의 이용능력을 가진 사람에 의한 합리적이고 합법적인 최고최선의 사용방법을 말한다. 기타 부동산의 유용성이 최고로 발휘된다는 것은 다른 용도에 비해 높은 가치를 지니는 것이므로 대상 부동산의 용도별 투자가치 중 가장 높은 투자가치가 산정되는 이용이라는 주장도 있다(김영진, 1984).[6] 한편 어떤 부동산에 대한 최유효이용은 부동산소유자나 중개업자, 감정평가사 등의 주관적인 분석에 좌우되는 것이 아니라 부동산이 위치한 시장 안에서의 경쟁력에 의해 결정되는 것이며, 최유효이용에 대한 분석은 대상 부동산에 대한 시장분석을 통해 판단되어야 할 것이다(연규태, 1995).[7]

---

6) 김영진, 『부동산학총론』, 상계서, pp. 313~321 및 Appraisal Institute, 『The Appraisal of Real Estate』 10th ed.(Chicago, 1992), p. 275~297 참조.

7) 연규태, 1995, 토지의 최유효이용에 관한 연구(지역사회개발연구, Vol.20 No.1), 한국지역사회개발학회.

부동산은 용도의 다양성이 있으므로 개별 부동산의 이용 가능한 용도 중에서 최유효이용 상태가 가격의 표준이 된다. 또한 부동산을 효율적으로 이용하기 위해서는 대상 부동산의 최유효이용을 판정하는 것이 선행되어야 한다. 최유효이용은 부동산과 인간과의 관계개선을 위한 모든 부동산활동(특히 부동산 소유활동)의 행위기준이 되기도 한다.

2) 최유효이용 분석과 부동산 시장분석

부동산 시장권역은 부동산의 용도에 따라 결정되므로 부동산 시장권역을 판단하기 위해서는 우선 대상 부동산의 최유효이용을 판정해야 한다. 때에 따라서는 대형 임대용 빌딩 등과 같이 그 용도가 결정된 경우에는 최유효이용에 대한 분석절차가 필요하지 않으나, 임대사무실 공간은 임차인의 종류에 따라 용도가 결정되므로 임차인 혼합(Tenant mix) 활동을 위해서는 보다 상세한 용도 결정이 필요하다.

Tilford(2008)는 〈그림 2-5〉와 같은 부동산 시장분석 모래시계 모델(Hourglass to the Real Estate Market Analysis)을 제시하였다.[8] 이 모델에서는 부동산개발을 위한 시

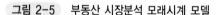

그림 2-5 부동산 시장분석 모래시계 모델

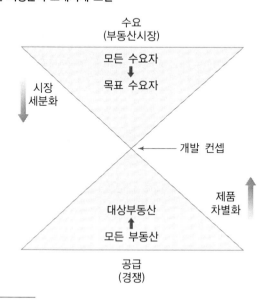

---

8) Michael Burr Tilford, 2008, Developing For Demand- An Analysis of Demand Segmentation Methods and Real Estate Development(M.B.A, Marketing), Boston University School of Management.

장분석에서 목표 수요자는 전체 수요자를 다양하게 세분화하여 결정되며, 목표 수요
자를 감안한 부동산 개발 컨셉(concept)은 다양한 경쟁 부동산에 대한 차별화 과정에
서 결정된다고 보고 있다.

일반적으로 부동산개발에서의 컨셉이란 대상 부동산의 개발 방향을 의미하는 것
으로 볼 수 있으며, 개발 컨셉은 개발부동산의 환경과 경쟁우위 혹은 경쟁열위 요소
등을 감안하여 시장성이 가장 높은 개발대안을 목표로 하게 된다. 이때의 개발대안
은 개발부동산의 용도와 배치, 층수, 구조, 면적, 디자인 등 다양한 요소로 구성되어
야 하며, 시장성이 가장 높은 개발부동산의 용도란 최유효이용을 의미한다. 따라서
부동산의 최유효이용은 모래시계 모델에 따를 경우 부동산시장에서의 수요와 공급
에 의해 결정된다고 볼 수 있다.

이와 같이 부동산의 최유효이용의 결정은 부동산 시장분석의 결과 중 하나로 보
아야 할 것이다. 반면에 부동산시장을 분석하기 위해서는 시장권역을 결정하는 절차
가 필요하며, 시장권역을 결정하기 위해서는 대상 부동산의 적정용도를 결정하는 절
차가 필요하다. 결국 부동산의 최유효이용 결정과정과 시장권역 결정과정은 서로 환
류(feedback)하는 관계를 갖게 된다.

부동산의 최유효이용 분석은 부동산 시장분석의 결과인 동시에 부동산 시장분석
을 위한 전제조건이 되는 것이므로 부동산 시장분석에서 최유효이용 분석은 부동산
시장분석 초기와 말기에 각각 수행되어야 할 것이다. 이를 구분하자면 시장분석 초
기에서의 최유효이용 분석은 부동산 시장환경을 감안한 개략적인 분석이 될 것이며,
시장분석 말기에서의 최유효이용 분석은 시장분석 결과를 감안한 정밀한 분석이 될
것이다. 즉 시장분석 초기에서의 최유효이용 분석은 부동산의 용도별 세분화 정도를
기준으로 볼 때 중간 정도의 세분화된 용도를 결정하는 것이며, 말기에서의 최유효
이용 분석은 세분화 정도가 가장 높은 용도로 볼 수 있을 것이다.

따라서 본서에서는 시장분석 초기의 최유효이용 분석은 '적정용도 분석'으로 표현
하며, 말기의 '최유효이용 분석'은 '이용계획 수립'으로 표현하였다. 이를 기준으로
볼 때 '이용계획 수립'은 '적정용도 분석'에서 도출된 부동산의 용도를 더욱 세분화
하여 가장 수익성이 높은 부동산의 용도를 도출하는 것으로 볼 수 있다. '이용계획
수립' 행위는 부동산개발이론에서는 '개발 컨셉(concept) 설정'의 범위에 포함될 것이
며, 부동산자산관리이론에서는 자산관리 계획 중 '임차인 혼합(Tenant mix) 계획'으

로 표현할 수도 있을 것이다.

3) 최유효이용의 판단기준

대상 부동산이 최유효이용이 되기 위해서는 일반적으로 '합리성'과 '합법성', '물리적 가능성', '경제성'의 4가지 요건을 모두 갖추어야 한다.

첫째, 합리성이란 그 이용이 합리적 이용이어야 한다는 것이다. 이때의 합리적 이용이란 대상 부동산을 특정한 용도로 이용하는 것이 주변 상황이나 수요의 측면에서 보아 가까운 장래에 합리적일 것으로 인정되는 이용이다. 합리성은 법·경제·기술적 측면에서 복합적으로 판단해야 한다.

둘째, 합법성이란 그 이용이 합법적 이용이어야 한다는 것이다. 합법적 이용이 되기 위해서는 대상 부동산에 적용되는 토지이용규제나 건축법 제한, 사적제한, 환경기준, 생태기준 등 공·사법상 규제요건을 충족하는 범위내의 이용이어야 한다. 예를 들어, 개발제한구역 안에 있는 불법건물은 현재 이용 상태는 매우 양호하더라도 최유효이용이라 할 수 없다.

셋째, 물리적 채택 가능성이란 그 이용이 물리적으로 채택이 가능해야 한다는 것이다. 아무리 좋은 용도의 이용이라도 대상 부동산의 물리적 특성을 감안할 때 적합하지 못한 이용은 최유효이용이 될 수 없다. 이때 물리적 특성이란 토지의 하중지지력, 지세, 형상, 용수공급, 공공편익시설 등을 의미한다.

넷째, 경제적 타당성이란 그 이용이 다른 용도에 비해 경제적 타당성이 가장 큰 이용이어야 한다는 것이다. 경제적 타당성이 가장 높다는 것은 단순한 추측이 아니라 시장의 경험적 증거에 의해 구체적으로 증명될 수 있어야 한다. 이런 측면에서 대상 부동산에 대한 사용 가능한 용도별 비용과 편익을 분석하여 수익가격이 가장 높은 용도가 최유효이용이 된다는 논리가 성립될 수 있다.

한편 부동산에 대한 현실의 사용 방법이 항상 합리적으로 이루어지는 것은 아니므로 최유효이용의 판정 과정에서는 다음 사항에 유의하여야 한다.

첫째, 사용수익이 장래 상당한 기간 지속될 수 있는 사용방법이어야 한다. 일시적인 사용이나 투기적인 사용은 표준이 될 수 없다.

둘째, 효용을 충분히 발휘할 수 있는 시점이 예측할 수 없는 먼 장래가 아니어야 한다. 막연한 예측이나 예측할 수 없는 장래를 기준으로 하여서는 안 된다.

셋째, 부동산환경을 감안해서 판단되어야 한다. 개별적 관점에서 보면 주어진 대상 부동산의 개별적 요인만을 판단의 대상으로 하면 되지만, 광의의 관점에서 보면 광역적, 사회적, 자연적 조건을 모두 포함하여 판정하게 된다. 오늘날 부동산의 사회성, 공공성이 강조되고 부동산활동에 대한 공법상 규제가 따르며, 부동산의 환경성이 중시되어가는 경향이 있음을 광의의 관점에서 보아야 합리적이라는 근거가 된다.

넷째, 부동산의 이용 목적을 감안해야 한다. 부동산 이용 주체는 크게 공익을 목적으로 하는 공적 주체와 사익을 목적으로 하는 사적 주체로 구분할 수 있다. 사적 주체의 유용성은 화폐적 이익을 기준으로 판정할 수 있으나, 공적 주체의 경우에는 그 이용 목적의 달성가능성 등을 기준으로 판단해야 할 것이다.

다섯째, 이용의 내용을 종합적으로 고려해야 한다. 부동산의 이용을 위해서는 단순히 대상 부동산의 용도뿐만 아니라 이용의 규모나 공작물의 내용이나 규모 등도 포함되어야 하며, 장기적인 이용의 경우에는 그 관리방법까지도 포함되어야 할 것이다. 따라서 최유효이용을 판단하기 위해서는 이와 같은 다양한 측면에서의 투입 비용을 감안해야 할 것이다.

여섯째, 토지와 건물의 용도상 일체성이 인정되어야 한다. 또한 대상 부동산이 속한 지역의 토지이용규제의 내용이 변환될 가능성이 있는 경우와 같이 지역환경 변화로 인한 최유효이용의 변화 가능성에 대한 예측적 배려가 필요하다.

일곱째, 분석 목적에 따라서는 창조적 이용에 대한 배려가 필요하다. 부동산감정평가와 같이 객관적인 시장가격을 판정할 경우에는 양식과 통상의 사용능력을 갖는 사람이 채용할 것으로 생각되는 용도를 기준으로 최유효이용을 판단해야 한다. 그러나 부동산투자 타당성분석이나 개발 타당성분석 등 부동산활동 주체가 결정된 경우에는 최고의 이용능력을 발휘할수록 유리한 결과가 될 것이므로 창조적 이용도 고려되어야 한다. 다만, 창조적 이용의 최유효이용은 상기의 기준과 같은 합리성, 계속성, 적법성 등 안정성의 관점에서 판단되어야 할 것이다.

여덟째, 용도의 전환 가능성을 판단해야 한다. 대상 부동산이 속한 지역의 토지이용규제의 내용이 변환될 가능성이 있는 경우와 같이 지역환경 변화로 인한 최유효이용의 변화 가능성에 대한 예측적 배려가 필요하다.

기타 현재 이용상태가 최유효이용으로 판단되면 계속성 여부와 경쟁 경향을 고려하고, 최유효이용이 아닌 경우에는 이용의 전환가능성 및 전환에 대한 소요비용 등에 대한 고려가 있어야 한다. 이를 기준으로 볼 경우 최유효이용의 판정은 다음과 같은 4단계의 세부 검토 절차를 거치는 것이 필요할 것이다.

① 대상 부동산의 최유효이용은 무엇인가?
② 현재의 이용이 최유효이용인가?
③ 최유효이용이라면 장래에도 계속될 것인가?
④ 최유효이용이 아니라면 전환가능성 여부와 전환 소요비용은 얼마인가?

2. 부동산의 용도 분류

부동산의 인문적 특성 중 하나인 용도의 다양성을 감안해 보면 최유효이용이란 대상 부동산의 이용가능 용도 중 유용성이 가장 높은 용도를 의미한다. 따라서 대상 부동산의 적정용도 분석을 위해서는 우선 부동산의 다양한 용도 중 대상 부동산의 이용가능 용도를 추출하고, 추출된 이용가능 용도 중 유용성이 가장 높은 용도를 선정하는 2단계의 분석 작업이 필요하다.

부동산의 용도란 개별 부동산의 이용 목적에 따라 달라지므로 엄밀히 따지면 부동산의 용도는 산업분류 항목과 유사할 것이다. 부동산학에서는 다양한 부동산의 용도를 일정한 기준에 따라 분류하고 있으며, 토지이용 규제의 기본법이 되는 「국토의 계획 및 이용에 관한 법률」에서는 「건축법」에서의 건축물의 용도를 기준으로 토지이용을 규제하고 있으므로 동법에서의 분류 방법을 점검해 보기로 한다.

부동산학에서는 토지의 용도를 크게 택지와 농지, 임지로 구분하고 있으며, 이를 세분하면 택지는 다시 주거용지와 상업용지, 공업용지로 구분하고, 농지는 전지와 답지, 과수원지로, 임지는 신탄림지와 용재림지로 구분한다. 이와 같은 일반적 토지의 분류 방법을 감안할 경우 부동산의 용도는 다음의 〈표 2-1〉과 같이 분류할 수 있다.

건축물의 경우 현행 「건축법 시행령」에서는 건축물을 28가지로 구분하고 있다. 이를 〈표 2-1〉에서의 대분류를 기준으로 다시 분류해 보면 〈표 2-2〉와 같이 분류할 수 있다. 기타 소분류의 상세한 내용은 「건축법 시행령」[별표 1]을 참조하며, 해당 별표에서는 동일한 용도의 건축물이라도 그 규모에 따라 각각 중분류를 달리하고 있음을 유의해야 한다.[9]

표 2-1 부동산용도 분류표

대분류	중분류	소분류
주거용부동산	단독주택	단독, 다중, 다가구, 원룸, 공관 등
	아파트	저층, 중층, 고층, 주상복합 등
	기타 공동주택	연립, 다세대, 다가구, 기숙사, 도시형 주택, 준주택 등
상업용부동산	사무실	사무용, 서비스업용(병원, 학원, 유아원, 체력단련장 등)
	점포	쇼핑센터, 시장, 개별점포, 은행, 음식점, 서점 등
	숙박시설	호텔, 모텔, 여관 등
	오피스텔	주거형, 사무형 등
공업용부동산	공장	단독공장, 아파트형공장, 기타 업종별 분류 가능
	창고	대여용, 자가용, 집배송시설 등
농업용부동산	전	농작물의 종류에 따른 분류 가능
	답	농작물의 종류 또는 경작 방식 등에 따른 분류 가능
	과수원	과실의 종류에 따른 분류 가능
임업용부동산	용재림지	수종에 따른 분류 가능
	신탄림지	수종에 따른 분류 가능
기타부동산	교육연구용	학교, 유치원, 유아원, 연구원 등
	레저용	관광지, 콘도, 수련원, 펜션 등
	기타	문화 및 집회시설, 종교시설, 운수시설, 운동시설 등

부동산의 이용가능 용도를 추출하고 추출된 용도 중 유용성이 가장 높은 용도를 선정할 경우 〈표 2-1〉, 〈표 2-2〉의 2가지 분류 기준 중 어느 기준에 따를 것인가는 투자 목적에 따라 달라질 수 있다. 일반적으로 주거용이나 상업용 부동산의 경우에는 부동산학에서의 기준(부동산용도 분류표)을 적용하는 것이 적정할 것이며, '건축법상 건축물의 분류'는 이를 보완하는 용도로 활용하는 것이 바람직할 것이다.

---

9) 각종 법규 내용은 국가법령정보센터(ttp://www.law.go.kr)를 통해 조사하며, 각 부처별 훈령이나 고시, 예규 등은 해당 부처 사이트를 통해 조사하고, 지방자치단체별 조례는 해당 지자체 사이트를 통해 조사한다.

표 2-2 **건축법 상 건축물의 분류**

대분류	중분류	소분류
주거용 건축물	1. 단독주택	단독주택, 다중주택, 다가구주택, 공관(公館)
	2. 공동주택	아파트, 연립주택, 다세대주택, 기숙사
상업용 및 업무용 건축물	3. 제1종 근린생활시설	수퍼마켓, 일용품 소매점, 휴게음식점, 제과점, 이용원, 미용원, 목욕장, 세탁소, 의원·치과의원·한의원·침술원·접골원(接骨院), 조산원, 안마원, 탁구장, 체육도장, 지역아동센터, 지역자치센터, 파출소, 지구대, 소방서, 우체국, 마을회관, 마을공동작업소, 변전소, 양수장, 기타
	4. 제2종 근린생활시설	일반음식점, 기원, 휴게음식점, 제과점, 서점, 테니스장, 체력단련장, 에어로빅장, 볼링장, 당구장, 실내낚시터, 골프연습장, 물놀이형 시설, 공연장, 종교집회장, 금융업소, 사무소, 부동산중개사무소, 결혼상담소 등 소개업소, 출판사, 제조업소, 수리점, 세탁소, 청소년게임제공업의 시설, 복합유통게임제공업의 시설, 사진관, 표구점, 학원, 직업훈련소, 장의사, 동물병원, 독서실, 총포판매사, 단란주점, 의약품 판매소, 의료기기 판매소, 자동차영업소, 안마시술소, 노래연습장, 고시원, 기타
	5. 문화 및 집회시설	공연장, 집회장, 관람장, 전시장, 동·식물원
	6. 종교시설	종교집회장, 봉안당(奉安堂)
	7. 판매시설	도매시장, 소매시장, 상점
	8. 운수시설	여객자동차터미널, 철도시설, 공항시설, 항만시설
	9. 의료시설	병원, 격리병원
	10. 교육연구시설	학교, 교육원, 직업훈련소, 학원, 연구소, 도서관
	11. 노유자시설	아동 관련 시설, 노인복지시설, 기타 사회복지시설 및 근로복지시설
	12. 수련시설	생활권 수련시설, 자연권 수련시설, 유스호스텔
	13. 운동시설	탁구장, 체육도장, 테니스장, 체력단련장, 에어로빅장, 볼링장, 당구장, 실내낚시터, 골프연습장, 물놀이형 시설, 체육관, 운동장
	14. 업무시설	공공업무시설, 일반업무시설(금융업소, 사무소, 신문사, 오피스텔)
	15. 숙박시설	일반숙박시설, 관광숙박시설, 고시원, 기타
	16. 위락시설	단란주점, 유흥주점, 유원시설업의 시설, 무도장, 무도학원, 카지노영업소
공업용 건축물	17. 공장	물품의 제조·가공[염색·도장(塗裝)·표백·재봉·건조·인쇄 등을 포함한다] 또는 수리에 계속적으로 이용되는 건축물
	18. 창고시설	창고, 하역장, 물류터미널, 집배송 시설

대분류	중분류	소분류
	19. 위험물 저장 및 처리 시설	주유소, 석유 판매소, 액화석유가스 충전소 · 판매소 · 저장소, 위험물 제조소 · 저장소 · 취급소, 액화가스 취급소 · 판매소, 유독물 보관 · 저장 · 판매시설, 고압가스 충전소 · 판매소 · 저장소, 도료류 판매소, 도시가스 제조시설, 화약류 저장소, 기타
	20. 자동차 관련 시설	주차장, 세차장, 폐차장, 검사장, 매매장, 정비공장, 운전학원, 정비학원, 차고, 기타
농업 및 임업용 건축물	21. 동물 및 식물 관련 시설	축사, 가축시설, 도축장, 도계장, 작물 재배사, 종묘배양시설, 화초 및 분재 등의 온실, 기타
기타 건축물	22. ‐ 28. 기타 시설	22. 분뇨 및 쓰레기 처리시설, 23. 교정 및 군사 시설, 24. 방송통신시설, 25. 발전시설, 26. 묘지 관련 시설, 27. 관광 휴게시설, 28. 장례식장

주) 상기 중분류의 번호는 건축법시행령 [별표 1]에서의 용도별 번호를 의미함.

3. 적정용도 분석

1) 적정용도 분석 절차

우리나라의 경우 「국토의 계획 및 이용에 관한 법률」을 중심으로 토지의 이용에 대한 규제를 실시하고 있으며, 토지의 이용규제의 근간은 용도지역제이다. 동법에 의하면 국토는 토지의 이용실태 및 특성, 장래의 토지이용방향 등을 고려하여 다음의 〈표 2-3〉과 같은 용도지역으로 구분된다(동법 제6조). 또한 각 용도지역에서의 토지이용 규제 내용은 동법 시행령에서 구체적으로 정하고 있다.

기타 「농지법」이나 「산지관리법」 등 100여개 개별 법률에서도 다양하게 토지이용을 규제하고 있으며, 보다 정확한 토지이용 규제 내용은 국토교통부의 토지이용규제 서비스 사이트(http://luris.mltm.go.kr)를 통해 확인할 수 있다.

토지이용규제 법률에서는 규정된 용도 이외의 토지이용을 금지하고 있으므로 분석대상 부동산에 대한 토지이용 규제 내용은 적정용도 분석에 가장 큰 영향을 미치게 된다. 따라서 적정용도 분석에서는 가장 먼저 대상 부동산에 대한 토지이용 규제 내용을 확인하여 대상 부동산에 허용되는 용도가 어떤 것인지, 어떤 용도는 허용되지 않는지를 분석해야 한다. 아울러 이들 법률에서는 용도지역이나 지구 등의 변경 절차와 변경이 가능한 범위도 정하고 있으므로 해당 법률을 참조하여 합법적인 방법

표 2-3 용도지역의 구분

용도지역		내 용
도시지역		인구와 산업이 밀집되어 있거나 밀집이 예상되어 당해 지역에 대하여 체계적인 개발·정비·관리·보전 등이 필요한 지역
	주거지역	거주의 안녕과 건전한 생활환경의 보호를 위하여 필요한 지역
	상업지역	상업 그 밖의 업무의 편익증진을 위하여 필요한 지역
	공업지역	공업의 편익증진을 위하여 필요한 지역
	녹지지역	자연환경·농지 및 산림의 보호, 보건위생, 보안과 도시의 무질서한 확산을 방지하기 위하여 녹지의 보전이 필요한 지역
관리지역		도시지역의 인구와 산업을 수용하기 위하여 도시지역에 준하여 체계적으로 관리하거나 농림업의 진흥, 자연환경 또는 산림의 보전을 위하여 농림지역 또는 자연환경보전지역에 준하여 관리가 필요한 지역
	보전관리지역	자연환경보호, 산림보호, 수질오염방지, 녹지공간 확보 및 생태계 보전 등을 위하여 보전이 필요하나, 주변의 용도지역과의 관계 등을 고려할 때 자연환경보전지역으로 지정하여 관리하기가 곤란한 지역
	생산관리지역	농업·임업·어업생산 등을 위하여 관리가 필요하나, 주변의 용도지역과의 관계 등을 고려할 때 농림지역으로 지정하여 관리하기가 곤란한 지역
	계획관리지역	도시지역으로의 편입이 예상되는 지역 또는 자연환경을 고려하여 제한적인 이용·개발을 하려는 지역이며, 계획적·체계적인 관리가 필요한 지역
농림지역		도시지역에 속하지 아니하는 농지법에 의한 농업진흥지역 또는 산림법에 의한 보전임지 등이며, 농림업의 진흥과 산림의 보전을 위하여 필요한 지역
자연환경보전지역		자연환경·수자원·해안·생태계·상수원 및 문화재의 보전과 수산자원의 보호·육성 등을 위하여 필요한 지역

에 의한 용도지역 등의 변경을 통해 허용되는 용도도 조사할 필요가 있다.

부동산의 최유효이용은 다양한 환경과 대상 부동산이 지닌 속성에 따라 결정되는 것이며, 상기 토지이용규제는 거시환경 중 하나로 볼 수 있다. 또한 다양한 부동산환경은 개인의 노력으로 변경하기 어려운 경우가 대부분이나 때에 따라서는 변경이 가능한 경우도 있다. 따라서 대상 부동산의 적정용도를 도출하기 위한 첫 번째 단계인 '이용 가능용도'는 상기에서 점검된 법률상 허용 용도 중 주어진 환경 또는 변화 가능한 환경을 감안하여 도출하는 방법으로 진행되는 것이 합리적일 것이다.

결국 대상 부동산의 적정용도 결정 절차를 보다 구체적으로 보면 다음의 〈그림 2-6〉과 같이 ① 대상 부동산에 대한 법률·경제·기술적 측면에서의 거시환경을 분석하여 대상 부동산에 허용되는 용도를 추출하고, ② 대상 부동산이 속한 시장지역

그림 2-6   부동산의 최유효이용 결정 절차

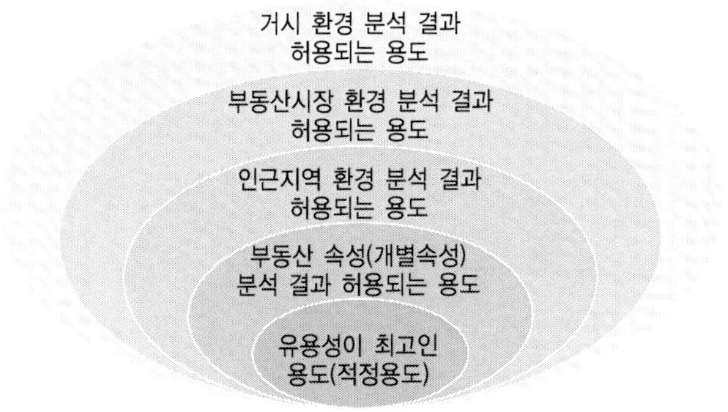

거시 환경 분석 결과
허용되는 용도

부동산시장 환경 분석 결과
허용되는 용도

인근지역 환경 분석 결과
허용되는 용도

부동산 속성(개별속성)
분석 결과 허용되는 용도

유용성이 최고인
용도(적정용도)

(인근지역, 유사지역)의 환경을 분석하여 거시환경 분석에서 허용되는 용도 중 시장환경에 적합한 용도를 추출하며, ③ 인근지역 환경을 분석하여 시장환경에 적합한 용도 중 인근지역 환경에 적합한 용도를 추출하고, ④ 대상 부동산의 개별 속성을 분석하여 인근지역 환경에 적합한 용도 중 대상 부동산에 적합한 용도를 추출하며, ⑤ 마지막으로는 대상 부동산에 적합한 용도 중 유용성이 최고인 용도를 최유효이용으로 선정하는 것이다.

앞에서 언급한 것과 같이 최유효이용은 시장분석 초기 단계에서는 '적정용도 분석'으로, 말기에는 '이용계획 수립'으로 구분하였다. '적정용도 분석'과 '이용계획 수립'은 마지막 단계인 '최유효이용' 선정 단계에서 크게 차별화 된다. 즉 부동산시장 권역을 설정하기 위한 '적정용도 분석'에서는 시장분석자에게 주어진 정보는 각각의 환경에 불과한 것이므로 각 대안별 유용성을 개략적으로 분석할 수밖에 없으나, '이용계획 수립' 단계에서는 대상 부동산활동을 위한 편익 · 비용분석을 위한 상세한 정보를 수집하여 투자가치나 수익률 등을 활용하여 정량적인 방법으로 각 대안별 유용성을 평가할 수 있기 때문이다.

끝으로 최유효이용 결정을 위한 5단계의 분석과정에서 유의해야 할 사항은 다양한 부동산환경 중 부동산 활동자가 변경이 가능한 환경이 있을 수 있으며, 이들 환경 변화는 대상 부동산에 대한 허용 용도를 더욱 확대 시킬 수도 있을 것이다. 따라서 각 단계의 분석에서는 다음의 〈그림 2-7〉에서와 같이 변화가 가능한 환경요소를 감안하여 분석해야 한다.

그림 2-7   단계별 환경 분석 상세 절차

2) 적정용도 결정 사례

대상 부동산의 적정용도 결정 절차 중 마지막 단계는 유용성이 최고인 적정용도를 선정하는 것이다. 이는 위의 〈그림 2-7〉의 네번째 단계인 부동산 속성(개별속성) 분석결과에서 도출된 이용가능 용도를 상호 비교하여 1개의 용도를 결정하는 것을 의미한다. 2개 이상의 이용가능 용도 중 유용성이 가장 높은 용도를 선정하는 방법은 가격비교법이 가장 많이 활용되고 있다.

가격비교법이란 감정평가방법 중 거래사례비교법을 활용하는 방법이다. 즉 대상 부동산과 유사한 부동산의 거래사례를 조사하고, 이들 거래사례 중 이용가능 용도에 해당하는 거래사례가격을 기준으로 대상 부동산의 이용가능 용도별 비준가격을 구하여, 이 중 가장 높은 가격의 이용가능 용도를 적정용도로 선정하는 방법이다.

예를 들면, 다음의 〈표 2-4〉에서와 같이 대상 부동산의 이용가능 용도는 A와 B, C의 3가지가 도출되었다고 하자. 또한 인근지역과 유사지역에서 A용도와 같은 용도로 사용되는 유사부동산①과 B용도와 같은 유사부동산②, C용도와 같은 유사부동산③의 거래사례가격은 각각 5,000만원, 6,000만원, 7,000만원이라고 한다.

이들 3개 거래사례가격을 기준으로 대상 부동산의 적정가격을 계산하기 위한 각각의 보정치가 〈표 2-4〉와 같다면, 대상 부동산의 적정가격은 A용도로 사용할 경우 7,155만원으로 계산되며, B용도로 사용될 경우 7,775만원으로, C용도로 사용될 경우 3,893만원으로 계산되었다.[10]

계산 결과를 기준으로 본다면 대상 부동산의 적정용도는 A, B, C 3가지 용도 중 적정가격이 가장 높은 '이용 가능용도B'로 선정해야 한다.

표 2-4 **적정용도 선정 계산표 사례**

구 분		이용 가능용도A	이용 가능용도B	이용 가능용도C
유사부동산		유사부동산①	유사부동산②	유사부동산③
유사부동산 거래사례가격		5,000만원	6,000만원	7,000만원
사례자료 정상화	사정보정치	1.10	1.00	1.00
	시점수정치	1.01	1.02	1.03
	지역요인보정치	1.00	1.10	0.80
	개별요인보정치	1.15	1.10	0.75
	면적보정치	1.12	1.05	0.90
대상부동산 적정가격		7,155만원	7,775만원	3,893만원

---

10) 〈표 2-4〉에서 시점수정치는 온나라부동산포탈 등에서의 시군구별 지가상승률이나 주택가격상승률을 활용하며, 지역요인보정치는 제6장 제1절에서의 지역분석 방법을 활용하고, 개별요인보정치는 제6장 제2절 대상물분석 방법을 활용한다.

제**4**장
부동산 시장분석 기초지식

■ **학습방법**

부동산시장을 분석하기 위해서는 부동산시장에 대한 다양한 지식이 필요하다. 이와 같은 지식 중 부동산시장의 개념에 대해서는 이미 제3장에서 학습하였으나, 현재 부동산시장 상황을 분석하고 장래를 예측하기 위해서는 부동산시장의 변동 원리에 대한 다양한 지식과 경험이 필요할 것이다.

제4장 '부동산 시장분석 기초지식'에서는 부동산 시장분석에 필요한 다양한 지식 중 다음과 같은 주요한 3가지 내용들을 학습하게 된다.

1. 부동산시장에서 부동산가격이 어떻게 결정되고 변화하는지에 대한 기본 이론과 이와 같은 부동산가격에 영향을 미치는 다양한 요인, 이들 요인이 부동산가격을 변동시키는 기본 원리에 대해서 알아본다.

2. 부동산시장에서의 다양한 가격결정요인이 부동산가격에 미치는 영향을 보다 분명하게 알아보기 위하여 부동산가격을 평가하는 기본원리에 대해서 알아본다.

3. 부동산가격결정 요인 중 지역 부동산시장을 결정하고 변화시키는 주요한 요인 도출을 위해서 지가이론과 지역변화이론, 도시성장이론에 대해서 알아본다.

4. 부동산시장의 변화에 대한 이론 중 가장 일반적인 이론인 경기변동이론과 경기변동에 대한 다양한 예측기법에 대해서 알아본다.

본서의 학습자는 '제1절 부동산시장과 가격'에서는 부동산시장에서 가격이 결정되고 변화되는 원리에 대한 이해가 필요하며, '제2절 부동산가격평가'에서는 제1절에서 학습한 다양한 부동산가격 결정요인들을 어떻게 분석하여 부동산가격을 평가하는지에 대한 기본원리를 이해해야 할 것이다. '제3절 부동산시장의 변화요인'에서는 부동산시장의 범위를 결정하고 변화시키는 이론에 대하여 이해하고, 제4절에서 앞의 이론을 응용하여 부동산시장의 변화를 예측하는 방법론을 학습함으로써 부동산시장 분석에 활용해야 할 것이다.

이와 같은 부동산 시장분석을 위한 기초지식들은 제3편의 부동산투자 계량분석의 선행지식으로 활용된다.

제 1 절　부동산시장과 가격

1. 부동산가치와 가격

1) 부동산가격의 정의

부동산가격이란 부동산의 소유에서 비롯되는 유형 또는 무형의 장래 이익에 대한 현재의 가치를 의미한다.[11] 또한 부동산이 다른 재화나 용역을 교환 대상으로 지배하는 힘이라는 주장도 있다.

다른 경제재와 마찬가지로 부동산의 경우에도 가격(price)의 기초에는 가치(value)가 있어 가격은 가치에 의하여 결정된다. 이와 같은 의미에서 부동산가치란 부동산을 소유함으로써 발생하는 유형·무형의 장래의 이익에 대한 현재의 가치를 의미하며, 부동산가격이란 특정부동산에 대한 교환의 대가로서 시장에서 매수자와 매도자 간의 지불된 금액으로 표현되기도 한다.

부동산의 개별성으로 인해 시장에서 거래된 결과로서의 '부동산가격'은 누구나 쉽게 알 수 있지만, 부동산에 내재된 장래 편익의 현재가치로서의 '부동산가치'는 전문가가 아닌 이상 쉽게 알 수 없다. 이로 인해 부동산투자자는 거래대상 부동산의 가치에 대한 판별 방법을 습득하는 것이 바람직하다.

부동산의 경우에도 가치가 변동되면 가격도 같은 방향으로 변동한다. 가치는 화폐를 매개로 하여 가격이 되는 것이며, 가격은 가치의 화폐적 표현이다. 그러므로 인플레로 인해 화폐가치가 하락하면 가격은 상승하게 되는 등 화폐가치의 변동에 따라 가격과 가치는 역방향으로 변동한다. 또한 부동산가격 역시 수요·공급의 변동에 따라 변동한다. 부동산가격은 수요가 증가하면 가격이 상승하고 감소하면 가격이 하락하므로 수요변동에 대하여는 정(正)의 방향으로 변동한다. 반면에 공급이 증가하면 가격이 하락하고 공급이 감소하면 가격이 상승하므로 공급변동에 대하여는 역(逆)의 방향으로 변동한다.

이와 같은 가치와 가격의 차별화 원인 이외에도 부동산시장은 다른 재화시장과는

---

11) 이창석 외 3인, 상계서, pp. 63~67 및 이우영, 상계서, pp. 381~391 참조.

달리 여러 가지 불완전한 요소를 많이 포함하고 있으며, 비정상적인 거래 등으로 부동산시장에서 실제 거래된 가격은 반드시 가치와 일치하지 않는 경향이 많다. 그러나 장기적으로는 부동산시장에서도 가격과 가치는 일치하게 된다고 주장하는 학자도 많으므로, 부동산학에서는 부동산가격과 부동산가치를 구분하여 사용하지 않는 경향이 많다.

2) 부동산가격의 다양성

일반적으로 부동산시장에서 부동산가격이란 거래대상 부동산에 대한 매매의 대가로서 시장에서 매수자와 매도자간에 지불된 금액을 의미한다.

그러나 부동산시장에서는 '시세', '시가', '호가', '공시지가', '개별주택가격', '공동주택가격', '기준시가', '감정가격', '보상가격' 등 다양한 부동산가격이 통용되고 있다. 일상적인 매매의 대가로서의 부동산가격을 '협의의 부동산가격'이라고 한다면, 부동산시장에서 통용되는 위에 언급된 다양한 부동산가격들을 모두 포괄하여 '광의의 부동산가격'이라고 할 수 있다.

'시세(市勢)'란 부동산시장에서 거래 가능성이 높은 부동산가격을 의미하며, '시가(市價)'는 시장가격의 준말로서 '협의의 부동산가격'의 의미로 사용된다. '호가(呼價)'란 '매도호가'의 준말로서 일반적으로 부동산 매도자가 판매를 원하는 가격을 의미한다.

'공시지가(公示地價)'란 「부동산가격 공시 및 감정평가에 관한 법률」에 근거하여 국가나 지방자치단체의 토지가격의 산정에 기준이 되는 공적 지가를 의미한다. 공시지가에는 전국의 50만 필지 표준지에 대한 표준지공시지가와 이를 근거로 지방자치단체에서 전국의 과세대상 토지에 대해서 조사한 개별공시지가가 있다. 개별공시지가는 각종 부동산세금 부과의 기준이 된다.

'개별주택가격'이란 동 법에 근거하여 시장·군수·구청장이 결정·공시하는 개별주택의 공적 가격을 말한다. 또한 동 법에 근거하여 국토교통부장관이 조사·평가하여 공시한 공동주택의 공적 가격인 '공동주택가격'도 있다.

'기준시가(基準時價)'란 국세나 지방세 계산의 기준이 되는 가격을 의미한다. 각 세법에서는 실거래가격이나 공시지가 혹은 개별주택가격 등 공적가격을 기준시가로 규정하고 있다. 또한 국세청에서는 매년 수도권과 5대 광역시의 오피스텔과 상업용 건물의 기준시가를 별도로 정하고 고시하고 있다.

'감정가격' 또는 '감정평가가격'이란 공인된 부동산감정평가사가 평가한 가격을 의미한다. 토지 가격은 표준지공시지가와 대비하여 평가한다. 기타 '보상가격'이란 국가나 공공단체 등이 공공사업을 시행하기 위해 부동산을 매수, 수용하는 경우 손실보상을 위해 산출하는 감정평가가격을 말한다.

3) 부동산가격의 특징

부동산에는 자연적 · 인문적 특성이 있기 때문에 부동산의 가격은 일반 상품의 가격과 대비할 경우 다양한 특징이 있으며, 그 중 주요한 특징을 정리해 보면 다음과 같다.

첫째, 부동산가격은 가격과 임료(賃料)로 표시된다. 광의의 부동산 가격은 일반적으로 교환의 대가인 협의의 가격으로 표시됨과 동시에 용익의 대가인 임료로서도 표시된다. 임료는 부동산소유자에게 귀속되므로 가격과 임료는 원본과 과실의 관계이고, 구하는 가격에 따라 감정평가 방법이 달라진다.

둘째, 부동산의 가격은 권리 · 이익의 가격이다. 부동산의 가격은 부동산에 관한 소유권이나 기타 권리 · 이익의 가격이다. 따라서 2개 이상의 권리 · 이익이 동일 부동산에 존재하는 경우에는 그 권리 · 이익마다 각각 가격이 형성되고, 그 반대로 부동산의 완전소유권의 가격은 개별적인 권리 · 이익의 가격으로 분할된다고 볼 수 있다.

셋째, 부동산의 가격은 장기적인 배려 하에 형성된다. 부동산의 영속성(토지)이나 내구성(건물)으로 인하여 부동산의 수익은 영속적으로 산출되므로 부동산가격은 장기적인 고려 하에서 형성되는 것이다.

넷째, 부동산가격은 지역적으로 형성된다. 부동산이 속해 있는 시장지역 안의 다른 부동산과는 여러 가지의 상호관계를 갖게 되므로 부동산이 속해 있는 지역의 사회적 · 경제적 · 행정적 위치(환경)에 따라 변화하며 형성된다.

다섯째, 부동산의 가격은 개별적으로 형성된다. 부동산의 가격형성에 있어서는 특히 거래주체의 개별적인 사정(특별한 사정)이 작용하기가 쉽다. 이로 인해 부동산가격의 기초가 되는 적정 경제가치를 식별하기 곤란하게 되며, '일물일가(一物一價)의 법칙'이 적용되지 않아 정상적인 균형가격이 자연적으로 성립되기 어렵게 된다.

2. 부동산 가격결정요인

1) 부동산 수요 및 수요탄력성

부동산시장에서도 경제학에서의 수요법칙이 성립된다. 즉 부동산시장에서도 부동산가격이 상승하면 수요량이 감소하며, 가격이 하락하면 수요량이 증가한다.

부동산시장에서의 수요(需要. demand)란 주어진 기간에 일정한 조건 아래서 수요자(소비자)가 부동산을 구매(임차 포함)하고자 하는 의도를 말하며, 수요량이란 수요자가 구매하고자 하는 최대 수량을 말한다. 유의할 것은 부동산의 고가성으로 인해 부동산시장에서 수요는 구매욕구뿐만 아니라 구매능력을 모두 갖춘 '유효수요'를 수요로 보고 있으며, 구매욕구는 있으나 구매능력이 없는 '잠재수요'는 현재의 시장분석에서 수요로 계산하지 않아야 한다.

일반재화의 수요가 동질적 재화에 대한 획일화된 수요인데 반해 부동산의 수요는 부동산의 개별성으로 차별화된 수요 유형이 일반적이다. 즉 부동산의 종류에 따라 각각의 수요가 다르다. 따라서 부동산은 개인이나 기업을 막론하고 생활에 필수적인 것이지만 그 수요에 영향을 미치는 요인은 수요자와 부동산의 종류에 따라 큰 차이가 있다.

부동산시장의 수요 특히 토지시장에서의 수요는 파생수요(Derived demand)의 성격이 있다. 예를 들어, 농경지에 대한 수요는 농산물에 대한 수요에서, 주택지에 대한 수요는 주택에 대한 수요에서 각각 파생된다. 상업지에 대한 수요는 상점의 입지 가능성(상품수요)에서 파생되는 것이라고 할 수 있다.[12]

부동산시장에서도 일반 경제재와 같이 가격과 수요량은 반비례하는 관계에 있다. 따라서 가격이 인상되면 수요량은 감소하고 가격이 인하되면 수요량은 증가한다. 이는 소득효과와 대체효과로 인한 것이며, 이로 인해 부동산시장에서의 수요곡선도 〈그림 2-8〉과 같이 우하향하는 것으로 본다.

우하향하는 수요곡선을 감안하면 부동산가격이 상승하면 수요량이 감소해야 하나, 부동산은 투자재의 일종으로 가격상승 현상이 지속될 것으로 예상되면, 수요가 증가함에 따라 오히려 수요량이 증가하기도 한다. 수요를 증가시키거나 감소시키는

---

12) 김영진, 『부동산학총론』, 상게서, p. 68.

요인은 인구나 소득, 가격상승에 대한 예상, 투자선호도, 대부비율(LTV) 등 다양하며 이는 다음에서 설명하기로 한다.

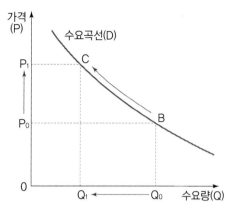

그림 2-8 부동산 수요곡선

부동산 시장 분석에서 수요와 관련하여 필요한 지식으로 탄력성(彈力性, elasticity)의 개념이 있다. 수요의 탄력성이란 수요에 영향을 미치는 요인이 변화할 때 해당 재화의 수요량이 얼마나 변화하는가를 측정하는 척도로서 변화요인에 따라 가격탄력성, 소득탄력성, 교차탄력성 등이 있다. 다음은 수요의 가격탄력성을 나타내는 공식이다.

$$\bullet \text{ 수요의(가격)탄력성} = \frac{\dfrac{\text{변동된 수요량}}{\text{원래의 수요량}}}{\dfrac{\text{변동된 가격}}{\text{원래의 가격}}} = \frac{\text{수요량의 변화율}}{\text{가격의 변화율}}$$

수요의 가격탄력성은 가격이 변화할 때 수요량이 얼마만큼 변화하는가를 비율로서 나타낸 것이며, 그 수치가 0이면 완전비탄력적, 1보다 적으면 비(非)탄력적, 1이면 단위탄력적, 1보다 크면 탄력적, 무한대이면 완전탄력적이라 한다. 수요의 탄력성이 클수록 수요곡선의 기울기가 완만해지고, 수요의 가격탄력성이 작을수록 수요곡선의 기울기(경사도)가 커(급해)진다.

동산이 거래되는 통상적인 시장과 같이 부동산시장에서도 대체재가 많을수록 수요의 가격탄력성은 커지는 것이 일반적이다. 그러나 부동산의 경우는 개별성의 특성으로 인해 대체재가 거의 없는 편이며, 있다고 하더라도 그 유용성은 극히 제한되어 있어 수요가 비탄력적이다. 다만 부동산을 종류별로 세분할 경우 세분화된 부동산시장에서는 부동산수요가 보다 탄력적이 된다. 즉 부동산을 종류별로 주거용 부동산, 상업용 부동산, 공업용 부동산 등으로 나누어 볼 때, 각 종류별 부동산 상호간에는 일정한 대체 관계가 인정되며, 부동산의 종류를 다시 더 세분하게 되면 대체재가 많아지므로 수요는 더 탄력적이 된다. 또한 탄력성의 정도는 부동산의 종류에 따라 차이가 나는데 대체로 주거용 부동산은 다른 부동산 보다 탄력성이 큰 것으로 알려져 있다.

기타 부동산 시장분석을 위해서는 부동산 수요탄력성과 관련되어 일반적인 원리로 인식되고 있는 다음 사항들을 염두에 두어야 한다.

- 탄력성은 대상 부동산이 지닌 용도의 다양성에 영향을 받는다. 즉 대상 부동산의 용도가 다양할수록 탄력적이다. 이는 재화의 용도가 다양할수록 재화의 이용가치는 커지므로 가격에 대한 반응도 커지기 때문이다.
- 재화에 대한 지출이 총소득에서 차지하는 비율이 클수록 탄력적이다. 소비자의 총소비 지출에서 어떤 재화에 대한 지출이 차지하는 비중이 커지면 지출부담이 커지고 지출부담이 커지면 민감하게 반응하기 때문이다.
- 탄력성은 재화의 성격에 따라 달라진다. 생필품은 비탄력적이고, 사치품은 탄력적인 것이 일반적이다.
- 탄력성은 기간의 장단(長短)에 따라 영향을 받는다. 수요의 탄력성을 측정하는 기간이 길어질수록 더욱 탄력적이다. 왜냐하면 반응기간이 길어질수록 반응량이 커져서 의사결정주체에 대한 제약이 사라지고 대안이 많이 마련되기 때문이기도 하다.

부동산시장에서의 탄력성은 일반 상품과 유사한 점도 많다. 일반적으로 수요자의 선택 가능성이 높을수록 탄력성이 커지고, 수요자의 선택 가능성이 낮을수록 탄력성이 작아지게 된다.

2) 부동산공급과 공급탄력성

부동산시장에서 공급(supply)이란 주어진 기간에 일정한 조건 아래서 공급자가 부동산을 판매(임대 포함)하고자 하는 욕구를 말하며, 공급량이란 공급자가 판매하고자 하는 최대수량을 말한다. 부동산공급 중 주택이나 택지의 신규부동산 공급은 생산부터 판매까지의 공급시차가 존재하므로, 부동산공급에 있어서는 생산이 완료되어 시장에 판매할 수 있는 상태의 실질적 공급을 중시한다.

부동산공급도 〈그림 2-9〉와 같이 가격과 공급량이 비례하나, 내구재인 부동산의 경우 신규부동산뿐만이 아니라 기존 보유한 중고부동산의 공급도 포함된다. 그러므

로 부동산공급자는 생산자뿐만이 아
니라 기존의 주택이나 토지의 소유자
중 매도하려는 의사를 가진 자도 포함
된다.

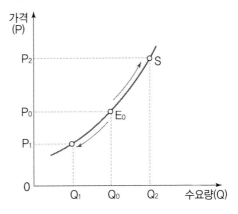

그림 2-9 부동산 공급곡선

부동산시장에서의 공급을 분석할
때는 대체가능성을 감안해야 한다. 부
동산(특히 토지)의 경우 개별성의 특성
으로 인해 공급독점이 형성되며, 토지
의 경우 부증성의 특성으로 인해 전체
개별 부동산이나 전체 토지의 경우 공
급은 완전비탄력적이 된다. 그러나 부동산이 지닌 용도의 다양성으로 인해 개별 부
동산도 용도적으로 대체가 가능하다. 또한 토지를 용도적으로 세분할 경우, 용도전
환이 가능하므로 공급량의 증감의 개념이 성립될 수 있어 부동산시장에서의 공급곡
선 역시 다른 재화시장에서의 공급곡선과 같이 우상향하는 지수곡선을 형성한다.

부동산공급은 부동산의 공급시차로 인해 주어진 기간에 따라 탄력성이 크게 차이
가 있다. 즉 공급시차(기간)보다 단기에는 탄력성이 적어 가격이 변화에도 공급량이
크게 변화하기 어려우나, 장기에는 가격 변화에 공급량이 좀 더 탄력적으로 변화할
수 있다.

부동산공급의 탄력성은 건축자재나 택지 등 생산을 위한 유휴자원이 많이 존재
할수록 커지나, 우리나라와 같이 국토 면적이 작은 나라에서는 공급의 탄력성이 작
을 수밖에 없다. 또한 정부의 규제나 시장의 불완전성이 클수록 공급의 탄력성이 작
아지게 된다. 우리나라 부동산시장은 과다한 규제와 불완전한 시장으로 인해 가격
변화에 따른 공급탄력성이 작아 시장 외부의 충격에 적절하게 대응하지 못하는 문제
도 지적되고 있다.

부동산시장에서도 일반 경제재와 같이 공급이 증가하면 가격이 하락하고, 공급이
감소하면 가격이 상승한다. 따라서 부동산가격이 상승하면 공급량이 증가해야 하나,
부동산은 투자재의 일종으로 가격상승 현상이 지속될 것으로 예상되면, 보유하고 있
는 부동산의 매도시기를 늦추려고 함에 따라 공급이 감소하기도 한다. 공급을 증가
시키거나 감소시키는 요인은 공급자 수나 생산요소의 가격, 가격상승에 대한 예상,

정부의 규제, 세금 등 다양하다. 이들 요인에 대해서는 다음에서 상세하게 설명하기로 한다.

3) 균형가격 결정

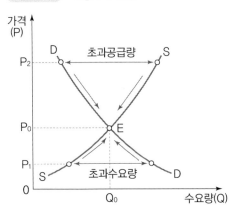

그림 2-10   균형가격 결정

균형(均衡)이란 일단 정지된 어떤 상태에 도달한 후 외부에서 어떤 충격이 가해지지 않는 한 더 이상 다른 상태로 변화하지 않으려는 상태를 의미한다. 부동산시장을 완전경쟁시장으로 가정할 경우, 〈그림 2-10〉의 균형가격 결정 그래프에서처럼 시장에서의 균형가격(P_0)은 수요곡선과 공급곡선이 교차하는 점에서 결정된다. 균형점에서는 수요량과 공급량이 일치하고(Q_0), 수요가격과 공급가격이 일치한다.

그러나 시장에서 가격이 균형가격 이하(P_1)로 결정된 경우, '수요량 > 공급량'으로 초과수요가 발생하여 수요자 상호간의 경쟁으로 인한 가격상승이 이루어져 균형상태에 이르게 된다. 반대로 균형가격 이상(P_2)으로 시장가격이 형성된 경우 '수요량 < 공급량'으로 초과공급이 발생하여 공급자 상호간의 경쟁으로 인한 가격하락이 이루어져 균형상태에 이르게 된다.

부동산의 수요나 공급이 변화할 경우 수요곡선과 공급곡선이 이동하여 균형가격과 균형수급량이 변화한다. 예를 들어 수요가 증가할 경우 수요초과 현상이 발생하여 균형가격은 상승하고 거래량도 증가하며, 반대로 공급이 증가할 경우에는 공급초과 현상이 발생하여 균형가격은 하락하고 거래량은 증가한다. 반면에 수요가 감소할 경우에는 공급초과 현상이 발생하여 균형가격은 하락하고 거래량도 감소하며, 공급이 감소할 경우에는 수요초과 현상이 발생하여 균형가격은 상승하고 거래량은 증가한다.

균형가격을 형성하는 부동산시장에서의 균형상태는 단기(短期)균형과 장기(長期)균형으로 구분할 수 있다. 단기균형에서 단기라 함은 기존의 생산시설이 확장되지 않는 정도의 짧은 기간이나 신규공급자가 시장에 진입할 수 없을 정도의 짧은 기간을 의미한다. 일반적으로 생산보다는 판매를 중시하는 부동산학에서는 신규공급자가 부동산을 확보하여 공급자로서 조건을 갖출 수 있는 기간을 '공급기간'으로 보며, 공급기간 보다 짧은 기간을 '단기'로, 그보다 긴 기간을 '장기'로 보고 있다. 따라서 부동산의 공급 증가는 현재 공급자가 보유한 부동산량의 범위 한도에서 결정되므로 단기에서는 수요의 증가에 따른 가격 상승이 이루어져도 공급량이 증가하기 어려우며, 시장 전체의 공급량(공급자의 부동산 보유량) 측면에서도 단기에서는 증가가 불가능하다.

장기균형에서의 장기라 함은 기존시설 외에 새로운 생산시설이 추가되거나 새로운 기업이 시장에 진입할 정도의 긴 시간을 의미한다. 장기에는 가격 상승에 따른 공급의 증가가 가능하다. 생산요소의 가격은 장기균형 상태에서 균형가격 결정에 영향을 미치는 것이므로 산업별 장기균형가격은 생산요소의 가격에 따라 다음과 같이 변동한다.

- 비용일정산업[13]: 수요증가와 같은 규모의 공급증가가 이루어져 장기균형가격(임대료)은 원래의 단기균형가격(임대료)과 동일한 수준으로 회귀한다.
- 비용증가산업: 공급증가가 수요증가 규모보다 작아 장기균형가격(임대료)은 원래의 단기균형가격(임대료)보다 높은 수준에서 형성된다.
- 비용감소산업: 공급증가가 수요증가 규모보다 커 장기균형가격(임대료)은 원래의 단기균형가격(임대료)보다 낮은 수준에서 형성된다.

일반적으로 주택산업은 주택 1채를 생산할 때마다 해당 시장지역에서 주택건축에 필요한 택지가 그만큼 감소함에 따라 생산원가가 증가하므로 비용증가산업에 포함된다. 따라서 주택시장에서의 장기균형가격(임대료)은 원래의 단기균형가격보다 높은 수준에서 결정되는 것이 일반적이다.

4) 부동산 가격결정요인

부동산 가격결정요인이란 상기와 같이 부동산시장에서 부동산가격을 결정하는 요인이며, 크게 수요결정요인과 공급결정요인으로 구분될 수 있다.

---

13) 생산요소의 가격에 따라 산업을 분류할 경우 산업은 다음과 같은 3가지 유형으로 분류될 수 있다.
- 비용불변산업: 공급량이 증가함에도 불구하고 생산요소의 가격이 상승하지 않고 일정한 산업을 의미한다.
- 비용증가산업: 공급량이 증가하면 인건비, 원자재 가격 등 생산요소의 가격도 상승하는 산업을 의미한다.
- 비용감소산업: 공급이 증가하면 인건비, 원자재 가격 등 생산요소의 가격이 하락하는 산업을 의미한다.

수요결정요인에는 인구와 가구, 주택에 대한 선호경향, 가격상승에 대한 예상, 대체재의 가격, 소득, 자금대출 등과 같이 해당 요인이 증가하면 수요가 증가하는 정(正, +)의 영향을 미치는 요인들이 포함된다. 반면에 대상 부동산의 가격, 세금이나 대출금리, 대체 투자시장의 상태, 정부의 시장규제 정책과 같이 수요에 부(負, −)의 영향을 미치는 요인들도 수요결정요인에 포함된다. 기타 지역개발이나 편의시설의 확대, 도로 건설 등과 같이 해당 지역에 속한 부동산의 유용성을 증가시킴으로써 가격상승을 가져올 수 있는 다양한 요인들은 수요결정 요인에 포함될 수 있다.

공급결정요인으로는 대상 부동산의 가격이나 공급자의 수, 공급요소의 량(주택 신축시장의 경우 택지, 건축자재, 건설기술 등), 공급자의 의지, 정부의 공급확대 정책, 자금대출, 초과이윤 등과 같은 정(+)의 영향을 미치는 요인과 세금이나 금리, 정부의 규제정책, 공급 요소의 가격과 같은 부(−)의 영향을 미치는 요인들이 포함된다.

다양한 수요, 공급 결정요인들이 부동산가격에 영향을 미치는 정도는 각각 다르며 해당 요인이 1% 변화할 때 수요량이나 공급량이 몇 % 변화하는지를 측정하는 탄력성을 기준으로 영향의 크기가 측정되기도 한다. 그러나 이와 같은 수요, 공급 결정요인들은 시장에서 복합적으로 작용하며, 부동산시장은 지역·용도·규모 등의 기준에 따라 세분화되므로 각 요인별 탄력성을 일률적으로 측정하기는 불가능하다. 따라서 각 수요, 공급 결정요인을 분석하고 이들이 부동산의 수요와 공급, 더 나아가 가격에 미치는 영향을 분석하기 위해서는 시장분석에 있어 수요, 공급 결정요인 상호 간의 관계를 감안한 종합적인 접근방법이 도입되어야 한다.

3. 부동산 가격결정 이론

1) 부동산가격 발생요인

부동산시장에서 부동산에 대한 가격이 형성되고, 수요자가 기꺼이 대가를 지불하기 위해서는 일정한 요인이 존재해야 한다. 이와 같은 요인들을 부동산감정평가에서는 가격발생요인이라고 하며, 가격발생요인에는 〈그림 2-11〉과 같은 '유용성'과 '유효수요', '상대적 희소성'이 있다.

유용성(utility, 효용)이란 쾌적성 및 수익성, 생산성을 포괄하는 뜻으로 해석된다.

부동산에 대한 유용성은 부동산의 종류나 규모, 형태, 이용상황, 위치 등 물리적 특성과, 공·사법 등 법적 특성에 따라 다르게 나타나며 유용성이 변경될 경우 가격도 변동된다. 쾌적성은 주로 주거용 부동산에 해당되는 개념이며, 어떤 사람이 어떤 주택을 소유하고 생활함으로써 느끼는 정신적 만족감을 의미한다. 여기에 생활의 편리성까지 합친다면 최고의 주거용 부동산이 된다.

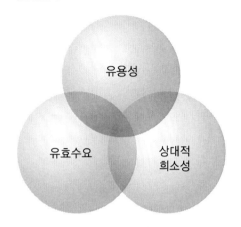

그림 2-11   가격 발생요인

또한 수익성 부동산은 수익성이 가격의 중심이 된다. 기타 공업지나 농업지, 임업지의 유용성은 생산성을 기준으로 판단할 수 있다.

유효수요(Effective demand)란 부동산을 구입하고자 하는 의사인 욕구를 바탕으로 실질적으로 부동산을 구입할 수 있는 능력을 나타내는 구매력을 의미한다. 즉 부동산에 대한 유효수요란 부동산에 관한 실질적 구매력을 동반한 수요를 말한다. 유효수요는 국가의 복리후생정책 등 정치적 요인, 국민소득·임금 등의 경제적 요인, 기타 인구 및 가구분리 등의 사회적 요인에 의해서도 변화되며, 이에 따라 부동산에 대한 수요량·가격 등이 변화한다.

상대적 희소성(Relative scarcity)이란 부동산 자원이 인간이 소유하고자 하는 욕망에 비하여 그 욕망의 충족수단이 양적·질적으로 한정되어 부족한 상태를 의미한다. 부동산은 부증성의 특성으로 인해 일반재화보다 희소성이 높으나, 경제·용도적 관점에서 대체성이 인정되므로 부동산의 희소성은 상대적 개념이다.

2) 부동산 가격결정요인의 의의

부동산가격의 변동을 유발하는 요인에 대해서는 '가격결정요인', '가격형성요인', '수요결정요인', '공급결정요인', '가격변동요인' 등으로 다양하게 표현된다. 이와 같은 용어는 다음과 같은 각각의 논리에서 파생된다.

어느 지역에 지하철역이 신설되면 해당 지역의 부동산가격이 상승한다. 이와 같은 현상에서는 '지하철역 신설'이라는 원인에 의해 부동산가격이 변동한 것이 된다.

따라서 '지하철역 신설'은 '부동산 가격결정요인' 또는 '부동산 가격변동요인'이라고 할 수 있다.

부동산학자들은 이와 같은 현상에 대하여, '지하철역 신설'로 인해 해당 지역 부동산의 '유용성'이 증대되고, 이에 따라 부동산가격이 상승한 것으로 설명한다. 부동산학자들은 '지하철역 신설'은 변화된 부동산가격을 형성했으므로 '가격형성요인'이라고 하며, '유용성'은 상기에서 설명한 것과 같이 '가격발생요인'이라고 한다.

반면에 경제학자들은 이와 같은 현상에 대하여, '지하철역 신설'로 인해 해당 지역 부동산에 대한 수요가 증가하여 부동산가격이 상승한 것으로 설명한다. 경제학자들은 '지하철역 신설'은 부동산에 대한 수요를 증가시켰으므로 '수요결정요인'이라고 한다. 경제학에서는 수요의 증가는 가격을 상승시키며, 공급의 증가는 가격을 하락시킨다고 보고 있다. 보다 구체적으로 보면 수요량을 변화시키는 것은 가격이나, 수요를 변화시키는 것은 '수요결정요인'이며, 공급량을 변화시키는 것은 가격이나, 공급을 변화시키는 것은 '공급결정요인'이라고 한다.

부동산학에서는 다양한 '가격형성요인'이 있으며, 이들 요인은 앞에서 설명한 유용성과 유효수요, 상대적 희소성이라는 3가지의 '가격발생요인'을 변화시켜 부동산가격이 변화한다고 전제한다. 이때 '상대적 희소성'의 변화는 경제학에서의 '공급변화'로 설명될 수 있으며, '유용성'의 변화는 수요를 증가를 가져오므로 '유용성'이나 '유효수요'의 변화는 '수요변화'로 설명될 수 있다.

본서에서는 부동산가격을 변동시키는 요인을 경제학에서의 '수요결정요인'과 '공급결정요인'으로 통일하여, 이들 2가지 요인을 '가격결정요인'으로 부르기로 한다.

3) 부동산 가격결정요인(가격형성요인)

부동산감정평가이론에서는 부동산 가격결정요인을 각 요인의 영향력 범위에 따라 다음과 같이 일반요인(시장환경)과 지역요인(지역환경), 개별요인으로 구분한다.

(1) 일반요인

일반요인이란 국가 또는 시장 전체에 영향을 미치는 수요결정요인이나 공급결정요인을 의미하는 것이므로 부동산시장 환경을 결정한다. 일반요인은 그 내용 따라 '사회적 요인'과 '경제적 요인', '행정적 요인'으로 구분한다.

첫째, '사회적 요인'이란 부동산시장에서 수요나 공급에 영향을 미치는 사회적 현상을 의미한다. 이 중 중요한 사항을 열거하면 다음과 같다.

- 인구수: 인구의 증가는 부동산수요를 증가시킨다.
- 가구수: 가구수의 증가는 부동산 특히 주택수요를 증가시킨다. 가구수는 인구수가 동일하더라도 가족구성이나 가구분리의 상태에 따라 영향을 받는다. 예를 들어, 핵가족화나 이혼 등은 가구수를 증가시킨다.
- 도시형성 및 공공시설의 정비 상태: 도시에 있어서의 도로, 상·하 수도, 공원, 학교, 철도 등의 공공시설이 얼마나 잘 정비되어 있느냐의 문제도 생활환경으로서의 도시에 대한 평가기준이 된다. 잘 정비된 공공시설은 수요를 증가시키며, 건축비용을 감소시키므로 공급을 증가시키는 요인이 된다.
- 교육 및 사회복지의 상태: 양호한 교육이나 사회복지 상태는 주택수요를 증가시킨다.
- 부동산의 거래·사용·수익에 대한 관행: 부동산의 거래·사용·수익에 대한 관행은 지역이나 시대에 따라 다르다. 2000년 이후 부동산투자 선호 현상은 부동산수요를 증가시키고 있다.
- 건축양식 등에 대한 선호도: 특정 건축양식 등에 대한 선호도 변화는 수요를 변화시킨다. 최근 우리나라의 경우 아파트에 대한 선호도가 증가함에 따라 주택수요는 크게 증가하였다. 반면에 아파트에 대한 선호도 증가는 대체재인 단독주택 수요를 감소시키는 요인이 되는 점에 유의해야 한다.

둘째, '경제적 요인'이란 부동산시장에서 수요나 공급에 영향을 미치는 경제적 현상을 의미한다. 이 중 중요한 사항을 열거하면 다음과 같다.

- 소득·저축·소비 및 투자의 수준, 국제수지 상태: 이들 요인의 증가는 부동산의 유효수요를 증가시킨다.
- 재정 및 금융 등의 상태: 재정지출의 증대는 민간의 경제활동을 자극하여 부동산시장의 수요를 증가시킨다. 또한 담보대출 금리의 인상은 수요를 감소시키며, 금융긴축이나 대부비율(LTV) 인하, 총부채상환비율(DTI) 하락 역시 수요를 감소시킨다. 또한 금리인상과 금융긴축은 공급 감소요인이 된다.
- 물가·임금 및 고용의 수준: 임금 및 고용의 수준은 국민의 부동산에 대한 실질적인 구매력(주택 등의 취득력)에 영향을 미쳐 유효수요를 변화시킨다. 반면에 인

플레는 부동산과 같은 실물투자의 수요를 증가시키는 요인이 된다.

- 세금 부담의 상태: 조세 부담률의 크고 작음은 개인 및 기업의 가처분소득에 큰 영향을 미쳐 수요나 공급을 변화시킨다.
- 기술혁신 및 산업구조의 상태: 이는 기업의 새로운 설비투자를 환기시키고 부동산 전반에 대한 수요를 변화시킨다. 또한 부동산개발과 관련된 기술혁신은 공급을 증가시킨다.
- 교통체계의 상태: 철도·자동차·선박·항공기 등에 대한 교통·수송 체계의 개선은 부동산의 유용성 증대에 따른 수요 증가를 유발하는 것이 일반적이다.
- 시장변화 전망: 시장 상태, 특히 가격 변화에 대한 전망은 수요나 공급에 직접 영향을 미친다.
- 대체 투자시장: 대체 투자시장(주식시장 등)의 변화는 수요에 영향을 미친다.

셋째, '행정적 요인'이란 부동산시장에서 수요나 공급에 영향을 미치는 법률이나 제도의 변화를 의미한다. 이 중 중요한 사항을 열거하면 다음과 같다.

- 토지제도: 토지에 관한 소유관계를 규정하는 제도를 의미하는 것이며, 토지의 사유 또는 국유제도, 부재(不在) 지주의 정리, 경자유전의 원칙 등 소유권 귀속 형태와 공공의 필요에 의한 사용·수익이나 거래의 제한은 토지의 수요나 공급에 영향을 미친다.
- 토지이용 활동의 계획 및 규제: 국토의 종합적인 개발을 위한 토지이용의 효율적인 조정과 규제, 특히 지역·지구·구역의 변동은 토지의 수급에 영향을 미친다.
- 토지 및 건축물의 구조, 방재 등에 관한 규제 상태: 건축법규 등에서 정하고 있는 건물 구조상의 안전, 방재를 위한 시책은 부동산공급에 영향을 미치는 경우가 많다.
- 택지 및 주택정책의 상태: 택지나 주택에 관한 규제는 주택의 수요나 공급에 영향을 미친다.
- 부동산에 관한 세제의 상태: 양도소득세, 종합부동산세, 개발부담금, 증여세, 상속세, 취득세 등의 부동산 관련 세제는 부동산의 수요나 공급에 직접적인 영향을 미친다.
- 부동산의 가격·임료에 관한 규제 등의 상태: 지가 동결, 임료통제 등 각종 투

기억제책과 전 · 월세 안정대책은 부동산에 대한 수요나 공급을 감소시킨다.

- 부동산 가격공시제도: 공시지가제도나 주택가격공시제도 등 부동산가격의 공시제도는 세금 부담액을 결정하며, 이로 인해 부동산 수요나 공급에 영향을 미친다.

(2) 지역요인

지역요인이란 지역 특성을 형성하는 여러 요인으로서 부동산이 속한 지역환경을 결정한다. 지역요인을 내용에 따라 구분하면, '일반요인'과 '자연요인'으로 구분할 수 있다. 기타 용도별로 구분하는 경우도 있다.

첫째, '일반요인'이란 상기 시장 전체를 대상으로 한 일반요인 중 해당 지역에만 영향을 주는 요인을 의미한다. 즉 지역 편향성(지향성)을 갖는 일반요인을 의미한다.

둘째, '자연요인'이란 다음과 같이 부동산이 속한 지역의 자연적 자질과 자연자원을 포함하는 자연적 조건을 말한다. 이들 자연요인은 해당 지역에 속한 부동산의 수요나 공급에 영향을 미친다.

- 자연적 자질: 지표, 지형, 지세, 토양, 기상상태, 자연적 환경, 재해발생의 위험성 등
- 자연적 자원: 양식, 섬유, 건축자재, 지하자원, 동력자원, 수산자원, 수력자원 등

(3) 개별요인

개별요인이란 투자 대상 부동산의 개별적 특성을 형성하는 요인을 의미하는 것으로 대상 부동산에 대한 수요에 영향을 미친다. 그 내용에 따라 '토지 개별요인'과 '건물 개별요인'으로 구분된다.

'토지 개별요인'이란 특정 토지가 다른 토지와 구별되도록 하는 다음과 같은 개별적 특성을 의미한다. 이들 요인은 대상토지에 대한 수요에 영향을 미친다. 토지의 용도별 지역요인과 개별요인 항목은 〈부록 3〉을 참조한다.

- 위치 · 면적 · 지세 · 지질 · 지반 등
- 가로에의 접면 너비, 가로에서의 깊이 · 형상
- 일조 · 통풍 · 건습 등
- 고저 · 각지 · 접면 가로와의 관계

- 접면 가로의 계통 · 구조
- 공공시설 · 상업시설 등과의 접근 정도
- 변전소 · 오물처리장 등의 위험시설 · 혐오시설과의 접근 정도
- 공법상 · 사법상의 규제 · 제약 등

'건물 개별요인'이란 특정 건물이 다른 건물과 구별되도록 하는 다음과 같은 개별적 특성을 의미한다. 이들 요인은 대상건물에 대한 수요에 영향을 미친다. 건물 중 주택의 지역요인과 개별요인 항목은 〈부록 4〉를 참조한다.

- 면적 · 높이 · 구조 · 재질 등
- 설계 · 설비 등의 양부(良否)
- 시공의 질과 양
- 공법상 · 사법상의 규제 · 제약 등
- 건물과 토지 및 지역환경과의 적합 상태 등

한편 복합부동산(토지+건물)의 개별요인을 별도로 제시하기도 하나, 복합부동산의 개별요인은 모두 토지 개별요인이나 건물 개별요인의 일종이므로 여기서는 별도로 다루지 않기로 한다.

4. 부동산가격 원칙

부동산가격형성 과정에는 몇 가지 기본적인 법칙성이 작용하는데, 부동산가격 산정에서는 이러한 법칙성을 인식하고 판단의 근거로 삼아야 한다. 부동산가격 원칙은 대부분 일반경제원칙에 기초를 두고 있으나, 사회적 · 자연적 요인들도 상당히 포함되어 있으며, 부동산가격에만 독자적으로 적용되는 원칙도 있다. 또한 이들 원칙은 상호 직 · 간접으로 연관되어 있는 점도 유의해야 한다.

1) 최유효이용의 원칙

부동산의 용도 특히 토지의 용도는 다양하므로, 부동산가격은 최유효이용(Highest and best use)을 전제로 하여 파악되는 가격을 표준으로 하여 결정되어야 한다는 원칙이다. 따라서 부동산에 대한 가격을 산정하기 위해서는 최유효이용이 어떤 것인지를 판단해야 한다.

최유효이용이란 객관적으로 보아 양식과 통상의 이용능력을 가진 사람에 의한 합리적 · 합법적인 최고 · 최선의 이용방법을 말하는 것이므로, 어떤 부동산의 최유효이용은 지역적 요인과 대상 부동산 자체의 개별적 요인에 의해서 결정된다. 따라서 최유효이용 판정을 위해서는 시장분석(지역분석)과 개별분석이 필수적이다.

2) 수요공급의 원칙

부동산가격 역시 일반경제재와 같이 수요와 공급의 상호관계에 의하여 결정된다. 그러나 부동산은 다른 재화와 달리 자연적 특성 및 인문적 특성이 있기 때문에 그 수요와 공급 및 가격의 형성에는 여러 가지 특성이 반영되어 있다. 따라서 부동산에 대한 수요 · 공급 결정요인은 일반 재화와 차별화 되어 있으며, 각 결정요인별 수요 · 공급의 탄력성도 각각 다르다. 또한 탄력성은 지역시장에 따라 차별화 될 수 있다.

수요공급의 원칙에 따라 부동산가격 역시 일반 경제재와 같이, 수요 · 공급의 원칙에 의하여 결정된 가격이 다시 수요 · 공급에 영향을 미치는 부동산가격의 이중성(二重性, feedback)이 인정된다. 즉, 이중성의 성질이란 가격과 수요 · 공급 상호간의 환류 과정이 형성되는 것을 의미한다.

3) 변동의 원칙(변화의 원칙)

일반적으로 경제재의 가격은 그 가격의 결정요인이 변화함에 따라 변동된다. 부동산가격 역시 부동산가격을 결정하는 수요 · 공급 결정요인의 변화에 따라 변화하며, 이들 수요 · 공급 결정요인 역시 다양한 원인으로 인해 변동된다는 원칙이다.

4) 예측의 원칙(기대의 원칙)

일반적으로 내구재의 가격은 그 재화에 대한 현재까지의 수익보다는 미래의 기대수익을 반영하여 결정된다. 부동산의 경우 영속성의 특성이 있는 내구재이므로 부동산가격도 부동산가격 결정요인에 대한 예측에 의해서 결정된다는 원칙이다.

5) 대체의 원칙

대체성이 인정되는 2개 이상의 부동산이 존재할 때 그 부동산의 가격은 서로 관련되어 이루어진다는 원칙이다. 부동산은 개별성 특성으로 인해 대체성이 적지만 이용의 측면에서는 대체성이 인정된다.

6) 균형의 원칙(비례의 원칙)

부동산의 유용성(수익성과 쾌적성 등)이 최고도로 발휘되려면 그 내부적 구성요소 상호간의 결합에 균형이 이루어져야 한다는 원칙이다. 부동산의 최유효이용 여부의 판정에 있어서는 균형의 정도를 분석할 필요가 있다. 예를 들어, 건물의 규모는 크지 만 주차장이 부족한 경우 균형의 원칙에 어긋나기 때문에 감가요인이 된다.

7) 적합의 원칙(조화의 원칙)

부동성의 특성으로 인해 부동산의 유용성(수익성과 쾌적성 등)이 최고도로 발휘되 기 위해서는 대상 부동산이 인근지역의 외부환경에 적합하여야 한다는 원칙이다. 예 를 들어, 저급주택지역에 고급주택을 지었다면 적합의 원칙에 어긋나 가격이 낮게 평가된다. 균형의 원칙이 부동산의 내부적인 관계(내부원칙)라면 이 적합의 원칙은 외부적인 균형을 강조하는 원칙(외부원칙)이라고 볼 수 있다. 따라서 외부환경이 변 화함에 따라 적합성이 높아지면 부동산가격은 상승하게 되며, 반대인 경우 가격은 하락한다. 이와 같은 법칙성을 별도로 '외부성의 원칙'이라고 주장하는 학자도 있다. 그러나 외부환경이란 가격 결정요인을 의미한다는 점을 감안하면 '외부성의 원칙'은 '변동의 원칙'의 일종으로 봐야 할 것이다.

8) 경쟁의 원칙

부동산가격은 대체가능한 다른 부동산 혹은 재화와의 상호 경쟁관계를 통하여 형 성된다는 원칙이다. 이는 초과이윤은 경쟁을 야기하고, 경쟁은 초과이윤을 소멸시키 기 때문이다. 경쟁의 원칙을 인적(人的) 경쟁이라고 한다면 대체의 원칙은 물적(物的) 경쟁으로 봐야 한다.

9) 수익 체증 · 체감의 원칙(한계수익 체증 · 체감의 원칙)

일정한 면적의 토지에 자본을 투입하여 건축물을 생산하는 경우, 자본 투입량이 증가하면 건축물의 한계생산(총생산의 증가분)은 처음에는 증가하다가, 일정 한도를 지난 후부터는 체감한다는 원칙이다. 이는 경제학에서의 한계수익 체증 · 체감의 법칙을 의미하는 것이며, 이 원칙은 추가투자에 있어 적정성 판정 또는 최적 자원분배의 판단기준을 제공한다.

10) 기여의 원칙(공헌의 원칙)

부동산의 어떤 부분이 그 부동산 전체의 수익획득에 기여하는 정도가 그 부동산 전체의 가격에 영향을 미친다는 원칙이다. 즉 부동산가격은 각 구성부분의 기여도를 합한 것이지 각 구성부분의 생산비를 합산한 것은 아니라는 것이다. 예를 들어, 1억 원의 토지 위에 5천만원을 들여 단독주택을 건축한 경우, 그 부동산가격은 1억 5천만원보다 높거나 낮게 결정될 수 있다. 이 원칙은 인접한 다른 토지를 구입하여 합필함으로써 획지 전체의 증가를 꾀하는 경우나 건물을 증축하는 등 부동산의 추가투자의 적부판정에 있어서 유용하게 사용된다.

제 2 절 부동산가격평가

1. 3면등가성의 원리

모든 물건의 가격은 3가지 측면에서 평가가 가능하며, 이를 가격의 3면성이라고 한다. 가격의 3면성은 〈그림 2-12〉와 같은 비용성과 수익성, 시장성을 의미한다.

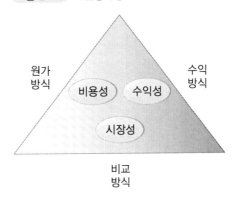

그림 2-12 3면등가성 원리

- 비용성: 부동산을 생산하기 위하여 투입된 비용은 얼마인가에 따라 가격이 결정된다(생산가격, 공급측면).
- 수익성: 부동산을 통해 얼마나 수익 및 효용을 얻을 수 있는가에 따라 가격이 결정된다(수익가격, 수요측면).
- 시장성: 부동산은 시장에서 얼마의 가격으로 거래되는가에 따라 가격이 결정된

다(시장가격, 수요·공급측면).

가격의 3면성 이론은 '3면등가성(等價性)의 원리'로부터 유추되었다. 3면등가성의 원리란 모든 부동산은 3가지 측면에서 평가가 가능하며, 시장이 완전하다면 3가지 측면에서 평가한 가격은 동일하다는 알프레드 마샬이 주장한 원리를 말한다. 부동산 감정평가 분야에서의 다양한 연구에 의하면 부동산가격의 3면성은 인정되나 등가성은 인정되지 않는다.

가격의 3면성에 따라 부동산가격을 평가하는 방법 역시 원가방식과 비교방식, 수익방식으로 구분된다.

- 원가방식은 비용성의 근거에 따라 대상 부동산을 재조달하는 데 소요되는 원가에 착안하여 그 부동산의 가격(원가법)이나 임료(적산법)를 구하는 방식이다.
- 비교방식은 시장성의 근거에 따라 거래 또는 임대차 사례를 기초로 부동산의 가격(거래사례비교법)이나 임료(임대사례비교법)를 구하는 방식이다.
- 수익방식은 수익성의 근거에 따라 대상 부동산에서 발생하는 수익에 착안하여 그 가격(수익환원법)이나 임료(수익분석법)를 구하는 방식이다.

2. 원가방식

1) 원가법의 개요

원가법(原價法)이란 부동산의 재조달(건축, 조성 등에 의한 신규의 조달)에 필요한 원가에 착안하여 부동산의 가격을 구하는 방법이며, 소위 '적산가격'(積算價格)을 도출하게 된다. 이 방식은 가격 조사시점에서 대상물건의 재조달원가에 감가수정을 하여 대상물건이 가지는 현재의 가격을 산정하는 방법을 말한다. 건물과 같이 신축(재조달)이 가능한 부동산에만 적용될 수 있는 방법이다.

> - 적산가격 = 재조달원가 – 감가수정액

2) 재조달원가 계산

(1) 재조달원가의 의의

재조달원가(再調達原價)란 대상 부동산을 가격 조사시점에 있어서 새로이 재조달

(재생산 또는 재취득)하는 데 필요한 적정원가의 총액을 말하는 것이며, 복조원가와 대치원가가 있다. 복조원가(復造原價)란 대상 부동산과 동일 또는 유사한 재료에 의하여 부동산을 가격 조사시점 현재 재생산한 경우의 소요원가를 의미한다. 물리적 측면의 재조달원가로서, 대상 부동산과 동일한 또는 유사한 재료에 의하여 부동산을 복조(復造)하는 비용이며, 최근에 건축된 부동산에 적용한다. 또한 대치원가(代置原價)란 대상 부동산과 동일한 유용성을 갖는 부동산을 최신의 재료와 디자인에 의하여 신축하여 대체하는 경우의 원가를 의미하며, 오래된 건물에 적용한다.

재조달원가는 표준적인 건설비(도급자가 수급자에게 직접 지불하는 금액)와 통상의 부대비용을 포함한다. 표준적인 건설비란 도급자(건축주)가 수급자(건축업자)에게 직접 지불하는 금액으로 직접공사비와 간접공사비, 수급인의 이윤을 포함한다. 통상의 부대비용이란 도급자가 별도로 부담하는 금액을 말한다. 이에는 등기비용과 건설기간 중의 건설자금에 대한 이자, 토지임대료 상당액, 감독비용, 세금, 기타 지역적인 관행상 도급계약에 따른 도급인의 부담 등도 포함된다.

(2) 재조달원가의 계산방법

재조달원가를 계산하는 방법에는 총가격적산법이나 변동률적용법, 단위단가적용법 등이 있으며 그 중 가장 간편하게 적용할 수 있는 방법은 단위단가적용법이다.

단위단가적용법은 다음 수식과 같이 평방미터(m^2)나 입방미터(m^3) 당 건축단가를 기준을 비용을 산정하는 방법을 말한다. 이 방법은 이해하기 쉽고 사용하기가 편리하다는 장점이 있는 반면에 비용 산정의 정확성은 다른 방법에 비해 떨어진다.

> • 재조달원가 = (단위당 표준단가 × 수량) + 부대비용

예를 들어, 평당 건축비가 250만원인 건축물 100평을 건축할 경우, 부대비용이 약 1,000만원이라면, 재조달원가는 2억 6천만원(= 250만원 × 100평 + 1,000만원)이 된다. 다만, 수급인(건축업자)가 모든 비용을 부담하기로 한 경우에는 부대비용을 0으로 계산할 수도 있다.

가장 바람직한 계산 방법은 총가격적산법으로 건축에 관계되는 모든 항목에 대해서 투입되는 원자재와 노동량을 세세히 조사하여 재조달원가를 산정하는 방법이다. 이 방법은 모든 비용항목을 세목별로 조사하므로 중요한 항목이 누락되거나 간과되

는 현상이 발생하지 않아 다른 방법보다 정확하다는 장점이 있다. 반면에 시간과 비용이 많이 든다는 단점도 있다.

• 재조달원가 = (자재량 × 단가) + (노동량 × 단가) + 부대비용

---

3) 감가수정액 계산과 가격평가 방법

(1) 감가수정

감가수정(減價修正)이란 대상 부동산의 재조달원가에서 물리적·기능적·경제적 감가요인 등에 의한 감가액을 공제하여 일정한 가격 조사시점에서 대상 부동산의 적산가격을 구하는 작업에 필요하다. 감가수정은 가격 산정시점에서 재조달원가에서 감가하는 점 등에서 기업회계에서의 감가상각과는 다른 것임을 유의해야 한다.

감가수정의 대상인 감가요인 중 물리적 감가요인이란 유형적 또는 내적인 감가요인이며, 시간의 경과 또는 부동산의 사용에 의한 노후화, 우발적 사고로 인한 손상, 기타 물리적 하자 등이 포함된다. 이들 요인의 구체적인 사례는 〈표 2-5〉에서 설명하고 있다.

기능적 감가요인이란 무형적·내적 감가요인이며, 건축물과 그 부지의 부적합, 기타 설계·설비·형태 등의 하자, 디자인의 부적합 등으로 인하여 대상 부동산의

표 2-5 감가요인 구분표

구 분	기 준	내 용
물리적 감가요인	물리적 존속성	• 마멸 및 훼손 • 시간의 경과 및 풍우 등 자연작용 • 풍수해 및 지진 등의 우발적인 사건에 따라 발생하는 손상
기능적 감가요인	부동산의 유용성	• 동유형의 부동산 기술적 혁신 • 디자인의 변화 • 설계의 불량 • 설비의 부족 또는 과잉 • 건물과 부지의 부적합
경제적 감가요인	부동산의 수익성	• 인근지역의 쇠퇴 • 부동산과 그 부근의 환경과의 부적합 • 대상 부동산의 시장성 저하

유용성이 저하되는 감가요인을 말한다.

경제적 감가요인은 무형적·외적인 감가요인이며, 대상 부동산과 인근지역과의 부적합에 기인한 감가요인이다. 즉 인근지역의 쇠퇴, 대상 부동산의 상대적 시장성 감퇴, 수익과 비용의 불균형 등에 의해 발생된 감가요인이다.

(2) 감가수정 방법

감가수정방법에는 물리적 감가에 적용되는 내용년수법(耐用年數法)과 기능적 감가나 경제적 감가에도 적용이 가능한 관찰감가법(觀察減價法)이 있다.

내용년수법에는 정액법과 정률법, 상환기금법이 있으며, 일반적으로 건물의 경우에는 감가총액을 단순한 내용년수로 평분(平分)하여 매년 감가액(減價額)으로 삼는 정액법을 적용한다. 정액법을 활용하여 매년 감가액을 계산하고 이를 적산가격 계산에 적용하는 공식은 다음과 같다.

- 매년 감가액 = $\dfrac{\text{재조달원가}}{\text{경제적 내용년수}}$
- 감가누계액 = 매년 감가액 × 경과연수
- 적산가격 = 재조달원가 − 감가누계액

경제적 내용년수란 대상 부동산의 유용성이 지속되어 경제수익의 발생이 예상되는 사용기간을 의미하는 것이며, 대상 부동산의 존속가능기간인 물리적 내용년수와 구분된다. 예를 들어, 신축한지 10년이 경과된 건평 100평의 주택의 경우, 가격시점 현재 평당 주택건축비는 300만원이며, 해당 주택의 경제적 내용년수는 50년이고, 내용년수 만료시의 잔가율은 0%이라면, 적산가격은 다음과 같이 계산된다.

- 재조달원가 = 100평 × 300만원 = 30,000만원
- 매년 감가액 = 30,000만원 × $\dfrac{1}{50}$ = 600만원
- 감가누계액 = 600만원 × 10년 = 6,000만원
- 적산가격 = 30,000만원 − 6,000만원 = 24,000만원

관찰감가법은 대상 부동산의 전체 또는 구성부분을 면밀히 관찰하여 물리·기

능·경제적 감가요인과 감가액을 직접 관찰하여 구하는 방법이다.

관찰감가법은 내용년수법과 병용(倂用)하는 것이 바람직하다. 즉 내용년수법으로 계산된 건물의 가격에서 건물에 대한 관찰 결과 건물이 경과한 연수에 비해 특별하게 감액해야 할 요인이 발견될 경우, 감액요인의 액수만큼 계산된 가격에서 공제한다. 특히 토지와 건물이 균형이 맞지 않거나 건물이 인근지역 환경과 적합하지 않아 발생하는 기능적 감가나 경제적 감가에 대한 문제는 내용년수법으로는 계산이 되지 않아 이에 대한 철저한 분석이 필요하다.

관찰감가법을 적용할 경우, 상기 사례에서 토지와 건물이 균형이 맞지 않아 기능적 감가액이 1,000만원이라고 가정한다면, 적산가격은 24,000만원에서 1,000만원을 공제한 23,000만원으로 봐야 한다.

3. 비교방식

1) 거래사례비교법 개요

거래사례비교법이란 대상 부동산과 유사한 부동산이 어느 정도의 가격으로 시장에서 거래되고 있는가 하는 부동산의 거래사례에 착안하여 부동산의 가격을 구하는 방법이다. 거래사례비교법 적용 결과로서 산정된 가격은 비준가격(比準價格)이라고 한다. 이 방법을 부동산학에서는 거래사례비교법 혹은 매매사례비교법이라고 한다. 일반적으로 거래사례비교법은 수익이 발생하지 않는 토지의 감정평가에 적용되는 경우가 많으나, 다른 평가방식 적용이 곤란한 경우나 다른 평가방식과의 비교작업을 위해 적용되는 등 가장 많이 활용되는 평가방식이다.

거래사례비교법은 대상물건과 동일성 또는 유사성이 있는 물건의 거래사례와 비교하여 대상물건의 현황에 맞게 사정보정 및 시점수정 등을 가하여 가격을 산정하는 방법이다.

• 비준가격 = 사례 부동산가격 × 사정보정 × 시점수정 × 지역요인비교 × 개별요인비교 × 면적보정

2) 거래사례비교법의 적용절차

일반적으로 거래사례비교법은 다음과 같이 ① 대상 부동산 조사, ② 거래사례조사, ③ 사례부동산 조사, ④ 가격평가의 4단계로 진행된다.

첫째, 대상 부동산 조사 단계는 다시 다음과 같은 3가지 단계로 세분되어 진행되는 경우가 일반적이다.

- 대상 부동산 확인: 대상 부동산의 면적, 규모, 현재 용도 등을 파악한다.
- 인근지역 조사: 인근지역의 다양한 가격형성요인 중 대상 부동산의 가격에 영향을 미치는 지역특성을 조사한다.
- 대상 부동산 조사: 대상 부동산의 최유효이용을 판정하며, 개별요인 중 대상 부동산의 가격에 영향을 미치는 개별특성을 조사한다.

둘째, 유사부동산 거래사례 조사 단계에서는 대상 부동산의 가격 평가에 필요한 거래사례 자료를 조사한다.

셋째, 사례부동산 조사 · 분석 단계에서는 사례부동산과 대상 부동산과의 차이점 조사하여 분석한다.

넷째, 대상 부동산의 가격평가 단계에서는 다음에서 설명하고 있는 가격평가 방법에 따라 대상 부동산의 가격을 평가한다.

3) 거래사례 자료의 선택방법

일반적으로 거래사례비교법을 적용하기 위해 조사해야 하는 사례부동산 자료는 다음과 같은 일정한 요건을 모두 갖추고 있어야 한다.

첫째, 위치의 유사성이 인정되어야 한다. 거래사례는 대상 부동산과 대체성이 있어야 한다. 즉 사례자료는 대상 부동산과 동일성 또는 유사성이 있는 인근지역 또는 유사지역에 존재하는 부동산에서 조사되어야 한다.

둘째, 물적 유사성이 인정되어야 한다. 거래사례는 대상 부동산과 상호대체 · 경쟁의 관계가 성립되고 그 가격은 상호 관련성이 있어야 하므로 거래사례와 대상 부동산은 종류도 동일해야 하고 유형도 동일해야 한다. 즉 대상 부동산이 주거용이면 사례부동산도 주거용이어야 하며, 대상 부동산이 토지라면 사례부동산도 토지여야 한다.

셋째, 사정보정(事情補正)의 가능성이 있어야 한다. 사정보정이란 가격의 산정에 있어서 수집된 거래사례에 거래관계자의 특수한 사정 또는 개별적인 동기(예를 들어, 궁박한 사정, 연고자 사이의 거래 등)가 개입되어 있거나, 시장사정에 정통하지 못하여 그 가격이 적정하지 않은 경우, 그러한 사정이 없었을 경우의 가격수준으로 정상화 하는 작업을 말한다. 다만 특수한 사정이나 동기가 없는 사례가 우선적으로 선택되는 것이 바람직하며, 그렇지 못할 경우에는 정상가격으로 보정이 가능한 사례자료를 선택해야 할 것이다.

넷째, 시점수정(時點修正)의 가능성이 있어야 한다. 시점수정이란 가격의 산정에 있어서 거래사례자료의 거래시점과 대상 부동산의 가격 조사시점이 시간적으로 불일치하여 가격수준의 변동이 있을 경우, 거래사례가격을 가격 조사시점으로 정상화 하는 작업을 말한다. 시점수정이 가능하기 위해서는 사례부동산이 언제 거래 되었으며, 거래된 시점부터 현재까지 가격변동률을 알아야 한다. 일반적으로 사례자료는 거래시점에 가까울수록 유용하므로 거래사례의 거래시점과 가격 조사시점이 시간적으로 큰 차이가 있을 경우에는 시점수정을 한다고 하더라도 정확한 가치추계가 어렵게 된다.

4) 가격평가 방법

(1) 사정 보정

가격의 산정에 있어서 수집된 거래사례에 거래관계자의 특수한 사정 또는 개별적인 동기가 개입되어 있거나 거래당사자가 시장사정에 정통하지 못하여 적정하지 않은 가격으로 거래된 경우, 그러한 사정이 없는 가격수준으로 정상화 하는 작업 또는 임료의 산정에 있어서 이에 준하는 작업을 의미한다. 사례물건의 거래에 대한 사정 개입의 정도(%)를 a라고 하고 대상물건에 대한 사정개입 정도를 b라고 할 경우 사정보정치는 다음과 같다.

$$\bullet \ \text{사정보정치} = \frac{100\% \pm \text{대상물 사정보정치}}{100\% \pm \text{사례물 사정보정치}} = \frac{100 \pm b(\%)}{100 \pm a(\%)}$$

예를 들어, 사례부동산이 정상적인 시세보다 10% 낮게 거래된 경우 사정보정치는

$\dfrac{100}{100-10}$이 된다.

거래사례의 사정보정치는 조사자가 매도자와의 면담 등을 통해 직접 확인해야 하나, 감정평가가격을 조사한 경우에는 사정보정을 할 필요가 없다. 일반적으로 인터넷 사이트 중 대법원 법원경매정보 사이트(www.courtauction.go.kr)에서는 경매 대상 부동산의 감정평가서를 함께 공개하고 있으므로, 해당 사이트를 이용하면 손쉽게 감정평가 사례가격을 수집할 수 있을 것이다.

(2) 시점 수정

사례물건의 거래시점과 대상물건의 가격 조사시점이 서로 달라 사례부동산의 가격수준에 변동이 있을 경우, 그 변동률을 거래가격에 적용함으로써 가격 조사시점의 가격으로 수정하는 것을 말한다. 시점수정의 방법은 다음과 같다. 지역별 토지가격의 지수는 온나라부동산포탈사이트(www.onnara.go.kr)를 통하여 조사할 수 있다.

$$\bullet\ \text{시점수정치} = \frac{\text{가격시점의 가격지수}}{\text{거래시점의 가격지수}}$$

(3) 지역요인 보정

사례부동산이 그 부동산과 인접한 지역에서 조사된 것이 아닌 경우에는 지역요인 보정을 해 주어야 한다. 지역요인보정의 방법은 다음과 같으며, 인접한 지역에서 조사된 경우에는 지역요인보정 절차가 필요 없으므로 가능한 한 대상 부동산과 인접한 지역에서 사례자료를 조사하는 것이 바람직하다.

$$\bullet\ \text{지역요인보정치} = \frac{100\ +\ \text{대상지역 우세}(-\text{열세})}{100\ +\ \text{사례지역 우세}(-\text{열세})}$$

(4) 개별요인 보정

부동산은 개별성의 특성이 있으므로 사례부동산과 대상 부동산의 개별요인을 비교하여 개별격차를 판정해야 한다. 개별요인 보정방법은 다음과 같다.

$$\bullet \text{개별요인보정치} = \frac{100 + \text{대상부동산 우세}(-\text{열세})}{100 + \text{사례부동산 우세}(-\text{열세})}$$

지역요인과 개별요인은 항목이 매우 많을 뿐만 아니라 정확한 판단기준이 없으므로 실무에서는 전문가의 경험과 지식에 의존하게 되므로, 이에 참고할 수 있도록 〈부록 5〉에서는 주요 요인별 중요도 범위에 대한 선행연구 결과를 포함하였다. 또한 지역요인과 개별요인을 비교하는 것은 많은 시간과 노력이 소요되므로 지역요인과 개별요인을 손쉽게 비교할 수 있는 방법은 온나라부동산포탈사이트의 개별공시지가를 통해 사례부동산과 대상 부동산의 가격을 비교하는 방법을 사용할 수 있다. 예를 들어, 조사된 사례부동산의 평당 공시지가가 110만원이고, 대상 부동산의 평당 공시지가가 105만원이라면, 개별요인보정치는 $\frac{105}{110}$가 된다.

(5) 면적 보정

사례부동산과 대상 부동산의 면적을 비교하는 것이다. 만약 사례부동산의 가격이 평당 혹은 제곱미터당 가격이면 생략할 수 있다.

$$\bullet \text{면적보정치} = \frac{\text{대상부동산 면적}}{\text{사례부동산 면적}}$$

4. 수익방식

1) 수익환원법 적용의 필요성

빌딩은 토지와 건물이 일체가 되어 가격이 형성되므로 앞에서 설명한 원가법은 빌딩 중 건물의 가격평가에는 적합하나 토지와 건물이 일체로 된 경우 불합리한 가격이 평가될 가능성이 높다.

따라서 건물을 원가법에 의해 평가할 경우 바닥토지의 가격은 일반적으로 거래사례비교법에 의해서 계산한다. 이와 같이 토지와 건물을 각각 평가할 경우에는 토지 위에 건물이 가장 유용성이 높은 용도나 규모로 건축된 경우라면 산정된 토지와 건물의 가격을 합산하여 전체 빌딩의 가격이 산정될 수 있으나, 대부분의 빌딩은 이와 같은 가정이 적용되기 어렵다. 이는 건물의 용도가 토지와 적합하지 않거나 건물이 토지의 면적에 비해 너무 크거나 작은 경우도 있기 때문이다.

토지와 건물이 일체로 거래되는 빌딩의 경우에는 거래사례비교법이나 수익환원법을 적용하는 것이 타당하며, 특히 임대수익이 발생하는 빌딩의 경우에는 수익환원법을 적용해야 할 것이다.

2) 수익환원법에 의한 가격평가 방법

수익환원법이란 부동산을 이용함으로써 어느 정도의 수익 또는 편익을 얻을 수 있는가 하는 데에 착안하여 부동산의 가격을 구하는 방법이다. 수익환원법은 임대용 부동산이나 기업용 부동산의 가격을 구하는 데 유용하지만, 수익성이 없는 주거용·교육용·공공용 부동산의 가격 평가에는 적용할 수 없다.

수익환원법은 대상 부동산이 장래 산출할 것으로 기대되는 순수익 또는 미래의 현금흐름을 적정한 율로 환원 또는 할인하여 가격 조사시점에 있어서의 평가가격 즉 수익가격을 산정하는 방법을 말하며 다음과 같이 2가지로 구분된다.

- 직접환원법: 대상 부동산이 장래 산출할 것으로 기대되는 순수익을 적정한 율로 환원하여 가격(수익가격)을 구하는 방법이다.
- 할인현금수지분석법: 대상 부동산으로부터 예상되는 미래의 현금흐름을 적정한 율로 할인하여 가격 조사시점에 있어서의 평가가격을 산정하는 방법이다.

여기서는 직접환원법만을 개략적으로 다룰 예정이며, 할인현금수지분석법은 직접환원법 보다 과학적 방법이나 그 절차가 복잡하므로 제3편에 포함된 부동산투자의 현금흐름 분석에서 별도로 설명하기로 한다.

3) 직접환원법에 의한 가격평가

(1) 직접환원법의 의의

직접환원법이란 대상 부동산이 장래 산출할 것으로 기대되는 순수익을 환원이율로 나누어 수익가격을 구하는 방법이다.

$$\bullet \text{수익가격} = \frac{\text{순수익}}{\text{환원이율}} = \frac{\text{총수익} - \text{총비용}}{\text{환원이율}}$$

(2) 순수익 계산방법

순수익이란 대상 부동산에 귀속될 적정이익을 말하는 것이므로 다음과 같이 일정 기간에 획득할 것으로 기대되는 총수익에서 그 수익을 발생시키는 데 소요되는 비용을 공제하여 구한다. 일반적으로 손익계산(損益計算)이 연(年)단위로 행해지고 있으므로 순수익도 연 단위로 산정해야 한다.

> • 임대용 부동산의 순수익 = 총임대수익 − 필요제경비(감가상각비 제외) = 순임료
> • 기업용 부동산의 순수익 = 총수입−총비용 = 매상고 − 총비용

(3) 환원이율

환원이율(還元利率)이란 순수익을 자본환원하는 데 쓰이는 이율로서 원본가격에 대한 순수익의 비율을 말한다. 부동산의 가격은 순수익을 환원이율로 나눈 값이므로 환원이율은 순수익을 부동산 가격으로 나눈 값이 된다.

$$\text{환원이율} = \frac{\text{순수익}}{\text{원본(수익)가격}}$$

환원이율을 구하는 방법은 다양하나 일반적으로 시장에서의 거래사례로부터 도출되는 시장추출법(Market extraction method)를 활용한다. 즉 유사한 다수 부동산의 거래사례에서 표준적 거래가격과 표준적 순수익의 비율을 계산하여 그 평균치를 환원이율로 사용할 수 있다. 상업용 빌딩의 경우 한국감정원의 부동산통계 사이트 (www.r-one.co.kr)에서 매 분기별로 발표하는 상업용부동산 임대동향조사 결과를 조사하여, 해당 조사에 포함된 오피스빌딩의 소득수익률이나 매장용빌딩의 소득수익률을 활용할 수 있다. 해당 사이트의 투자수익률은 부동산 가격상승으로 인한 수익률(자본수익률)도 포함하므로 연간 순수익을 가격으로 전환하는 환원이율은 소득수익률을 적용하는 것이 바람직하다.

제 3 절 부동산 시장분석 이론

1. 지가이론

1) 지가의 의의

지가(地價, Land price)란 토지의 가격을 의미하는 것이며, 장래에 발생될 지대의 현재가치를 합산하여 계산할 수 있다. 이때 지대(地代, rent)란 일정 기간 토지를 사용함으로써 토지에서 발생하는 이익을 의미한다. 타인의 토지를 임차할 경우에 지대는 임차인이 지급할 수 있는 최대한의 임대료가 된다.[14]

결국 지가는 지대를 자본화한 값으로 지대가 높을수록 지가가 높아진다. 지가이론을 정리한 아론소(W. Alonso)는 농업토지와 도시토지의 가격형성 과정은 구분되는데, 토지의 사용목적과 이용도에 따라 차별화 된다고 하였다.

2) 농촌토지 지대이론

고전적 지대이론은 농지의 지대를 결정하는 요인에 대한 이론들이다. 리카도(Ricardo, D.)는 차액지대론에서 비옥도(토지의 생산성)의 차이에 따른 차액지대를 주장하였다.[15] 마르크스(K. Marx)는 지대를 토지소유자가 토지를 소유하고 있다는 독점적 지위 때문에 얻는 소득이므로 최열등지에서도 지대는 발생한다는 절대지대설을 주장하였다.[16] 튀넨(V. Thnen)은 수송비의 차액이 지대를 결정한다는 입지교차지대설을 주장하였으며, 이 이론은 도시토지의 지대이론으로 계승 발전되었다.

튀넨(von Thünen)은 고립국이론(孤立國理論)에서 토지이용의 양태(樣態)는 중심시장(도시)과의 거리에 의하여 결정된다고 하였으며, 중심시장으로부터의 거리에 의한 동심원 지대(地帶) 모델을 제시하였다.

즉, 튀넨은 도시의 중심지에 대한 접근성을 측정하기 위한 거리에 따른 수송비 개

---

14) 최재선, 『지역경제론』(서울: 법문사, 1994), pp. 133~135 및 홍기용, 『지역경제론』(서울, 박영사, 1994), pp. 214~220 참조.
15) 주봉규, 『토지경제학』(서울: 서울대학교출판부, 1992), pp. 120~125 및 최재선, 상게서, pp. 137~143; 홍기용, 상게서, pp. 190~191 참조.
16) 이창석, 상게서, p. 212.

넘을 도입하여 농지는 도시로부터 거리가 가까울수록 수송비가 적게 들어 지대가 높다고 하였다. 따라서 도시(중심지)로부터 1Km 멀어짐에 따라 추가로 소요되는 한계지대의 곡선은 우하향의 형태를 보인다. 즉 도시에 가까울수록 지대가 높고, 멀어지면 낮아지다가 조방한계점(농지이용의 한계점)에 이르면 영(零, 0)이 된다. 따라서 지대는 매상고에서 생산비와 수송비를 차감한 것으로 결정된다.

> • 지대 = 매상고 − 생산비 − 수송비

한계지대곡선은 작물이나 기타 경제활동마다 그 기울기가 각각 다르기 때문에 동일한 농업이라 하여도 집약적 농업과 조방적 농업은 한계지대곡선의 기울기가 각각 다르게 마련이다. 따라서 이 경우 가장 높은 지대를 지불할 수 있는 경제활동에 토지가 할당되어 토지이용이 결정된다는 것이다. 튀넨은 지대지불능력에 따른 토지 할당에 의해 도시에 가까운 곳은 다음의 〈그림 2-13〉과 같이 동심원 형태로 집약적 토지이용이 이루어지고 먼 곳에서는 조방적 토지이용이 형성되며, 이 과정에서 〈그림 2-14〉와 같은 우하향하는 지수 곡선형태의 지대곡선(입지교차지대곡선)이 형성된다고 하였다.

그림 2-13 토지이용과 한계지대

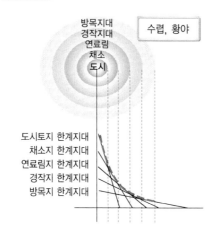

그림 2-14 입지교차지대 곡선

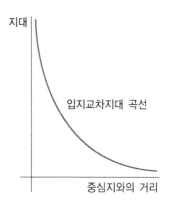

튀넨의 입지교차지대 이론의 수정과 비판

- 전제 조건
  - 자연조건이 동일하고 중앙에 농산물의 소비시장인 도시가 분포하는 고립국을 가정한다.
  - 교통수단은 우마차만 존재하고 운송비는 거리에 따라 비례한다.
  - 농산물은 도시에서 판매되며, 농민은 합리적인 경제인이다.
- 수정모형: 항해가 가능한 하천이 있을 경우 선박을 통한 운송비 감소로 하천을 따라 농업 지역이 띠 모양으로 배치된다.
- 비판: 자연 조건의 지역차를 인정하지 않은 점, 운송 수단을 우마차에 고정한 점, 임업이 자유 농업에 근접하여 나타난다는 점 등이 비현실적이다.

결국 튀넨의 입지교차지대(立地交叉地代)는 중심도시(소비시장)로부터의 거리의 차이로부터 발생하는 수송비의 차이를 의미하는 것이며, 입지교차지대가 지대의 원천이 된다. 즉 튀넨은 고립국(자급자족 경제) 모델에서 수송비가 지대 발생의 원천이며, 따라서 토지이용의 중요한 결정요인이 된다고 주장하였다.

3) 도시토지 지대이론

아론소(W. A. Alonso)는 페널티(penalty) 이론에서 소비자 효용극대화 모형을 이용하여 택지의 입찰지대곡선(지대지불곡선)을 도출하고 이를 이용하여 지가이론을 전개하였다. 즉 아론소에 의하면 지가는 중심지에서의 거리 함수인 수송비에 의해 결정된다.

현실적으로 어느 토지든지 3종류 이상의 경제활동에 경합적으로 이용된다. 어떤 도시에 있어서의 경제활동이 1차산업과 2차산업, 3차산업의 3가지 유형으로 구분될 경우, 다음의 〈그림 2-15〉와 같이 도심과 d_1 지점의 사이에서는 3차산업의 경제주체가 다른 두 유형의 경제활동보다 이 지역의 토지에 대하여 더 많은 지대를 지불할 수 있으므로, 3차산업의 경제활동이 이 지역을 집중적으로 이용하게 될 것이다. 그러나 d_1지점부터 d_2지점 사이의 지역에 있어서는 2차산업의 경제주체가 가장 높은 지대를 지불할 수 있으므로 2차산업의 경제활동이 이 지역을 집중적으로 이용하게 될 것이다. 같은 이유로 d_2 지점 밖의 토지는 주로 1차산업의 경제활동에 이용될 것이다. 여기서 각 구역별 지대곡선의 상부를 연결한 선을 경쟁지대(Bid rent)곡선 또는

그림 2-15 도시토지 지가곡선

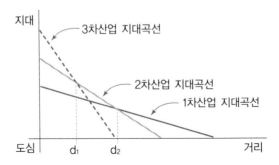

지대지불곡선, 입찰지대곡선이라고 한다.

우하향하는 지대지불곡선이 형성되는 것은 어떤 토지이든지 입지경쟁의 결과 최대의 수익을 달성할 수 있는 이용에 대상 토지가 할당되기 때문이다. 따라서 도심에서 외곽으로 멀어짐에 따라 상업, 주거, 공업 등으로 토지이용 형태가 달리 나타날 것이다. 이러한 이론은 튀넨(von Thünen)의 입지이론과 유사하다.

또한 다른 연구에서는 〈그림 2-15〉와 같은 도시토지 지가곡선에 따른 토지이용 현상을 중심부에서 외곽으로 갈수록 상업용지 → 주거용지 → 공업용지 → 농업용지의 4단계로 설명하기도 한다.

4) 도시토지 지가구배곡선[17]

일반적으로 도시토지에 대한 지대는 접근성(accessibility)에 의해 결정된다. 도시지역에서의 인간 활동과 환경과의 상호작용은 도시토지에 대한 독특한 지가구조(지가구배곡선)를 만들어 낸다. 일반적으로 지가는 다음의 〈그림 2-16〉에서와 같이 도심지역에 가까울수록 높고 외곽으로 갈수록 낮아지는 유형을 보이고 있다.

이와 같이 지가가 도심에서 외곽으로 나갈수록 점점 낮아지는 현상을 지가구배(地價勾配) 현상이라고 한다. 그러나 외곽으로 나간다고 해서, 지가가 계속해서 하락하는 것은 아니다. 〈그림 2-16〉의 대도시의 경우에 따라서는 부심권에서 다시 상승하기도 하여, 산정과 계곡과 같은 유형을 그리면서 하락한다.

---

17) 이정전, 상게서, pp. 288~301 참조.

그림 2-16   도시별 지가구배곡선

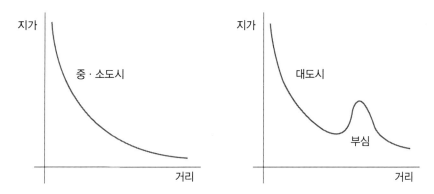

도심으로부터 거리가 멀어짐에 따라 우하향하는 지가구배곡선이 형성되는 이유에는 여러 가지가 있다. 거시적인 측면에서 어느 특정 지역에 대한 지가의 형성요인에는 인구성장, 인구구조, 산업의 종류, 경관, 위치, 교통 등 여러 가지가 있을 수 있다. 그러나 미시적인 측면에서 도시 전체에 대한 지가구조의 형성요인으로는 위치와 결부된 교통비용이 가장 중요한 요인이 된다.

기타 규모가 매우 작은 소도읍(읍면 소재지 등)의 경우에는 도심의 지가구조가 비교적 단순하고 도심의 토지이용이 보다 집약적이지만, 외곽으로 벗어남에 따라 급격하게 조방화되기 때문에, 다음의 〈그림 2-17〉과 같이 지가수준도 도심에서는 높지만 도심에서 벗어나면 급격하게 하락하는 경향을 보인다. 이는 노스(Knos, D. S.) 교수의 토페카(Topeka)시에 대한 연구에서 증명되었다.

그림 2-17   소도읍 지가구배곡선

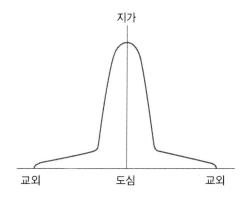

5) 위치와 접근성

지가는 도심으로부터의 거리에 의해 결정되는 것이며, 결국 그 위치에 따라 지가가 결정된다고 볼 수 있다. 이에 따라 알프레드 마샬(Marshall, A.)은 위치의 중요성을 강조하여 도시토지의 가치는 '위치의 가치(Situs value)'를 화폐가치로 나타낸 것으로 보았다.[18] 또한 허드(Hurd, R.)는 '지대는 위치에, 위치는 편리함에, 편리함은 가까움(nearness)에 의존한다'고 하여 지가는 가까움 즉 접근성에 의존한다고 하였다.

이들 지가이론들은 도심으로의 접근성이 동일하다는 전제에서 도심으로부터의 거리에 따른 지가구배곡선을 도출하였다. 그러나 도심으로부터의 거리는 절대적 거리(물리적 거리)와 상대적 거리(접근성)로 구분할 수 있으므로, 허드의 주장과 같이 지가는 도심으로부터의 상대적 거리인 접근성에 의해 결정되는 것으로 보아야 할 것이다.

접근성이란 도심에 도달하는 데 있어서의 시간적·경제적·거리적 부담을 의미하며 일반적으로 접근성이 좋을수록 부동산의 입지조건이 양호하고 그 가치는 큰 것이 원칙이다. 예외적으로 쓰레기처리장 등 혐오시설의 경우에는 그 시설에 대한 접근성이 좋을수록 가치가 하락할 수 있다는 점도 유의해야 한다.

2. 지역 변화이론

1) 도시지역 변화이론

(1) 한계지

일반적으로 한계지(限界地)란 토지 이용의 최원방권(最遠方圈)을 말하는 것이며, 주로 논의 되는 한계지는 택지의 한계지로서 택지의 한계지는 택지 이용의 최원방권을 뜻한다. 한계지는 도시의 여건 등에 따라 달리 나타나며, 동일한 택지의 한계지라도 자가(自家)의 한계지는 차가(借家)의 한계지보다 더욱 택지 이용의 원방권에 위치하게 된다. 일반적으로 택지 한계지는 전철과 같은 대중교통 수단을 주축으로 연장된다. 따라서 교통축의 연장은 종래의 한계지의 지가를 높이고 상대적으로 도심부의 지가를 하락시킬 수 있다. 또한 한계지는 도시환경의 변화에 따라 항상 변동과정에 있으

---

18) Alfred Mashall, 『Principle of Economics』 8th ed.(London: Mcmilian & Co Ltd, 1972), p. 120

며 소비자들의 구매형태에 의해서도 많은 영향을 받게 되며 고정적인 개념은 아니다.

한계지의 지가는 도심부의 지가와 상호 무관하지 않고, 각 한계지의 지가 상호 간에는 밀접한 인과관계와 대체관계가 성립한다. 또한 한계지는 주변의 농경지 등이 개발될 때 성립되나 지가수준은 농경지의 지가수준과는 무관하게 형성되는 것이 일반적이다. 이러한 현상을 단절지가(斷絶地價) 현상이라고도 한다.

(2) 도시 스프롤

도시 스프롤(sprawl)이란 행정상의 규제 소홀로 인한 도시외곽의 토지이용에 있어서 무질서 · 무계획적으로 불규칙하게 평면적으로 토지이용이 확산되는 현상을 말한다.

도시 스프롤은 주거지역뿐만 아니라 상업지역, 공업지역에서도 발생되며 대도시의 도심보다 외곽부에서 더욱 발달된다. 스프롤 지역은 토지의 최유효이용에서 괴리되어 열악한 주거환경을 형성하며, 지가수준은 표준적 이하로 형성된다. 도시 스프롤 현상은 일반적으로 도시외곽으로 평면적으로 확산되는 현상이지만 입체적 스프롤의 형태가 나타나기도 한다. 또한 비지적(飛地的)개발 또는 개구리 뜀뛰기식(leap-frogging) 개발로 인해 중간 중간에 공지를 두면서 외곽으로 확산되어가는 현상으로

미국의 도시 확산의 특징

Neuman(2005)은 미국에서 나타난 도시의 외연적 확산의 특징을 다음과 같이 제시하였다.

- 낮은 주거 밀도
- 제한되지 않은 새로운 개발의 외부 확산
- 구역제에 의해 다른 유형 토지이용의 공간적 분리
- 비지적(飛地的) 개발
- 집중화되지 않은 토지 소유 혹은 토지개발계획
- 개인 소유의 자가용에 영향을 받는 교통
- 많은 지방정부 간 토지이용의 지배권 분열
- 지방정부의 재정능력 간의 큰 차이
- 주요 도로를 따라 발생하는 넓은 상업지구 개발
- 저소득가구를 위한 주거제공 과정에 대한 신뢰

〈출처: 임은선 외, 2006, 도시성장관리를 위한 공간구조 측정방법에 관한 연구〉

도 나타난다.

이러한 도시 스프롤은 대부분의 경우 저밀도 연쇄개발 현상을 의미한다. 그러나 일부 학자들은 과도한 고밀도 연쇄개발 현상도 도시 스프롤의 한 형태로 간주하기도 한다.

(3) 직주분리와 직주근접

직주분리(職住分利)란 직장과 주거지가 다른 것을 말하는데, 주로 직장을 도심에 두고 있는 근로자가 그 거처를 도심에서 멀리 두는 현상을 의미하는 것이며, 다음과 같은 원인에 의해 발생된다.

• 도심의 환경 악화
• 교통의 발달
• 도심의 지가고
• 도심의 공적규제
• 도심의 재개발로 인한 주택의 철거 등

직주분리 현상이 발생하면 인구의 시외곽 이주로 인해 도시의 상주인구가 감소함으로써 도심의 주야간 인구차가 커지는 도심공동화(道心空洞化) 현상이 나타난다. 또한 외곽은 베드타운(Bed town)이 형성되며, 외곽지역의 지가가 상승하기도 한다.

직주분리의 반대의 개념으로 직주접근이란 직장과 주거지를 가급적 가까운 곳에 두려는 현상을 말한다. 이는 회귀(return) 현상이라고도 하며, 도심 주거환경의 개선이나 교통 혼잡 등으로 인한 베드타운 거주자의 교통비용 증가 등이 원인이 된다. 직주접근 현상은 도심의 건물을 고층화하는 결과를 가져오게 마련이다.

2) 인근지역 변화이론

도시지역의 변화는 단기적으로는 여과(濾過, filtering) 현상으로, 장기적으로는 인근지역 사이클 패턴(Neighborhood age cycle pattern)으로 설명된다.

(1) 인근지역의 여과현상[19]

인근지역의 변화 중 단기변화에 해당하는 여과(filtering)현상은 인근지역 사이클

---

19) 김영진, 『부동산학총론』, 상게서, pp. 330~332 참조.

패턴 중 성장기나 쇠퇴기, 천이기에서의 지역변화와 지가변동의 원인이 된다.

우선 인근지역이 개발되면 주거분리(住居分利) 현상이 발생한다. 주거분리란 고소득층의 주거지역과 저소득층의 주거지역이 서로 분리되고 있는 현상이다. 고급주택은 수선 등 투입비용이 주택의 가치 상승분보다 낮고 저급주택은 수선 등 투입비용이 주택의 가치 상승분보다 높아서, 일반적으로 고급주택 지역은 고급주택 지역으로 저급주택 지역은 저급주택 지역으로 남는다. 주거분리 현상은 도시 전체적인 측면에서뿐만 아니라 지리적으로 인접한 인근지역에서도 일어나고 있다.

인근지역이 개발된 후 쇠퇴기에 이르면 침입(侵入, invasion) 현상이 발생하기도 한다. 이는 인근지역에서 기존의 이용주체와 다른 새로운 이용주체가 유입되는 현상을 의미한다. 성숙기의 인근지역에는 고소득층 주민이 거주하나 쇠퇴기에는 저소득층 주민이 유입되는 침입현상이 나타나기 시작한다. 예를 들어, 고소득층 주거지역과 저소득층 주거지역의 경계에 있는 주택이 쇠락(衰落)하였을 경우, 만약 주택을 개량하지 않아 가치가 점점 하락하게 되면 그 주택에 저소득층 가구가 진입하는 것이다.

초기의 침입에 대해서는 지역주민의 저항이나 행정적 규제가 이루어지기도 하나, 주민의 저항이 점차 약해지면, 인근지역에서는 천이(遷移, succession, 계승) 현상이 나타난다(〈그림 2-18〉 참조). 천이란 침입의 확대로 인한 지역 전체의 변화를 의미하는 것이며, 대부분 고소득층 주거지역에 저소득층 가구의 진입이 확대되는 현상을

그림 2-18 침입과 천이 현상

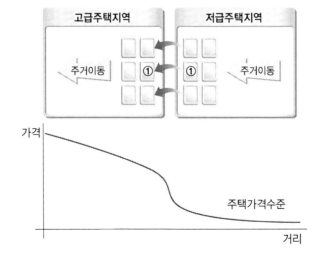

말한다. 즉 최초로 저소득층 가구의 침입이 발생할 경우 그 이웃 고급주택들로 침입이 확대되는 과정을 거치게 된다. 이 같은 하향여과 과정이 반복됨에 따라, 고소득층 주거지역은 점차 저소득층 주거지역으로 변화되어 간다.

이처럼 어떤 지역의 토지이용이 이질적인 요소의 침입으로 인하여 다른 종류의 토지이용으로 변화되어 가는 과정을 천이 또는 계승이라 한다. 천이 역시 반대의 현상(판자촌이 부촌으로 변화하는 현상)도 생각해 볼 수 있다.

침입과 천이로 인해 특정 주택이나 주거지역의 거주계층이 변화하는 현상을 여과(濾過, filtering)라고 한다. 즉 여과란 주택이 소득의 계층에 따라 상·하로 이동하는 현상을 의미하는 것이며 주거이동으로 인해 주택의 여과과정이 발생한다. 여과현상은 상향여과와 하향여과로 구분할 수 있으며, 상향여과(上向濾過)란 저소득층 주택이 재건축·재개발로 고소득층의 사용으로 전환되는 경우를 말한다. 일반적으로 상향여과는 지가의 상승을 가져온다.

하향여과(下向濾過)란 고소득층 주택이 노후화되거나 저소득층의 인구증가·주택보조금의 지불 등으로 저소득층의 사용으로 전환되는 것이며, 인근지역 사이클 패턴 중 쇠퇴기나 천이기에 발생하고, 지가의 하락을 가져온다. 정부에서 일정수준에 미달하는 주택의 신축을 금지하게 되면 고가주택이 저소득주택으로 하향여과 되는 경우도 있다.

여과과정은 모든 도시가 반드시 겪어야 하는 절대적인 과정은 아니다. 즉 고가주택은 수리비보다 수리 후 가치 상승분이 크므로 계속 고가주택으로 남을 수 있고, 저가주택은 수리비가 수리 후 가치 상승분보다 크므로 계속 저가주택으로 남게 된다.

도시 전체로 보아 저소득층 주거지역이 도심주변에 많이 형성되는 것은 도시의 역사적 개발과정과도 무관하지 않다. 도심지역이 공간적으로 확장됨에 따라 과거 도시외곽에 위치했던 주택 중에 접근성이 좋은 일부는 새로운 기능을 수용하여 다른 용도로 전환되었지만, 그렇지 못한 많은 주택들은 하향여과 되어 현재와 같은 저소득층 밀집주거지역으로 변화하게 된 것이다.

(2) 인근지역 수명주기

동일한 용도의 부동산이 모여 있는 인근지역은 각종 지역 시설의 유한성으로 인해 유기체와 같이 일정한 주기를 가지고 생태학적인 성쇠(盛衰) 현상을 보이는 데, 이를 인근지역의 사이클 패턴이라고 한다. 이는 인근지역 사이클(Neighborhood age cycle), 인근지역 생애주기, 인근지역의 연령성, 지역변화 사이클, 인근지역의 수명현상 등 다양한 용어로도 번역되고 있다.

인근지역의 사이클 패턴은 모든 지역이 동일하게 나타나는 것은 아니나 일반적으로 다음의 〈그림 2-19〉와 같은 성장기(개발기), 성숙기(안정기), 쇠퇴기, 천이기(과도기), 악화기의 5단계를 거쳐 진행된다. 이 경우 단계를 구분하는 가장 중요한 기준은 지가수준이다.

학자들은 다음과 같은 조건이 구비될 경우 지역 사이클 현상이 보다 뚜렷하게 나타난다고 주장한다.

- 인근지역이 하나의 개발계획에 의하여 동시 또는 유사한 시기에 개발되어야 한다.
- 지역에 동질성이 있어야 한다. 즉 동일한 용도의 부동산이 존재해야 한다. 우리나라의 신도시 개발은 동질성을 지니고 하나의 개발계획에 의해 동시에 개발되는 대표적 사례로 볼 수 있다.
- 도시성장이 빠르게 진행되는 곳일수록 수명주기가 짧은 편이다. 이에 따라 미국이나 유럽의 경우 100년의 수명주기 현상이 나타나는 경우도 있으나, 우리나라와 같이 도시 성장이 빠르게 진행되는 지역은 그 주기가 매우 짧은 것으로 봐야 한다.

인근지역 사이클 패턴의 첫 번째 단계로서 성장기(成長期, 개발기)란 어떤 지역이 새로 개발되거나 재개발되는 시기로 신도시의 경우 15년 내지 20년이 소요된다. 성장기의 특징을 열거해 보면 다음과 같다.

그림 2-19 인근지역 사이클 패턴

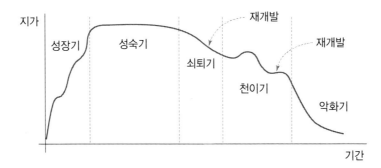

- 지가상승이 가장 활발하고 투기현상이 나타난다. 성장기의 지가상승 현상에 대해서는 지가3승설(지가상승 3단계설)로 설명된다. 이는 신규 개발 지역의 경우 개발계획 발표단계와 개발사업 착공단계, 개발사업 완공단계에서 지가가 각각 3배 정도 크게 상승한다는 일본의 학설이나, 최근 우리나라의 경우에는 개발계획 발표단계에 과다한 지가 상승이 이루어져 착공단계나 개발사업 완공단계의 지가 상승폭은 크지 못한 것으로 알려져 있다.
- 지역 내의 경쟁이 가장 치열하고 단위 기간 당 주민들의 유동이 가장 많다. 즉 활발한 유입과 유출 현상이 일어난다.
- 입주하는 주민은 교육수준이 높은 젊은 계층이 많다.

두 번째 단계로서 성숙기(成熟期, 안정기)란 개발이 진행됨에 따라 지역이 점차 안정되어 가는 시기로 20년 내지 25년 정도가 소요된다. 성숙기의 특징을 열거해 보면 다음과 같다.

- 부동산 가격이나 지역 기능은 최고 수준에 이르고, 수요 경쟁은 감소한다.
- 지역주민의 사회적 · 경제적 수준은 최고가 되고 주민의 유동은 많지 않다.
- 지가는 안정되거나 가벼운 상승을 보인다.

세 번째 단계로서 쇠퇴기(衰退期)란 시간의 흐름에 따라 인근지역의 공공시설물이나 건물 등이 점차 노후화되는 시기로 하향여과(필터링) 현상이 나타나며, 하나의 주(主) 사이클이 끝나는 시기로서 성장기부터 40년 내지 50년이 소요된다. 쇠퇴기의 특징을 열거해 보면 다음과 같다.

- 지역 내 부동산 가격은 하락하고 하향여과 현상이 나타난다.
- 경제적 내용년수가 경과하는 현상이다.
- 건물은 관리비와 유지비가 급격히 증가하며, 재개발이 이루어지는 지역도 있다.
- 성장기부터 쇠퇴기까지가 하나의 주 사이클로 이 단계에서 재개발을 하지 않으면 천이기로 이어진다.

네 번째의 천이기(遷移期, 과도기)란 쇠퇴기 이후 노후화가 지속되어 하향여과 현상이 보다 활발하게 이루어지는 시기이다. 천이기의 특징을 열거해 보면 다음과 같다.

- 성숙기 다음으로 하향여과에 의해 단위 기간 당 주민들의 유동이 가장 많다.
- 저가주택에 대한 저소득층 수요가 자극되어 지가는 가벼운 상승현상을 보인다. 그러나 이전의 가격수준까지는 가지 않는다.

마지막의 악화기(惡化期)란 거주지의 기능이 상실되는 시기로서 슬럼기라고도 하며, 지가는 최저수준으로 떨어진다. 악화기의 특징을 열거해 보면 다음과 같다.

- 생활보호대상자나 범죄자 등 한계계층의 거주지로 전락한다.
- 재개발로 인한 개발이익이 재개발 비용보다 크다고 판단되지 않는 한 악화기는 지속된다.

3. 도시성장이론

인근지역 싸이클 패턴이 인근지역의 변화 과정을 설명하는 이론이라면, 도시성장이론은 도시 전체의 변화를 설명하는 이론이다. 이 이론은 인근지역 싸이클 패턴을 전제로 설명될 수 있으며, 버제스의 동심원이론과 호이트의 선형이론, 해리스와 울만의 다핵심이론 등이 있다.[20]

1) 동심원이론

버제스(Burgess, E. W.)의 동심원(同心圓) 이론은 튀넨의 이론과 같이 모든 지역이 도심으로부터 접근성이 동일하다는 전제 아래서, 도시는 그 중심지로부터 동심원상으로 확대되어 5개 지구로 분화되면서 성장한다는 이론이다. 이 이론은 다음의 〈그림 2-20〉과 같이 중심업무지구(CBD: Central business district)를 중심으로 지대 지불

그림 2-20 동심원 이론

5 4 3 2 1

1. 중심업무지구
2. 천이지대
3. 저소득층주택지대
4. 중산층주택지대
5. 고소득층주택지대

20)김영진,『부동산학개론』, 상게서, pp. 124~125 및 최재선, 상게서, pp. 155~167; 이창석, 상게서, pp. 253~254; 조주현, 상게서, pp. 299~301; 홍기영, 상게서, pp. 202~209 참조.

능력에 따라 동심원을 이루는 토지의 공간구조가 형성된다는 이론이며, 사회계층 분화에 따른 도시내부의 지역구조를 설명한다.

동심원 이론은 도시의 내부구조를 설명하는 가장 오래된 실증 모형(시카고 사례)로서, 사회·경제적 인자가 상호경쟁을 통하여 도시 내의 공간적 구분과 형태를 이루어낸다는 도시행태론자의 입장에 입각하여 구축된 이론이다. 동심원이론에 따르면 도시는 중심지에서 멀어질수록 접근성·지대·인구밀도 등이 낮아지고, 범죄·인구이동·빈곤 등의 도시문제가 감소하는 등 도시 내의 각종 활동의 기능이 5가지 토지이용의 패턴에 따라 이루어진다고 보고 있다.

제1지대(중심업무지구, CBD)는 도심지역이며 도시의 중추 관리기능, 즉 산업·사회·문화·교통의 중심핵을 이루는 지역이다.

제2지대(천이지대)는 도심지역을 둘러싸고 있으며, 주거지가 쇠퇴하여 도시의 주요 빈민지대로 전락할 소지가 있는 지역이다. 전이지대라고도 한다. 내측지대에는 경공업 지구가 위치하고, 외측지대에 거주하는 주민들은 소득수준이 향상되면 근로자 주택지대로 주거를 옮겨가는 경향이 있다. 천이지대는 과거 저소득층 주거지역이었으나 인근지역 싸이클 패턴에 따라 천이기 또는 악화기 현상이 나타나는 지역으로 한계계층의 거주지로 사용되기도 하며, 도시의 발달에 따라 중심업무지구로 변화하게 된다.

제3지대(저소득층 주택지대)는 노동자 주택지대라고도 하며, 주로 공장 노동자·단순 기능인과 같은 근로자의 주택지대로서 주민 가운데에는 제2지대로부터 공장 가까이 살려는 동기로 옮겨진 계층이 많다. 이 지대는 주거환경은 열악하나 도심과의 접근성이 좋아 저소득층이 주로 거주한다. 과거에는 중산층 주거지역이었으나, 도시의 발달에 따라 저소득층 주거지역으로 하향여과된 지역이며, 도시가 성장할 경우 천이지역으로 변화할 수 있다.

제4지대(중산층 주택지대)는 대다수의 중산층이 거주하는 지대이다. 주민의 구성은 소규모 자영인·전문직종인·판매인·사무원 등이다. 이 지역은 단독주택이 아파트 등 집단주택으로 변하고 있는 지역이기도 하다. 이 지대는 주거환경이 양호한 신흥 주거지역으로 인근지역 싸이클 패턴에서 성숙기에 해당하나, 시간이 흐름에 따라 쇠퇴기에 이르면 저소득층 주거지역으로 변화할 수 있다.

제5지대(고소득층 주택지대)는 도시경계 외곽에 형성된 작은 교외도시들로 구성되어 있으며, 거주자의 대부분이 시내에 직장을 가지고 있어 주거중심의 위성도시로 볼 수 있는 지대이다. 고소득층 주택지대는 도시 공해 등 문제로 부터 벗어나 고속교통망을 따라 개발된다. 도시의 성장에 따라 기 개발된 지역이 중산층 주택지대로 변화하면, 그 외곽지역에서는 새로운 고소득층 주택지대가 개발된다.

동심원 이론은 토지이용 패턴을 지나치게 단순화하였고, 시카고만을 대상으로 한 연구이므로 도시공간 구조에 대한 일반성이 결여된 문제가 있다. 또한 도로 및 교통수단의 발달이 동심원형을 변형시킬 수 있다는 점을 고려하지 않고 있는데, 중심업무지구는 불규칙적인 크기를 가지며, 도시는 교통망에 따라 원형이 아니라, 별 모양(星狀)으로 성장한다고 한다.[21] 다만 수송비가 중심지에서 각 방향으로 같을 수가 없으므로 현실의 토지이용은 동심원 구조가 될 수 없다는 비판도 있다.

이와 같은 비판에도 불구하고 동심원이론은 도심으로부터의 접근성에 따른 주택지대의 상대적 위치를 설명하는 데 유용하며, 도심으로부터의 거리에 따라 지가가 하락하는 지가이론의 논리와 유사하다.

2) 선형이론

호이트(Hoyt, H.)의 선형(扇形)이론이란 도시공간이 도로와 같은 개발축을 따라 형성, 발전되면서 여러 개의 섹터를 형성한다는 이론이다. 이에 따라 도시 공간은 다음의 〈그림 2-21〉과 같이 CBD에서 외곽으로 확장되어 부채꼴 모양(선형)의 섹터를 형

그림 2-21 선형이론

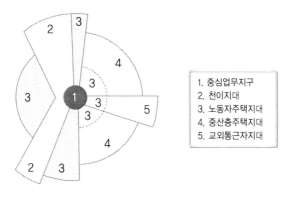

1. 중심업무지구
2. 천이지대
3. 노동자주택지대
4. 중산층주택지대
5. 교외통근자지대

---

21) 홍기용, 상게서, pp. 95~96.

성하고 있다. 토지이용은 도심에서 점차 교통망을 따라 동질적으로 확장된다는 이론으로 쐐기이론(Wedge theory) 혹은 부문이론(Sectoral theory)이라고도 한다.

이 이론에 따르면 도시공간은 교통축(개발축)을 따라 불규칙적으로 부채꼴 모양으로 확대되어 배치되며, 고급주택은 교통망의 축에 가까이 입지하고, 중급주택은 고급주택의 인근에 입지하며, 저급주택은 반대편에 입지하는 경향이 있다. 또한 도시 중심지에서 고소득층이 교외로 이동하면, 중하위소득층이 그 곳을 점유하여 새로운 주거군을 형성한다.

선형이론은 동심원이론에 대한 비판적 측면에서 제기되었으나, 단순히 과거의 경향을 의미하는 것이므로 장래의 추세를 설명하기는 어려우며, 동일 수준의 주택이 집적하는 이유를 설명하지 못하는 문제점을 갖고 있다. 그러나 고속교통수단의 발달에 따른 도시의 성장 패턴을 적절하게 설명하고 있는 이론으로서의 가치는 인정된다.

3) 다핵심이론

다핵심(多核心) 이론이란 다음의 〈그림 2-22〉와 같이 도시성장에 있어서 도시의 핵심은 하나가 아니고, 도시가 성장하면 핵심의 수가 증가하고 도시는 복수의 핵심 주변에서 발달한다는 이론이며, 맥킨지(McKenzie, R. D.)가 처음 주장하고, 해리스와 울만(Harris, C. and Ullman, E.)에 의해 발전된 이론이다.

이 이론에서는 도시 토지이용의 패턴이 하나의 핵으로 된 것이 아니라 몇 개의 이산(離散)되는 핵으로 구성되어 있으며, 각각의 핵심에 교통망이 집중되고 주거지역과

그림 2-22 다핵심이론

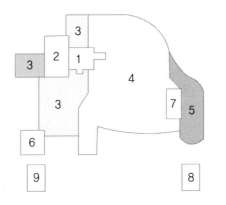

1. 중심업무지구
2. 도매 및 경공업지구
3. 저급주택지구
4. 중급주택지구
5. 고급주택지구
6. 중공업지구
7. 주변업무지구
8. 교외주택지구
9. 교외공업지구

산업지역 등 토지이용군이 형성된다고 한다. 또한 다핵심이 발생하는 것은 도시의 기능적 지역분화, 동종업종의 집적이익 발생, 다른 종류의 활동에 대한 상반된 이해관계, 특정업종의 지대 지불능력 차이 등에서 기인한다고 한다.

4) 도시 연담화

도시 연담화(連擔化, conurbation)란 2개 이상의 도시가 확장함에 따라 인접도시가 연결되어 거대한 생활경제권을 형성하는 집합도시화 현상을 의미한다. 즉 행정구역은 다르나 마치 인접된 도시들이 하나의 도시처럼 생활경제권 즉 도시권역을 형성하는 것이다.

도시 연담화 현상은 다수 도시의 공간구조가 확대에 따라 나타나며, 우리나라의 경우 포항-경주, 마산-창원-진해, 군산-익산 등이 대표적인 연담도시이다. 기타 수도권은 서울을 핵으로 위성도시들이 동일한 생활경제권이 형성된 것이기 때문에 연담도시라 부르지 않고 메트로폴리스(metropolis)라고 해야 한다는 주장도 있다. 그러나 도시 연담화는 2개 이상의 도시 사이에 존재하는 녹지지역의 계획적 또는 비계획적 개발을 수반하는 점을 볼 때 서울과 수원, 인천, 안산, 파주, 의정부의 기존 도시 사이의 개발은 도시 연담화의 일종으로 볼 수 있다.

관련 연구에 의하면 도시 연담화는 도시 공간구조의 비효율성이 증대되고 기반시설 부족으로 인한 난개발 문제의 원인이 되기도 했으며, 자연환경의 훼손 및 생태계 파괴 등의 문제가 제기되기도 하였다(권용우, 2008).[22] 도시연담화 현상의 문제 발생 방지를 위해서 도시 사이에 그린벨트와 같은 녹지지역을 확보하고 환경친화적인 토지이용계획을 수립하여 시행하며, 환경파괴를 방지하기 위한 자원순환 통로를 설치하는 등의 방안이 해결책으로 제시되기도 한다.

---

22) 권용우 외, 2008, 연담화에 관한 국내외 사례연구(지리학연구 Vol.42 No.4), 국토지리학회

세종신도시와 수도권의 연담화 논의

세종신도시의 개발과 관련된 역기능 중 하나는 수도권과 세종신도시가 연담화되어 당초의 목표인 국가균형발전과 수도권 과밀화 억제라는 목표를 역행하는 것이다(김창석, 2007).[23]

2004년 대통령자문 정책기획위원회에서 발간한 '신행정수도건설의 철학적 기초'라는 연구보고서에 의하면 수도권이 서울에서 40Km 떨어진 지금의 수원까지 확장되는 데 걸린 시간 40년이 소요되었으므로, 서울과 세종신도시가 연담화가 되어 충청권에서 수원 이남까지 확장되는 데 걸리는 기간 대략 80년이 소요되므로 2125년쯤 되어야 연담화 가능하다고 주장하였다.

그러나 다음의 그림과 같이 서울과 수도권이 연담화 하는 데는 약 30년 이내의 기간이 소요되었으며, 세종신도시와 수원시 사이에는 화성동탄신도시와 평택시가 개발되어 사실상 하나의 도시처럼 연담화 되어 있고, 평택시와 세종신도시 사이에 위치한 천안시가 급격하게 팽창하고 있는 점을 감안할 때, 이들 3개 도시 사이의 미개발지역이 연결될 경우 수도권과 세종신도시가 도시로 연결되는 연담도시화 현상이 보다 빨리 발생할 가능성도 있을 것으로 판단된다.

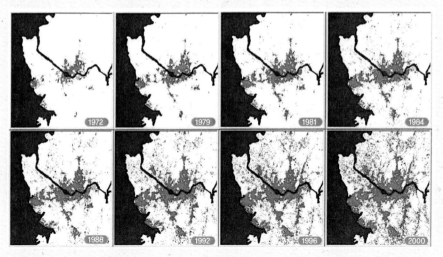

〈출처: 정재준 · 노영희(2007), GIS분석기법을 이용한 도시화 지역의 공간적 분포패턴에 관한 연구(한국경제지리학회지, Vol.10, No.3)〉

---

23) 김창석 외, 2007, 행정중심복합도시와 인근도시와의 상생발전 전략수립 연구, 행정중심복합도시건설청.

제 4 절   부동산 경기변동과 예측

1. 부동산 경기변동

1) 부동산경기의 의의

부동산경기(景氣, Business cycle)란 부동산시장의 경제적 상태를 의미한다. 즉 부동산시장의 좋고 나쁜 상태를 말한다. 또한 부동산 경기변동이란 부동산시장에서 부동산의 거래량이나 건축량, 가격 등이 변화하는 현상을 말하며, 이와 같은 변화가 주기적으로 이루어질 현상을 부동산경기의 순환변동이라고 한다.

부동산시장은 여러 가지 요인에 의해 끊임없이 변동되고 있으므로 부동산 경기변

일반 경기변동의 유형

한 나라의 국민경제는 국민소득 · 물가 · 통화량 · 이자율 등 여러 가지 경제변수들이 상호작용을 함으로써, 호황(好況)과 불황(不況)이 규칙성을 보이며 반복되며, 이와 같은 일반 경기 변동은 일반적으로 1회의 순환에 소요되는 주기의 장단(長短)에 따라 단기 · 중기 · 장기변동으로 구분된다.[24]

① 키친 사이클(Kitchin Cycle) : 약 40개월에 걸친 단기파동으로 소순환(Minor cycle)이라고도 한다. 기업의 재고변동이나 통화량, 이자율의 변동으로 인해 발생하므로, 재고순환이라고 부르는 경우도 있다.

② 주글라 사이클(Juglar Cycle) : 약 8년 내지 9년에 걸친 중기파동으로 주순환(Major cycle)이라고도 한다. 기업 설비투자의 변동으로 발생하므로 설비순환이라고 부르는 경우도 있다.

③ 쿠즈네츠 사이클(Kuznets Cycle) : 약 20년 정도의 주기를 가진 파동으로, 인구변동으로 인해 발생하므로, 인구순환이라고 부르는 경우도 있다.

④ 콘드라티에프 사이클(Kondratiev Cycle) : 약 50년 내외의 주기를 가진 장기파동으로, 기술혁신(Schumpeter)이나 전쟁, 혁명 등 주요 사회변동(Kondratiev)으로 발생한다.

⑤ 한센 사이클(Hansen Cycle) : 약 17내지 18년 정도의 주기를 가진 파동으로, 재건축으로 인해 발생하므로 건축순환이라고도 한다. 부동산학자에 따라서는 한센 사이클을 부동산경기순환으로 보는 경우도 있다.

---

24) 김영진, 『부동산학총론』, 상게서, p. 155 참조.

동은 각각의 시장에 따라 다르다. 우리가 일반적으로 접하는 부동산경기라는 것은 지역·부문별 부동산시장의 경기변동을 종합한 가중 평균치적인 성격에 불과하다. 따라서 투자자가 부동산경기를 판단할 때는 해당 지역의 경기를 중심으로 해야 하며, 그 지역 내에서도 부동산의 종류 등 세분화된 시장에 따라 부동산경기의 상태가 달라짐을 유의해야 한다.

2) 부동산경기 변동의 종류

부동산경기는 규칙적으로 변동하는 경우도 있으며 불규칙적으로 변동을 하는 경우도 있다. 부동산경기의 규칙적 변동 현상을 부동산 경기순환이라고 한다. 특히, 규칙적 변동 중 1년을 주기로 변동하는 것은 별도로 계절변동이라고 부르기도 한다.

불규칙변동은 외부의 충격(IMF, 대형 재난, 금융실명제 등)에 의한 불규칙적 변동도 있으며, 지역별로는 토지거래허가지역의 지정이나 투기지역의 지정 등과 같은 정책적 요인에 의한 불규칙적 변동이 이루어지는 경우도 있다. 부동산 시장분석자는 부동산경기의 순환적 변동을 분석하고 이를 근거로 장래의 시장 흐름을 예측해야 할 것이며, 불규칙적 변동요인이 시장에 출현했을 경우 이로 인한 시장변동 방향을 추정할 수 있는 능력도 함께 갖추어야 할 것이다.

불규칙 변동요인 중 어느 정도 예측이 가능한 요인은 투기를 방지하기 위한 지역별 토지거래허가지역의 지정이나 투기지역의 지정과 같은 정부의 정책이다. 이들 정책은 해당 정권의 투기방지 의지나 부동산문제에 대한 의식 정도에 따라 정책 시행 여부나 시기가 결정되며, 보다 구체적으로 정부가 발표하는 보도자료나 해당 정책과 관련된 기본적인 지식만 가지고도 어느 정도 정책의 변화 가능성을 예측할 수도 있을 것이다.

3) 부동산경기 순환변동

부동산시장의 경기순환변동은 다음의 〈그림 2-23〉과 같이 회복과 상향, 후퇴, 하향의 4국면으로 형성되며, 기타 별도의 국면으로 불황에 강한 안정시장 국면도 존재한다.

그림 2-23 부동산경기 순환변동 그래프

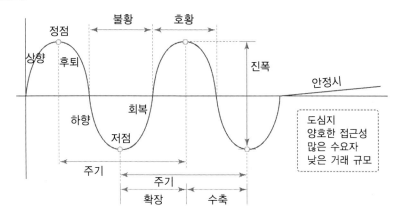

(1) 회복시장

회복시장(回復市場)이란 하향시장이 일정 기간 계속된 후 저점(계곡, trough)을 지나면서 가격이 상승하고 부동산경기가 활기를 띠기 시작하는 시장이다. 회복시장에서는 다음과 같은 현상이 나타난다.

- 부동산 가격의 하락이 멈추고 반전하여 가격이 상승하기 시작한다.
- 거래가 활기를 띠기 시작하고 금리는 낮고 자금에 여유가 있기 때문에 부동산 투기 조짐이 나타난다.
- 부동산시장에 고객의 출입이 증가하기 시작한다.
- 과거의 거래사례가격은 새로운 거래의 기준가격이 되거나 하한선이 된다.
- 공실률이 감소하기 시작한다.
- 부동산 중개활동은 매도자를 중시하는 경향으로 전환된다.
- 건축허가 신청건수가 점차 증가한다.

(2) 상향시장

상향시장(上向市場)은 회복시장이 지속된 후 부동산 가격이 계속 상승하면서 부동산경기가 과열되는 시장을 의미하며, 다음과 같은 특징을 보인다.

- 부동산 가격은 지속적으로 상승하고 부동산투자나 투기도 활발해 진다.
- 과거의 거래사례가격은 새로운 거래의 하한선이 된다.
- 부동산 중개활동은 매도자의 관리에 주안점을 두어야 한다.

- 건축허가 건수의 큰 폭 증가와 함께 증가율이 계속적으로 상승한다.
- 후퇴시장의 전(前) 국면이므로 부동산의 경기가 후퇴할 가능성을 내포하고 있어 부동산활동에서는 부동산 경기순환의 타성에 말려들지 않도록 주의해야 한다.

(3) 후퇴시장

후퇴시장(後退市場)이란 상향시장이 일정 기간 계속된 후 정점(정상, peak)을 지나면서 가격이 하락하며 부동산경기가 활기를 잃기 시작하는 시장을 말하는 것이며, 다음과 같은 특징이 나타난다.

- 부동산 가격의 하락이 시작된다.
- 거래가 한산해 지며 금리는 높고 자금이 부족하여 부분적으로 부동산활동이 침체하기 시작한다.
- 부동산 중개활동은 매수자 중심으로 반전된다.
- 일반 경기와 병행하면 공실률 증가의 폭이 커진다.
- 과거의 거래사례가격은 새로운 거래의 기준가격이 되거나 상한선이 된다.

(4) 하향시장

하향시장(下向市場)이란 후퇴시장이 이어져 전반적인 경기는 침체하고, 이와 함께 부동산경기도 침체하면서 부동산 가격이 크게 하락하는 시장을 말한다. 하향시장에서는 다음과 같은 현상이 나타난다.

- 부동산 가격이 전반적으로 하락하고 특수한 경우 이외의 거래는 중단된다.
- 장기화 되면 규모가 큰 호화주택, 신개발지의 택지가 큰 타격을 입는다.
- 부동산이 잘 팔리지 않고 금리는 높으며, 부동산을 소유하는 것은 하나의 부담으로 작용하여 때로는 파산을 가속화시키는 요인이 되기도 한다.
- 과거의 거래사례가격은 새로운 거래의 상한선이 된다.
- 부동산 중개활동은 매수자에 주안점을 두어야 한다.
- 건축허가 신청건수가 크게 감소한다.

(5) 안정시장

안정시장(安定市場)은 부동산 가격이 안정되어 있거나 가벼운 상승을 지속하는 시장을 말한다. 부동산시장 고유의 특성이며 부동산경기 순환 국면에 안정시장이 포함된다.

안정시장은 부동산경기 순환의 4국면과 독립되어 형성되며, 주로 위치가 좋고 규모가 작은 주택(도심지내 역세권에 위치한 소규모 아파트 등)이나 도심지 점포의 경우 안정시장을 형성하는 경우가 많다. 반면에 큰 맨션이나 저택, 교외의 분양 토지 등의 시장은 불황에 약한 유형이라는 것이 통설이다.

일반적으로 안정시장에서의 거래사례가격은 새로운 거래의 기준가격(신뢰할 수 있는 가격)이 되며, 부동산 중개활동은 매수자와 매도자 쌍방 모두에 주안점을 두어야 한다.

4) 회복시장의 판단 기준

부동산시장에서 회복시장을 정확하게 판단할 경우 부동산투자에서 유리한 위치를 차지할 수 있다. 일반적으로 부동산경기에서 회복시장은 다음과 같은 사항들을 면밀히 관찰함으로써 판단할 수 있다.

- 중개업자를 찾는 인원 및 그 동향
- 택지구입 동향 및 그 유형
- 건축자재 등의 수요동향
- 건축허가 신청 및 착공 동향
- 공가율의 변동
- 정부의 각종 시책의 동향
- 형성되어 있는 가격 수준

5) 부동산경기 변동의 특성

일반시장의 경기변동 대비해 볼 때 부동산 경기변동은 다음과 같은 특징적 요소를 지니는 것으로 알려져 있다.

- 부동산경기는 통상적으로 개별적 · 지역적 현상이다, 즉 부동산경기의 변동 크기와 진폭은 국가나 도시마다 다르고 같은 도시라도 지역에 따라 다르다.
- 부동산시장의 여건이 성숙되어 있을 경우 지역별 부동산경기는 유사한 부동산 시장이 형성되어 있는 인근지역으로 전이되는 사례가 많다.

- 부동산경기는 일반경기보다 변동주기가 더 길다.
- 부동산경기의 순환은 일반경기의 순환에 비하여 그 계곡(저점)이 깊고 정상(정점)이 높다. 즉 부동산경기 순환의 진폭은 일반경기의 진폭보다 크다.
- 부동산경기 순환의 진폭이 더 큰 이유는 부동산경기는 일반경기의 변동에 대응하여 민감하게 작용하지 못하는 타성(惰性) 현상 때문이다. 타성현상은 부동산을 완성하는 데에는 많은 시간이 소요되고, 이에 따라 수요와 공급 간의 불균형을 심화시키기 때문에 발생한다.
- 부동산경기는 타성현상으로 인해 회복기간이 길고 후퇴기간이 짧은 경우가 대부분이다. 우리나라 부동산시장은 여기에 더해 상향시장 역시 짧은 경우가 많다.
- 부동산경기는 부분시장별로 변동의 시차가 존재한다. 즉 상업용·공업용 부동산경기는 일반경기와 대체로 일치하지만 주거용부동산 건축경기의 경우는 주택자금 조달로 인해 역순환 현상을 보인다는 주장도 있다.
- 부동산경기는 부분별 부동산시장의 경기 상황을 종합한 것이며, 일반경기에 비해 후행(후순환적)하는 것이 통상적이다. 그러나 역행·독립·선행할 수도 있다.[25]

2. 부동산시장 경기동향 예측기법

부동산시장을 예측한다는 것은 장래의 부동산경기 동향을 추정하는 것을 의미한다. 특히 우리나라 부동산시장은 경우 회복기간이 길고 후퇴기간이 짧으며, 경기의 진폭이 큰 편이어서 많은 사람들이 부동산시장 예측에 관심이 많다. 그러나 우리나라의 경우 부동산시장에 영향을 미치는 변수는 다양하며, 부동산정책이나 개발계획 발표와 같은 외생변수가 부동산경기에 미치는 영향이 매우 크므로 부동산시장 예측은 결코 쉽지 않다. 또한 부동산시장은 지역·유형별로 각각 다른 부분시장이어서 특정 부동산시장을 예측하기는 더욱 더 어렵다. 따라서 합리적인 부동산 시장분석자라면 매년 말 또는 6월을 전후 해 발표되는 전문가들의 시장예측치를 맹신하는 것보다는 전체 시장의 흐름을 조망하는 정보로서만 받아들이는 것이 바람직하다.

---

25) 우리나라의 부동산경기는 일반경기에 비해 약 6개월 정도 후행하며, 주식경기는 일반경기에 비해 약 6개월(또는 1년) 정도 선행한다는 연구 결과가 많이 발표되었다.

부동산 시장분석을 위해서는 상기 부동산경기 순환주기 모형에서 보듯이 시장의 전환점을 판단하기 위한 단기적 예측이 반드시 필요하다. 이는 시장을 예측한다기보다는 시장 상황을 분석하는 것이므로 많은 학자들은 부동산 경기예측이라는 용어보다는 부동산 시장분석이라는 용어로 표현하는 경우가 많다.

부동산시장을 전망하는 방법에 대해서는 다양한 선행연구가 있으며, 국토연구원이나 주택산업연구원 등 각종 연구기관에서는 나름대로의 방법을 개발하여 매년 부동산시장 전망 결과를 발표하고 있다. 그러나 이들 기관에서 발표하는 내용은 전국시장을 대상으로 한 포괄적 동향에 불과하여 부분시장인 부동산에 적용하여 투자의 사결정 정보로 활용하기에는 적절하지 않다. 따라서 부동산 시장분석을 위해서는 대상 부동산시장에 대한 나름대로의 시장예측이 필요하다.

지역별 부동산시장 예측을 위해 비전문가도 손쉽게 활용할 수 있는 방법은 크게 '순환주기설', '수요공급결정요인 분석법', '거시경제변수 분석법', '벌집모형 활용법'의 4가지가 대표적이다.

1) 순환주기설

'순환주기설'이란 부동산시장이 일정한 순환주기를 갖는다는 전제에서 부동산시장의 장단기 흐름을 전망하는 방법을 의미한다.

순환주기설은 과거의 시장 흐름을 근거로 한다는 점에서 설득력이 높아 1990년대 말까지만 해도 많은 사람들에게 회자 되었던 부동산경기 예측방법이다. 순환주기설 중 부동산경기 '10년 주기설'이 있는데, 이는 1967년, 1977년, 1987년에 부동산시장이 호황이었으므로 1997년에는 다시 호황이 올 것이라는 주장이다. 이러한 주장에 따라 1997년 초반부터 많은 사람들이 부동산을 구입하기 시작하였으나, IMF라는 불규칙변동으로 인해 부동산가격이 폭락하였던 선례가 있다.

10년 주기설은 많은 부동산학자들 사이에서는 일종의 속설에 불과한 것으로 받아들여지고 있으며, 우리나라와 같은 부동산시장 상황에서는 정부의 정책적 의지에 따라 시장 경기가 좌우된다는 점을 들어 가치가 전혀 없다고 주장하기도 한다. 그 동안의 부동산시장에 대한 많은 선행 연구들을 보면, 과거 부동산가격 상승은 다양한 부동산시장 환경이 종합된 결과로 판단되며 단순히 10년이라는 기간이 경과함에 따라 부동산가격이 상승한 것으로 보기는 어렵다는 것이 통설이다.

2) 수요공급결정요인 분석법

'수요공급결정요인 분석법'이란 앞에서 학습한 부동산 가격결정요인을 근거로 부동산가격 변동을 단기적으로 예측하는 방법을 의미한다.

예를 들어, 부동산수요 증가요인이 발생하면 부동산가격이 상승하며, 이때 공급탄력성이 작을수록 가격이 많이 상승하며, 수요증가 폭이 클수록 가격이 많이 상승한다는 것이다. 반면에 공급이 증가하면 가격이 하락하며, 이때 수요탄력성이 작을수록 가격이 많이 하락하고, 공급증가 폭이 클수록 가격이 많이 하락한다.

수요나 공급의 탄력성이 크다는 것은 수요량이나 공급량이 가격변화에 따라 얼마나 민감하게 변화하는가의 정도를 의미한다. 우리나라 부동산시장의 경우 일반적으로 가격변화에 수요량이나 공급량의 변화가 극히 민감한 편이어서 수요·공급의 탄력성은 매우 큰 것으로 보아야 한다. 하지만 아파트시장에 비해 단독주택시장은 탄력성이 상대적으로 적으며, 주택시장에 비해 토지시장이나 상가시장의 탄력성도 상대적으로 적어 아파트 시장만큼 가격변화에 민감하지 못한 것이 일반적이다.

이 방법은 부동산시장 전반에 걸쳐 다양한 요인을 종합적으로 분석할 수 있는 능력을 지닌 전문가들이 자주 사용하는 방법이다. 그러나 부동산시장에서의 가격결정요인은 다양한 일반요인과 지역요인이 혼재되어 있어 이들 모든 변수를 정리하는 것은 쉽지 않으며, 정리가 되었더라도 대부분 가격을 상승시키는 요인(수요증가요인과 공급감소요인)과 가격을 하락시키는 요인(수요감소요인과 공급증가요인)이 동시에 존재하는 경우가 많아 정확하게 시장을 예측하기 어려운 단점이 있다.

이와 같이 다양한 요인이 혼재할 경우, 부동산가격 변동에 보다 크게 영향을 미치는 요인을 찾아내어 가격의 상승이나 하락을 전망해야 한다. 또한 각 요인의 크기를 합산할 경우 가격 상승 또는 하락 폭도 어느 정도 추정할 수 있을 것이다. 참고로 국토연구원의 연구결과에 따르면 주택시장에 가장 큰 영향을 미치는 가격결정요인은 이자율과 주택자금대출 규모(LTV, DTI)인 것으로 알려져 있다. 이에 따라 2007년부터 우리나라 정부에서는 과열된 부동산시장을 진정시키기 위해 LTV(대부비율)나 DTI(총부채상환비율) 규제를 강화하는 경향을 보이고 있다.

다음의 〈표 2-6〉는 '수요공급결정요인 분석법' 적용을 위하여 지난 2008년도 하반기 부동산시장에 대한 전망을 위해서 부동산시장의 주요 가격결정요인을 정리한 사례이다. 제시된 표를 근거로 2008년 후반기 부동산시장 환경을 분석하여 보면, 외부환경으로는 높은 물가상승률과 주식시장의 불안, 저금리가 가격 상승을 유발할 수 있는 것으로 분석되었다. 반면에 실물경기의 침체는 상업용부동산 수요를 감소시키며 주택구입 수요를 감소시켜 주택가격 상승을 억제하는 요인으로 판단되었다.

표 2-6   부동산시장 가격결정요인 분석 사례(2008년)

상승요인	하락요인

• 대도시지역 재개발(도심재생)
• 토지신화(학습효과)
• 주식시장의 불안과 저금리
• 높은 물가상승률
• 농지 및 임야에 대한 규제 완화
• 지방 주택 거래 규제 완화
• 신도시(세종, 혁신, 기업) 개발 및 경제자유
  구역 개발 등
	• 주택미분양 물량의 급증
	• 주택 입주 물량의 증가
	• 분양가격 인하에 대한 기대감
	• 주택 구입 자금 대출 억제 및 상환 부담감
	• 정부의 투기억제 정책 유지
	• 종합부동산세 등 부동산 규제 완화에 대한
	  국민 정서 악화
	• 실물경기 침체

부동산시장 내부요인을 보면 재개발, 토지신화, 농지 및 임야에 대한 규제 완화, 지방 주택 거래 규제 완화는 부동산가격 상승요인이 된다. 반면에 부동산시장에 누적된 주택미분양 물량이나 입주물량, 분양가격 인하에 대한 기대감, 주택 구입자금 대출 억제, 정부의 투기억제정책 유지 등의 요인은 주택가격 상승을 억제할 수 있는 요인으로 판단되었다.

이와 같은 요인들을 종합적으로 분석해 볼 때 2008년 당시에는 부동산가격 상승요인보다는 하락요인이 당분간 강세를 지속할 것으로 판단되었다. 따라서 2008년 하반기 부동산시장은 전반기 시장과 같은 답보 상태 혹은 조금 더 후퇴한 상태를 보일 것으로 예상되기도 하였다.[26]

3) 거시경제변수 분석법

'거시경제변수 분석법'이란 GDP나 물가, 이자율, 수출액 등 다양한 거시경제변수와 부동산가격변동과의 관계를 규명하여, 이들 거시경제변수의 변동에 따라 부동

---

26) 실제로는 2008년 9월 15일 미국의 리먼브러더스 파산이 가져온 국제적인 금융위기와 뒤이어 지속되는 경기침체 징후로 인해 우리나라 주택시장은 거래 단절 및 지속적 가격하락 현상이 나타났다.

산가격이 어떻게 변동할 것인가를 설명하는 부동산시장 예측방법이다.

우리나라 부동산경기의 경우 앞서 논의된 것과 같이 통화량이나 이자율, 물가상승률(인플레율)에 큰 영향을 받아왔으며, 이들 거시경제변수는 부동산시장에 유입되는 자금량에 영향을 미친다는 것을 전제로 하고 있다. 다만, 이들 거시경제변수가 변동할 경우 부동산시장에 즉시 영향을 미치기 보다는 일정한 시차를 두고 영향을 미치는 것으로 알려져 있다.

박철(2002)의 연구에 따르면 1987년부터 2002년까지 서울지역 토지가격의 경우 실질 GDP성장률의 변동과 동행하며, 총고정자본형성액의 변화보다 3분기 정도 후행하는 것으로 나타났다.[27] 즉 총고정자본형성액이 증가하기 시작하면 3분기(약 9개월)가 지난 시점에서 토지가격의 상승이 시작된다는 것이다. 한편 주가지수가 인상되기 시작하면 5 내지 8분기 정도 이후에 가격이 상승하고(후행), 총유동성의 증가보다 1분기 정도 후행하며, 실질이자율이 인상될 경우 2분기 정도 이후에 토지가격이 상승하는 것으로 나타났다.

서울지역의 주택가격도 이와 유사한 양상을 보여 실질GDP성장률의 변동과 동행하며, 총고정자본형성의 변화보다 8분기 정도 후행하는 것으로 나타났다. 또한 주가지수 변동에는 8분기 정도 후행하고, 총유동성의 증가보다 2분기 정도 후행하며, 실질이자율이 인상될 경우 1분기 정도 이후에 주택가격이 상승하는 것으로 나타났다.

이와 같은 사실을 감안할 경우 부동산투자자는 한국은행에서 발표하는 실질 GDP성장률이나 총고정자본형성의 변화, 주가지수 변동, 총유동성 등의 요인 중 3가지 이상을 분석하여 이들 요인을 종합적으로 비교함으로써, 향후 토지나 주택가격 변동 경향을 보다 간편하고 정확하게 예측할 수 있을 것이다. 그러나 이와 같은 요인들은 서울지역 부동산시장과 관련된 것이며 일반적으로 전국 부동산시장의 회복은 서울지역 부동산시장의 회복부터 시작해서 점차 전국으로 확산되는 경향이 있음을 유의해야 한다.

---

27) 박철, 2002, 부동산가격의 변동요인에 관한 연구(감정평가연구 Vol.12, No.2), 한국감정평가연구원.

표 2-7   K-REMAP 부동산시장 지수 사례

지수	주택매매시장 진단 및 전망지수		토지시장 진단 및 전망지수	
	주택매매시장 압력지수	주택매매시장 심리지수	토지시장 압력지수	토지시장 심리지수
활용 변수	• 매수매도지수 • 미분양주택수 • 주택착공면적(-27) • 주택매매가격변동률 • 주택담보대출금리 • 광의통화(M2)변동률 • 경기동행지수변동률	• 매매가격 심리지수 　- HCSI 매매가격지수 　- HBSI 매매가격지수 • 매매거래 심리지수 　- HCSI 매수매도지수 　- HBSI 매매거래지수 　- HBSI 매수매도지수	• 토지거래면적 • 건축허가면적 • 토지가격변동률 • 주택담보대출금리 • 광의통화(M2)변동률 • 경기동행지수변동률 • 주택담보대출금리	• 토지가격 심리지수 　- LCSI 토지가격지수 　- LBSI 토지가격지수 • 토지거래 심리지수 　- LBSI 토지거래지수 　- LBSI 토지매수매도지수

　한국주택산업연구원에서 개발한 주택경기예측모형(V)에 따르면 전체 경기순환을 반영하는 국내총생산(GDP)의 움직임이 지가 및 주택가격과의 상관관계가 가장 높은 것으로 나타났다. 1996년 이후의 경제성장률과 가격변동률을 비교해 보면, 1998년 외환위기, 2003년 카드위기 등에 의해 경기침체가 발생하면서 주택가격은 큰 하락을 보였으며, 그 이후 경기회복과 함께 주택가격이 상승국면으로 전환하였다. 그러나 관련된 연구에 의하면 소득수준이 주택가격의 시장가치를 결정하는 가장 중요한 요인이기는 하지만 소득수준만으로는 주택가격의 변동을 설명할 수는 없다고 하였다.[28] 또한 동 연구에서는 이자율의 변화와 주택가격의 변화율 사이에 유의성 있는 음(-)의 상관관계가 있다고 주장하였다.

　거시경제변수 분석법이 적용된 대표적인 연구는 국토연구원에서 2008년부터 2010년까지 3년간 진행된 부동산시장 선진화 시스템 구축 연구이다.[29] 이 연구에서는 부동산시장 분석 및 진단 모형인 K-REMAP(The Krihs Model for Real Estate Market Analysis & Prediction)를 개발하였으며, 이 모형에서 시장 전망에 사용되는 변

---

28) 김경환 외, 2008, 주택경기예측모형 V, 주택산업연구원.
29) 국토연구원, 2010, 부동산시장 선진화 시스템 구축 연구(Ⅲ).

수는 위의 〈표 2-7〉과 같다. 이 방법은 가장 과학적인 시장예측 방법으로 볼 수 있으
나, 개발된 예측모형에 포함된 변수가 제한적이며 거시경제변수는 전체 부동산시장
에 영향을 미치나 그 영향력의 정도는 지역별 혹은 유형별로 세분화된 부동산시장에
모두 동일하게 영향을 미치는 것이 아니어서 지역 부동산시장 예측 도구로는 한계가
있다.

4) 벌집모형 활용법

벌집모형 또는 벌집순환모형(Honeycomb cycle model)은 다음의 〈그림 2-24〉와
같이 주택가격과 거래량은 일반적인 경기 사이클과 주택의 분양-입주 시차(lags)에
의해 6각형의 벌집 모양처럼 시계 역방향으로 순환한다는 이론이다.[30] 즉 벌집모형
은 주택시장에서 주택가격과 주택거래량을 중심으로 주택시장의 각 국면을 분석하
는 방법이며, 이 방법을 활용할 경우 이들 2가지 변수만으로 간단하게 현재의 경기
현황은 물론 가까운 장래의 주택시장 변화를 예측할 수 있다.

벌집모형에서는 주택시장의 국면을 〈그림 2-24〉와 같이 6개 국면으로 설명하고
있으며, 구체적인 국면별 특성은 다음의 〈표 2-8〉에 요약되어 있다.

그림 2-24 벌집순환모형

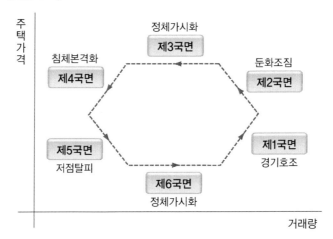

출처: 홍순직, 2004

---

30) 홍순직, 2004, 추가 하락 예상되는 2005년 부동산 경기, '경제 주평', 현대경제연구원

표 2-8 벌집순환모형 국면별 특성

주택 경기	일반 경기	지표 방향	수급 요인	정책과 금융권
제1국면 (회복기)	경기 호조	거래량 + 가격 +	- 경기 호조로 실수요 증가	규제 완화책 유지, 주택담보 대출 확대
제2국면 (활황기)	둔화 조짐	가격 + 거래량 -	- 가격 상승 지속으로 가수요자 가세 - 매도자의 가격 상승 기대로 매물 감소	규제 완화책 유지, 주택담보 대출 확대
제3국면 (침체 진입기)	경기침체 가시화	가격 보합 거래량 -	- 경기 침체와 실수요 감소로 수급 균형 - 현재 가격에서 매도자와 매수자 공방	후속 안정책 발표, 가격 안정과 규제책으로 담보대출 억제
제4국면 (침체기)	경기 침체 본격화	가격 - 거래량 +	- 제1~2국면(상승기) 분양 물량의 입주 시작으로 공급 과잉 - 불황 심화로 실수요와 가수요 위축	규제책 수위 조절 및 부분적인 완화책
제5국면 (불황기)	경기 저점 탈피 조짐	가격 - 거래량 +	- 가격 하락세 유지로 수요 위축세 지속 - 제3국면(침체 진입기) 분양 물량 감소에 따른 입주 물량 감소와 현재 주택가격에 대한 바닥 인식으로 조금씩 거래 성사	건설 경기 회복을 위한 규제 완화책 발표
제6국면 (회복 진입기)	경기 회복 가시화	거래량 + 가격 보합	- 경기 회복으로 실수요 증가 - 현재 가격 수준에서 거래량 증가	규제 완화책 확대 신규 담보대출 재개

※ 출처: 홍순직, 2004.

제1국면(회복기)에는 주택경기가 호황인 시기로 주택가격이 상승하고 거래량 모두 증가하는 시기이다. 이 시기에는 경기호황에 따라 실수요자가 증가하며, 통상 정부는 규제 완화책을 유지하고 주택담보 대출을 확대하는 시기이다.

제2국면(활황기)은 주택경기의 둔화 조짐이 나타나는 시기로서 가격이 상승하고 주택거래량은 감소하는 시기이다. 이 시기에는 주택가격 상승 지속으로 가수요자가 가세함에 따라 겉으로는 시장이 호황인 것처럼 보이나 다음의 침체진입기를 예고하고 있는 시기이다. 이 시기에는 매도자의 가격상승 기대로 매물량이 감소하게 되며, 정부는 약한 수위의 부동산 시장 안정대책을 발표하게 된다.

제3국면(침체 진입기)은 주택시장 경기침체가 가시화되는 시기이다. 주택가격이 보합세를 유지하며 거래량은 감소한다. 주택시장의 경우에는 경기가 침체되고 실수요가 감소함에 따라 수요와 공급이 균형을 유지하며, 현재 가격에서 매도자와 매수자 사이의 공방이 벌어진다. 정부에서는 주택시장에 대한 후속 안정책을 발표하고, 주택가격 안정과 규제 정책의 일환으로 담보대출을 억제하게 된다.

제4국면(침체기)은 주택시장 경기 침체가 본격화되는 시기이다. 이 시기에는 주택가격이 하락하고 거래량도 급감한다. 더구나 주택시장에서는 제1~2국면(상승기)에 분양한 주택물량의 입주 시작으로 공급 과잉현상이 발생하며, 불황 심화로 실수요와 가수요가 모두 위축되게 된다. 정부는 주택시장 규제책의 수위를 조절하고 부분적인 완화책을 발표하기도 한다.

제5국면(불황기)은 주택경기가 저점을 탈피할 조짐을 보이는 시기이다. 주택가격은 하락하나 주택거래량은 점차 증가하는 시기이다. 주택시장에서는 가격 하락세 유지로 수요 위축세가 지속된다. 이 시기에는 제3국면(침체 진입기) 분양 물량 감소에 따른 입주 물량 감소와 현재 주택가격이 바닥이라는 인식이 퍼져 조금씩 거래가 성사되기도 한다. 이 시기에는 정부는 건설경기 회복을 위한 규제 완화책을 발표하는 경우가 많다.

제6국면(회복 진입기)은 주택시장 경기 회복이 가시화 되는 시기이다. 주택가격은 아직 보합세이나 거래량이 점차 증가하는 시기로서, 주택시장에서는 경기 회복으로 실수요가 증가하며, 현재 가격 수준에서 거래량이 증가한다. 정부에서는 주택시장 규제 완화정책을 확대하고, 신규 담보대출이 재개되는 경우가 많다.

벌집모형은 부동산가격 변동과 거래량 변동을 근거로 현재의 주택시장 경기 상황을 판단하는 모형이므로, 이 모형을 적정하게 활용하기 위해서는 제반 관련정보 취득이 반드시 선행되어야 한다. 부동산시장 정보 중 거래량 정보는 온나라부동산포탈(www.onnara.go.kr)에서 수집할 수 있다. 이 사이트에서는 주택시장과 관련된 거래량으로는 매월 시·군·구별 아파트거래량 통계를 발표하고 있으며, 토지거래량에 대한 정보도 쉽게 수집할 수 있으나, 일정한 시차가 있음을 유의해야 한다. 주택가격 동향이나 토지가격 동향에 대한 정보는 한국감정원 부동산통계 시스템(www.r-one.co.kr)에서 수집할 수 있다.

벌집모형은 앞서 고찰한 주택시장 경기순환의 4가지 국면을 6개 국면으로 세분한 것에 불과하나, 부동산투자자 입장에서는 주택시장에 대한 진입과 퇴출시기를 명확하게 설명하는 장점이 있다. 즉 화폐의 시간가치를 감안할 경우, 모형의 6개 국면 중

제6국면(회복 진입기)에 주택을 구입하여 제2국면(활황기)에 주택을 매각하는 것이 단기투자에 따른 자본수익을 극대화 할 수 있다. 보다 신중한 투자자라면 다양한 주택시장 중 투자 대상 주택시장을 선정하고 투자대상 주택을 탐색하는 업무는 제5국면(불황기)부터 시작하여 제6국면(회복 진입기) 초기에 투자에 유리한 주택을 선택하는 것이 바람직하다.

다만 이 모형은 주택거래량이 거시경제 여건에 따라 변화한다고 가정하고 있어, 거시경제 여건의 변화가 부동산시장에 미치는 영향을 별도로 분석하지 못하는 한계가 있다. 또한 각 국면은 현재의 상태를 정확하게 표현하나 미래를 예측해주지는 못하므로, 주택시장의 예측을 위해서는 장래의 주택가격과 거래량을 별도로 추정하는 과정이 필요한 한계도 있음을 유의해야 할 것이다.

3. 부동산시장 예측기법의 선택

상기에서 제시된 4가지의 부동산시장 예측방법 중 '순환주기설'을 제외한 3가지 방법은 나름대로의 장단점이 인정된다. 첫 번째의 '수요공급결정요인 분석법'은 부동산시장에 영향을 미치는 다양한 부동산 가격결정요인의 방향과 크기를 활용하여 부동산시장 전체를 관망하는 방법으로 단기간에 손쉽게 시장을 예측할 수 있는 방법이나, 예측의 정확성은 부동산시장에 대한 지식수준과 판단 능력에 따라 다른 문제가 있다.

두 번째의 '거시경제변수 분석법'은 부동산시장이 전체 경기흐름에 연관이 된다는 것을 근거로 GDP나 이자율 등 거시경제변수를 활용하여 부동산시장을 예측하는 방법이므로 우리나라의 주요 부동산 관련 연구기관에서 많이 활용하고 있다. 따라서 이 방법은 가장 과학적인 방법 중 하나로 볼 수 있다. 다만 거시경제변수는 우리나라 부동산시장 전체에 영향을 미치는 변수로서 특정지역에 소재한 특정용도의 부동산 시장을 전망하기에는 적합하지 않다.

결국 지역별 부동산시장을 예측하기 위해서는 '벌집모형 활용법'이 가장 적합한 것으로 판단된다. 모형 추정을 위한 변수 수집의 한계로 장기적 전망 보다는 단기적 전망에 적합한 것으로 보인다. 또한 부동산시장 내부요인인 가격과 거래량을 중심으로 시장을 예측하게 되므로, 외부요인인 정부정책이나 이자율, 주택담보대출 규모 등 외부요인은 시장 예측에 직접 반영하지 못하는 문제가 있다. 우리나라 부동산시장의 특성상 정부의 정책이나 주택자금대출이 미치는 영향이 큰 점을 감안해 볼 때 '벌집모형 활용법'을 시장예측에 적용할 경우 이들 외부 요인에 대한 추가적 고려가 필요하다.

제 3 편

부동산투자 계량분석

제**5**장
부동산투자의 수익과 위험

■ 학습방법

부동산 투자이론은 부동산투자 타당성분석을 중심으로 전개되며 부동산투자 타당성분석을 위해서는 제2편의 부동산 시장분석을 통한 각종 변수의 검토가 필수적이다. 제3편은 학습자들이 제2편에 관련된 충분한 지식을 보유하고 있다는 전제에서 부동산투자 타당성분석을 위한 각종 이론과 실무 지식을 포함하고 있다.

보다 구체적으로 보면 제5장에서는 부동산투자 타당성분석을 위해 필요한 수익과 위험에 대한 지식, 그리고 이를 감안한 할인율 산정방법에 대해서 설명한다. 제6장에서는 부동산투자 타당성분석을 위한 현금흐름 분석방법을 설명하며, 제7장에서는 부동산투자의 타당성을 분석하는 방법에 대해 설명한다.

이 중 제5장 '부동산투자의 수익과 위험'에서는 다음과 같은 4가지 내용들을 학습하게 된다.

1. 부동산투자에서 수익과 위험이란 무엇이며 이들 상호간에는 어떤 관계가 있는지에 대해서 알아본다.

2. 부동산투자를 위해서는 수익과 위험을 어떻게 분석하고 위험을 최소화하기 위해서는 어떤 방법론이 있는지 알아본다.

3. 부동산투자를 위해 위험을 분석하기 위한 다양한 기법을 알아보고 이들의 장단점을 점검한다.

4. 부동산투자의 위험을 분산하기 위한 포트폴리오 이론과 부동산 포트폴리오 구성 방법에 대해서 알아본다.

본서의 학습자는 '제1절 수익과 위험의 의의'에서는 부동산투자 타당성분석을 위해 수익과 위험의 개념과 이들 상호간의 관계에 대해서 명확하게 이해해야 한다. '제2절 부동산투자 위험관리'에서는 부동산투자를 위한 다양한 위험관리기법을 이해하고, 이들 기법을 부동산투자 타당성분석에 적용하는 방법에 대해서 이해해야 한다. '제3절 위험분석 기법'에서는 다양한 위험분석 기법의 의미와 장단점을 이해하여 특정 부동산투자에 적용할 수 있어야 한다. 또한 '제4절 부동산 포트폴리오'에서는 부동산 포트폴리오를 활용한 위험분산 방법론을 이해해야 한다.

이와 같은 부동산투자의 수익과 위험에 대한 지식은 제6장의 현금흐름분석이나 제7장의 부동산투자 타당성분석에서 필요한 할인율 계산을 위한 기초지식으로 활용된다.

제 1 절 수익과 위험의 의의

1. 수익과 수익률

1) 수익의 의의

수익(收益, return)이란 부동산투자로 인해 부동산투자자에게 발생하는 부(富, wealth)의 증가분(增分)을 의미한다. 부동산투자에서의 수익은 투자기간 중 매년 발생하는 영업수익과 투자가 종료된 후 부동산을 처분함으로써 발생하는 지분복귀액으로 구성된다. 2가지 수익 중 영업수익을 소득이득이라고 하며, 투자 대상 부동산의 취득가격과 처분가격(지분복귀액)의 차액을 자본이득이라고도 한다. 즉 부동산투자로 인한 수익은 소득이득과 자본이득을 합산한 것이다(〈부록 6〉 참조).

2) 수익률

수익률(收益率, Rate of return)이란 투하된 자본에 대한 산출(수익)의 비율로서, 부동산투자에 대한 의사결정에서 참조해야 할 가장 중요한 변수 중 하나이다.[1] 일반적으로 부동산투자에서 투하자본은 부동산의 가치를 의미하므로 순수익을 부동산 가치로 나누어 수익률을 산정한다.

$$\bullet \ 수익률 = \frac{순수익}{투하자본} = \frac{순수익}{부동산가치}$$

수익률 공식에서, 수익률 $= \dfrac{순수익}{부동산가치}$ 이므로, 부동산가치 $= \dfrac{순수익}{수익률}$ 로 표현할 수 있으며, '부동산가치'와 '수익률'은 반비례 관계가 성립됨을 알 수 있다. 이와 같은 관계에 따라 제2편에서 학습한 부동산감정평가의 수익환원법 공식이 성립된다.

부동산 투자수익률은 기대수익률과 요구수익률, 실현수익률로 구분할 수 있다. 기대수익률(期待收益率, Expected rate of return)이란 투자로 인해 기대되는 예상수입(기대수익)과 지출(투자비용)로부터 계산되는 수익률을 말한다. 이는 투자대상으로부

---

1) 이원준, 『부동산학원론』, 상게서, pp. 215~216 및 박정식 외 1인, 상게서, pp. 114~119.

터 투자로 인해 기대되는 예상수익률로서, 내부수익률이라고도 하며, 객관적 자료에 의해 계산되므로 객관적 수익률이다. 또한 부동산 투자결정 이전에 계산되는 것이 원칙이므로 사전수익률(事前收益率)이라고도 한다.

예를 들어, 어떤 토지를 현재 1억원에 사서 1년 후에 비용을 제하고 1억 1,000만 원에 팔 수 있을 것이라고 기대할 수 있다면, 이 부동산투자에 대한 기대수익률은 10%가 된다. 이와 같은 기대수익률은 투자자 주체에 따라 달라지지 않으므로 객관적 수익률이 된다.

요구수익률(要求收益率, Required rate of return)이란 투자에 대한 위험이 주어졌을 때 투자자가 대상 부동산에 자금을 투자하기 위해 충족되어야 할 최소한의 수익률을 말한다. 즉 요구수익률은 해당 투자에 대한 기회비용(機會費用)[2]이 된다.

요구수익률에는 시간에 대한 대가와 위험에 대한 대가가 포함되어 있다. 즉 투자 자는 큰 위험이 따르는 부동산이나 개발사업에 투자하려면 그만큼 높은 수익률을 요구한다. 이런 의미에서 요구수익률은 투자자가 요구하는 최저수익률 또는 필수수익 률, 유보수익률(留保收益率)이라고 할 수 있다.[3] 또한 투자자별로 다르므로 주관적 수 익률이라고 할 수 있다. 타당성분석을 하는 부동산투자자는 아직 대상 부동산의 소 유자(내부자)가 아니므로 내부수익률에 대비하여 외부수익률이라고도 하며, 투자 의 사결정 이전에 계산하므로 사전수익률이다.

실현수익률(實現收益率, Realized rate of return)이란 투자가 이루어지고 난 후에 현 실적으로 달성된 수익률을 말하며, 실제수익률 또는 사후수익률, 역사적 수익률이라 고도 한다. 예를 들어, 1억원에 구입한 토지가 1년 후에 1억 2,000만원에 팔렸다면 이 투자의 실현수익률은 20%가 된다.

부동산투자 의사결정 시점에는 실현수익률은 존재하지 않으므로, 투자 여부는 기 대수익률과 요구수익률을 비교하여 결정된다. 즉 기대수익률이 요구수익률보다 큰 대안이라면 투자결정을 할 것이나, 기대수익률이 요구수익률보다 작은 대안이라면 투자를 기각할 것이다.

---

2) 기회비용(Opportunity cost)이란 어떤 재화를 한 용도에 사용함으로써 다른 용도에 사용하지 못해서 상실 한 편익을 의미하는 것이며, 일반적으로 상실한 편익 중 가장 높은 금액을 기회비용으로 본다. 예를 들어, 자신의 자금을 부동산에 투자를 함으로써 채권 투자나 은행 예금을 포기해야 하는 경우, 채권투자를 했다 면 100만원의 수익이 발생하고 은행예금을 한 경우 50만원의 수익이 발생한다면, 부동산투자의 기회비용 은 100만원으로 본다.

3) 조주현, 상계서, p. 116.

> - 기대수익률 > 요구수익률 ⇒ 투자 결정
> - 기대수익률 = 요구수익률 ⇒ 균형 투자(투자 결정)
> - 기대수익률 < 요구수익률 ⇒ 투자 기각

투자에 대한 위험이 클수록 투자자는 그만큼 더 많은 대가를 요구하므로, 만일 기대수익률이 요구수익률보다 낮다면 어떠한 투자자도 대상 부동산에 투자를 하려들지 않을 것이다. 따라서 대상 부동산에 대한 수요가 감소하므로 부동산의 가치는 하락하게 되고, 부동산가치 하락은 기대수익률을 상승시켜 결국 장기적으로는 기대수익률과 요구수익률이 같은 선에서 균형을 이루게 된다.

반대로 기대수익률이 요구수익률보다 높다면 많은 투자자들이 대상 부동산에 투자를 하려들 것이므로, 수요는 증가하게 되고 대상 부동산의 가치는 상승하게 될 것이다. 대상 부동산의 가치가 상승함에 따라 기대수익률은 점차 하락하게 되고, 결국 요구수익률과 기대수익률이 같아지는 선에서 균형을 이루게 된다.

이와 같이 부동산시장이 정상적이고 시장참여자가 합리적이라면 장기적으로는 기대수익률과 요구수익률이 같아지는 균형을 이루게 된다. 따라서 균형시장에서 투자자는 기대수익률과 요구수익률이 일치하는 부동산에 투자하게 될 것이다.

3) 가치의 종류

부동산의 가치는 상기와 같은 수익률에 의해서 결정되며, 가치에는 투자가치와 시장가치가 있다. 투자가치(投資價値)란 부동산 소유로부터 기대되는 미래의 편익의 현재의 가치로서 대상 부동산이 투자의사결정자인 투자자에게 부여한 주관적 가치를 말한다.

수익률 = $\dfrac{순수익}{부동산가치}$ 이므로, 부동산가치 = $\dfrac{순수익}{수익률}$ 이 된다. 이때 투자가치는 투자자의 주관적 가치이므로, 투자가치 = $\dfrac{순수익}{요구수익률}$ 이 된다. 즉 투자가치는 순수익을 요구수익률로 할인하여 계산한다.

시장가치(市場價値)란 공정한 매매를 보장할 수 있는 모든 조건이 충족된 공개 경쟁시장에서 성립된 가격이다. 시장가치는 대상 부동산이 시장에서 가지는 객관적 가치를 말한다. 이때 시장가치는 객관적 가치이므로, 시장가치 = $\dfrac{순수익}{기대수익률}$ 이 된다.

투자자는 대상 부동산의 투자가치가 시장가치보다 크거나 같으면 투자를 하려고 할 것이고, 투자가치가 시장가치보다 작으면 투자를 하려고 하지 않을 것이다. 반면에 투자가치가 시장가치보다 적으면 투자를 기각하려고 할 것이다.

- 투자가치 > 시장가치 ⇒ 투자 결정
- 투자가치 = 시장가치 ⇒ 균형 투자(투자 결정)
- 투자가치 < 시장가치 ⇒ 투자 기각

투자가치와 시장가치가 동일한 경우를 균형상태라고 하며, 부동산시장에서 투자가치가 시장가치보다 클 경우에는 대상 부동산에 대한 수요가 증가하고, 수요 증가는 시장가치를 상승시켜 균형상태에 이르게 된다. 반면에 투자가치가 시장가치보다 작을 경우에는 수요가 감소함에 따라 시장가치가 하락하여 균형상태에 이르게 된다. 결국 수익률에서의 설명과 같이 부동산시장이 정상적이고 시장참여자가 합리적이라면 장기적으로는 시장가치와 투자가치는 균형을 이루게 될 것이다.

2. 위　험

1) 위험의 의의

모든 의사결정은 예상되는 결과를 기대하고 행해지게 마련인데, 실현된 결과가 예상한 결과와 정확하게 일치하는 경우는 그리 흔하지 않다. 실현된 결과가 예상한 결과로부터 벗어날 가능성을 불확실성(uncertainty) 또는 위험(危險, risk)이라 한다. 일반적으로 투자자들은 미리 위험을 계산하고 행동을 한다.

부동산투자에서는 어떤 투자 안으로부터 기대된 결과에 대해 불확실성이 존재함으로써 발생하는 기대수익의 변동 가능성을 위험이라고 한다. 결국 위험이란 기대한 수익률이 달성되지 않을 가능성을 말하며 기대수익률과 실현수익률의 차이로 볼 수 있다.

결국 위험은 ① 손실 가능성, ② 기대되는 것을 수취하지 못할 가능성, ③ 기대와 실제의 차이, ④ 예측수익과 실현수익의 차이, ⑤ 투자요구수익률을 획득할 수 없는 가능성이라고 말할 수 있다. 투자의 위험분석은 계량화가 요구되므로 일반적으로 ④와 ⑤를 위험으로 본다.

2) 위험의 내용과 종류

부동산투자에서 발생될 수 있는 위험은 다양하나 일반적으로 논의되는 주요 위험은 다음과 같은 7가지가 있다.

첫째, 사업 위험(Business risk)이 있다. 이는 부동산 사업 자체로부터 연유하는 수익성에 관한 위험을 말하는 것이며, 시장 위험과 운영 위험, 위치 위험이 포함된다. 시장 위험(Market risk)이란 시장상황으로부터 유래되는 위험으로 일반경제가 위축되면 부동산에 대한 수요는 줄어든다. 부동산에 대한 수요가 줄어들게 되면 공실률(Vacancy rate)이 증가되어 임대료가 하락하게 된다. 또한 인구 구조나 기술수준의 변화 등은 부동산에 대한 수요와 공급에 영향을 미쳐 임대료를 변화시킬 수 있다. 이같은 수요와 공급의 변화는 부동산투자의 수익성에 대한 위험을 증대시키는 중요한 요인이 되고 있다. 운영 위험(Operating risk)이란 부동산의 관리나 근로자의 파업, 영업경비의 변동 등으로 인해 야기될 수 있는 수익성의 불확실성을 폭넓게 지칭하는 것이다. 경영 및 관리 위험(Management risk)이라고도 한다.

부동산의 위치 고정성도 투자자에게 또 다른 위험을 제공하는 원인이 된다. 부동산의 지리적 위치 고정성(부동성)의 특성 때문에 사업상 안게 되는 위험을 위치 위험(Locational risk)이라 한다. 예를 들어 투자 대상 부동산 인근지역에 혐오시설이 입지할 경우 대상 부동산에 대한 수요가 감소하여 수익성에 부정적 영향을 미치게 되나 부동성의 특성으로 인해 혐오시설 입지로 인한 위험의 회피가 불가능한 문제가 있다. 위치 위험은 모든 사업에 공통되는 문제이기는 하나 부동산투자의 경우에는 특히 그 정도가 심한 편이다.

둘째, 금융 위험(Financial risk)이 있다. 부채(타인자본)를 사용하여 투자하게 되면 자기자본에 대한 수익률 즉 지분수익률이 증가할 수 있다(지렛대 효과). 그러나 부채의 비율이 크면 클수록 지분수익률이 커질 수 있지만 마찬가지로 부담해야 할 위험도 그만큼 커진다. 부채가 많으면 많을수록 원금과 이자에 대한 채무불이행(債務不履行)의 가능성이 높아지며, 파산할 위험도 그만큼 더 커지게 되는데 이를 금융적 위험 또는 금융 위험이라 한다.

셋째, 법률 위험(Legal risk)이 있다. 부동산투자의 의사결정은 정부의 여러 가지 정책, 지역지구제, 토지이용규제 등의 법적 환경 아래서 이루어지며 법적 환경의 변화는 부동산투자에 대한 위험을 변화시키므로 법률 위험이라고 한다. 부동산 세제나 감가상각방법의 변경과 부동산의 사용이나 임대료에 관한 법령의 변경 등도 부동산 수익에 관한 불확실성을 야기하는 원인이 된다.

넷째, 인플레 위험(Inflation risk)이 있다. 이는 인플레이션(inflation)으로 인해 장래 발생한 투자수익(현금 유입액)의 현재가치가 하락할 위험을 말한다. 또한 인플레 위험 은 금융적 위험이나 운영 위험 등 여러 가지 위험을 파생시킨다. 인플레가 심하게 되 면 대출자들은 원금의 실질적인 가치가 하락하는 위험을 안게 된다. 위험을 회피하 기 위해서 자금을 고정이자율로 대출하지 않고 가변(可變)이자율로 대출하기를 선호 하게 되는데 그에 따라 채무자인 부동산 투자자는 이자의 지불과 원금의 상환에 부 담이 가중된다. 기타 부동산 투자자들도 인플레에 따른 적절한 보상이 있기를 원하 므로 투자에 대한 요구수익률도 그만큼 상승하게 된다.

다섯째, 신용 위험(Credit risk)이 있다. 이는 임대인, 임차인 및 차입자 등 거래 상 대방의 부실화로 인하여 손실을 입을 가능성을 말하며 채무불이행 위험(Default risk) 이라고도 한다. 즉 거래 상대방이 의무를 이행하지 않을 위험을 의미한다. 부동산의 수익을 추정할 때, 임대료 체납에 따른 손실금(Collection loss)을 포함시키는 것은 이 들 신용 위험을 대비하기 위해서이다. 부동산의 신용 위험은 임차인의 유형을 혼합 하거나 안정적인 기업 또는 기관을 임차인으로 유치하면 어느 정도 헤지(hedge)가 가능하다. 한편 임차인의 부실은 경기변동이 주요 원인이고 임차인이 영위하는 산업 별 경기에 민감하므로 임차인 혼합(Tenant mix) 또는 지역별 다양화를 통해 일부 완 화시킬 수도 있다.

여섯째, 금리 위험(Interest rate risk)이 있다. 부동산 투자에서 금리 위험은 시장금 리의 변동으로 보유한 부동산 가치가 하락하거나 타인자본 차입으로 발생하는 융자 원리금 증가의 가능성을 의미하며, 금리변동은 부동산뿐만 아니라 모든 투자자산에 영향을 준다. 금리 위험은 타인자본을 차입한 부동산뿐만 아니라 부동산 전반에 영 향을 주는데, 금리의 상승은 부동산의 투자수요를 감소시켜 가격하락을 유발할 수 있으며 부동산 거래빈도를 축소시켜 유동성 위험을 초래할 수 있다.

타인자본을 차입한 경우에는 금리 위험에 더욱 크게 노출된다. 부동산에서 발생 하는 현금흐름은 한정되어 있으나 금리가 상승하면 그만큼 부채감당비율(Debt coverage ratio: DCR)이 낮아져 지분배당율이 낮아지게 된다. 한편 금리가 지나치게 상승하면 상환불능 상태로 연결될 수 있으며, 이들 불안정성은 유동성 위기와 결합하는 경향을 보인다. 특히 부동산투자회사 등 부동산 증권화로 인해 부동산시장은 이자율 변화에 매우 민감하게 반응한다.

일곱째, 유동성 위험(Liquidity risk)이 있다. 이는 부동산을 원하는 시기에 현금화하는 것은 쉽지 않고, 급매할 경우에는 낮은 가격으로 매각해야 하는 위험을 의미하며 '환금성 위험'이라고도 한다. 부동산은 다른 자산에 비해 유동성 위험이 매우 큰 자산이다. 일반적으로 규모가 큰 부동산은 그만큼 유동성이 낮게 되며, 낮은 유동성을 감안하여 투자자의 요구수익률이 결정되므로 부동산은 그 규모에 따라 수익률이 높은 것이 일반적이다.

유동성 위험은 부동산 투자자금의 규모가 비교적 크고 거래가 빈번하지 않아 발생하는 위험이다. 즉 부동산을 처분하기 쉽지 않아 필요한 자금을 필요한 시기에 공급하기 어려워질 가능성을 의미한다. 일부 금융자산을 제외한 채권과 주식 그리고 부동산에서 발생할 수 있는 위험이지만 부동산은 매각 작업을 시작하여 자금이 유입되기까지 오랜 시간이 소요되기 때문에 특히 유동성 위험이 크다.

유동성 위험은 경기변동과 정부정책에 따라 매매가격과 부과 세금의 크기가 변화하므로 이들 변수에 민감하다. 이는 부동산시장의 불황 국면에서는 부동산 거래빈도가 낮아지기 때문에 유동성 위험은 증대하게 되며 반대로 호황 국면에서는 비교적 유동성 위험은 낮아지기 때문이다. 따라서 유동성 위험은 부동산거래의 주요 영향요인인 경기변동과 정부정책에 크게 의존하는 경향이 있다.[4]

기타 개별 부동산별 위험(물리적, 기능적 하자 등) 등 부동산투자와 관련된 장래의 수익성을 불확실하게 만드는 요인들도 위험이 될 수 있다. 이때 개별 위험이란 투자 대상 부동산의 다양한 개별적 특성에서 발생될 수 있는 위험을 의미한다.

3) 위험의 구분 방식

부동산투자와 관련된 위험은 다양하며, 다양한 위험을 효율적으로 관리하기 위해서는 발생 가능할 위험을 인지하고 이를 체계적으로 분류하는 것이 필요하다. 부동산투자와 관련된 위험은 세분화하면 수없이 많이 존재하므로 분류하는 방식 또한 다양하다. 일반적으로 위험은 위험의 개념이나 손해의 발생과정, 위험관리기법적인 측

---

4) 양승철·정석, 2007, 오피스 및 매장용빌딩의 수익-위험 측정 지표 개발에 관한 연구, 한국부동산연구원.

면에 따라 분류할 수 있는데, 여기서는 위험관리기법 측면에서 김민형(2005)이 부동산개발사업과 관련하여 위험을 분류한 사례5)만 간략히 소개하기로 한다.6)

(1) 예측 가능성에 의한 분류

위험 관리해야 하는 부동산 투자자 입장에서 직면하는 여러 가지 위험의 발생 경향과 그 유무를 예측할 수 있느냐에 따른 분류이다. 대체로 위험은 항상 잠재된 형태로 편재하고 있으며, 무질서한 동시에 우연의 요소를 포함하고 있다. 그러나 위험을 유형별로 구분하고 그 발생 경향을 관찰해 보면, 인과적 합법칙성(因果的 合法則性)을 발견할 수 있는 것과 그렇지 않은 것이 있다. 즉 사고의 발생빈도가 높은 위험은 일반적으로 예측가능하기 때문에 예측가능 위험(Predictable risk)이라고 하며, 과학기술로 예측이 어렵고 발생빈도가 낮은 위험을 예측불가능 위험(Unpredictable risk)이라고 한다. 위험의 예측가능성의 유무는 개개의 가계나 기업과 같이 개별 경제적 관점에서 판단하는 경우도 있으나 사회 경제적 관점에서 파악할 수도 있다.

(2) 위험발생 원인에 의한 분류

부동산투자와 관련된 위험은 그 위험의 발생 내용에 따라 구분할 수 있다. 부동산투자에 위험을 발생시키는 원인은 크게 대상 부동산이 지닌 내부적 요인과 외부환경으로부터 유래된다. 이에 따라 발생 원인에 따른 위험은 다음의 〈표 3-1〉과 같이 내부적 위험과 외부적 위험으로 구분할 수 있다.

내부적 위험은 대상 부동산에서 발생하는 위험이며, 부동산투자의 경우에는 대상 부동산에 내재된 각종 요인으로 인해 발생하는 위험과 부동산 투자활동 과정의 잘못으로 발생할 수 있는 위험으로 구분할 수 있다. 부동산학에서는 전자는 개별부동산의 특성에서 유래하므로 개별 위험이라고 하며, 후자는 부동산투자 과정에서 발생하므로 사업상의 위험이라고 한다.

예를 들어, 아파트에 투자할 경우 대상 토지의 개별적 특성(모양, 경사도, 도로조건, 토질, 지하수, 지하 암반 등)에 대한 정확한 조사 · 분석을 소홀히 하여 발생할 수 있는

---

5) 김민형, 2005, 부동산 개발사업의 리스크 요인 분석 및 관리방안, 한국건설산업연구원.
6) 위험관리기법 상의 분류는 위험관리자가 그 기법의 실제 적용에 앞서서 위험에 대해 보다 정확히 인식하는 기준이 되어 위험의 과학적 관리를 실천하는데 유용하다. 또한, 위험관리기법의 선택과 관련하여 위험관리자가 갖추어야 할 기본지식의 체계화를 위해서도 필요할 것이다.

표 3-1 위험발생 원인에 따른 위험의 구분

위험발생 원인			위험 종류	위험의 원인
내부적 요인	대상 부동산 특성		개별 위험	대상 부동산에 대한 조사·분석 부족
	부동산 투자활동		사업 위험	투자 계획 및 추진 과정의 문제점
외부적 요인	인근지역 환경		지역 위험	지역 환경에 대한 조사·분석 부족 지역 환경의 변화 등
	거시적 환경	법·제도적 환경	법적 위험	법률 제도에 대한 조사·분석 부족 법률 제도의 변화 등
		경제적 환경 (시장환경)	시장 위험	시장 환경에 대한 조사·분석 부족 경제, 사회, 문화, 기술 등의 환경변화

손해의 가능성은 개별 위험이 되며, 대상 부동산의 임대차 과정에서 관리자의 잘못으로 인해 발생할 수 있는 손실 가능성은 사업상의 위험으로 봐야 할 것이다. 일반적으로 개별 위험은 대상 부동산에 대한 철저한 사전 분석으로 회피가 가능하나, 아파트 개발 투자의 경우 예기치 못한 지하의 암반이나 지하수맥 등으로 인한 손실 가능성은 위험 요인이 될 수 있다.

외부적 위험은 외부환경에서 유래되는 위험이며, 부동산투자에 영향을 미치는 외부환경은 인근지역의 환경과 국가 전체 혹은 도시 전체에 영향을 주는 거시적 환경이 있다. 인근지역 환경의 변화로 인해 발생될 손실 가능성은 지역 위험 혹은 지역환경 위험이라고 할 수 있으며 대상지역의 사회·경제·행정적인 변화로 인해 발생한다. 예를 들어, 아파트단지 분양과정에서 인근지역에 혐오시설 설치계획이 발표될 경우 아파트의 분양률이 저조하게 되어 손실이 발생할 수 있게 된다.

거시적 환경은 사회·경제·문화·기술·법률·행정·정치 등으로 구분하기도 하나, 일반적으로 부동산학에서는 크게 경제적 환경과 법률적 환경으로 구분한다. 법률적 환경에는 법·제도와 관련된 법률이나 행정, 정치적 환경이 포함되며, 경제적 환경에는 시장이나 사회, 문화, 기술발달 등의 환경을 포괄한다. 법률적 환경의 변화로 인해 부동산투자의 손실 가능성은 법률적 위험으로 구분할 수 있으며, 경제적 환경의 변화는 시장을 변화시키게 되므로 경제적 환경의 변화로 인한 부동산투자의 손실 가능성은 시장 위험으로 구분할 수 있다.

예를 들어, 아파트 개발 투자자의 입장에서는 분양가 규제제도나 분양권 전매금

지제도 등은 아파트 분양 실적 저조로 인한 손실발생 가능성이 높아지므로 법률적 위험으로 볼 수 있다. 반면에 금리 인상이나 주식시장의 활성화 등은 투자수요를 위축시켜 아파트 분양실적 저조로 인한 손실 가능성이 높아지므로 이런 위험은 시장 위험으로 볼 수 있다.

(3) 관리가능성에 의한 분류

구체적인 위험관리기법에는 회피(回避), 전가(轉嫁), 분산(分散), 보유(保有), 경감(輕減), 결합(結合), 예방(豫防), 분담(分擔), 관리(管理), 제어(制御)등이 있다. 위험관리 주체는 이들 기법의 적용을 통해 직면하고 있는 여러 가지 위험을 관리할 수 있는 경우도 있고, 그렇지 않은 경우도 있다. 다양한 위험관리기법을 통해 관리할 수 있는 위험은 대부분 위험관리 주체의 내부적 요인에 의해 발생하는 내부적 위험이며 관리가능 위험(Controllable risk)에 해당한다. 반면에 위험관리 주체를 둘러싸고 있는 외적 환경요인에 의해 발생하는 위험은 관리가 어렵기 때문에 관리불능 위험(Uncontrollable risk)에 해당한다.

부동산투자에 있어서 이러한 내·외적 위험은 상호 밀접한 관계를 가지고 있다. 그리고 외부 위험이라 하더라도 해당 부동산투자자의 관리능력의 정도에 따라 정치적, 사회적, 경제적 요인에 의한 위험의 발생 경향을 어느 정도 예측하고 그 결과에 대비한 수단을 마련할 수 있다.

(4) 보험가능성에 의한 분류

보험의 성립을 가능하게 하는 여러 가지 기술적, 경영적, 경제적, 사회적, 법률적인 한계를 기준으로 구분한 것이다. 일반적으로 순수 위험의 경우는 보험 기술적 측면에서 인수가 가능하지만, 보험사업자 입장에서 위험의 측정이 곤란하거나 보험사업자 측의 담보력이 부족할 경우에는 그 인수가 제한될 수 밖에 없다.

위험관리자의 위험관리활동에서 보험가능 위험은 가능한 한 전가(轉嫁)시키는 반면, 보험불능 위험은 제어·회피 등 기타 수단으로 처리하는 것이 바람직할 것이다.

(5) 손해의 빈도와 강도에 의한 분류

위험관리기법을 선택함에 있어서 위험관리자는 손해의 빈도나 강도를 동시에 고려해야 한다. 이는 위험관리 주체가 당면하고 있는 위험의 처리와 관련하여 보다 정확한 의사결정을 내리기 위해서도 필수적이다.

위험은 손해의 빈도와 강도에 따라 다음 〈그림 3-1〉에서와 같이 4가지로 구분할 수 있다. 이 그림에서 〈A분면〉에 속하는 위험의 손해 빈도와 강도에 따른 위험의 분류 및 대응 방안들은 그 발생 빈도와 강도가 모두 낮기 때문에 위험관리 주체의 입장에서는 비교적 '보유(保有)'하기 적합한 위험이다. 즉 위험이 발생하더라도 그 경제적 손해에 대해서 경상비로 처리가 가능하다고 볼 수 있다.

그림 3-1   손해의 빈도와 강도에 따른 Risk의 분류 및 대응방안

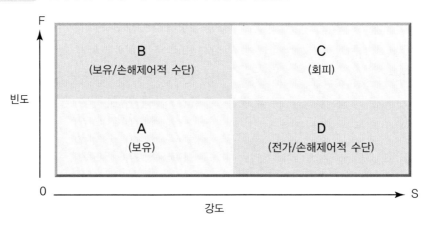

〈B분면〉에 속하는 위험들은 발생빈도는 높지만 강도가 낮아 위험이 발생하더라도 그 손해액이 적다. 따라서 '보유'와 '손해 제어적'인 수단을 병행하여 적용하는 것이 합리적일 것이다. 또한 〈C분면〉에 속하는 위험들은 발생의 빈도와 강도가 모두 높기 때문에 가능한 회피(回避)하는 것이 바람직하다. 〈D분면〉에 속하는 위험들은 그 발생 빈도는 낮지만 강도가 높기 때문에 보험에의 전가(轉嫁)와 위험 통제 수단을 동시에 적용하는 것이 이상적인 선택일 것이다.

(6) 회피 가능성에 의한 분류

포트폴리오를 구성하면 개별자산이 가지는 많은 불필요한 위험을 제거할 수 있다. 그러나 포트폴리오의 구성은 가정에 불과한 것이므로 포트폴리오를 구성하는 자산의 수가 아무리 많다고 해도 모든 자산에 공통적으로 영향을 미치는 경제요인에

따른 위험은 제거되지 않는다는 것이 일반적인 주장이다. 이것은 부동산의 경우에도 마찬가지이다. 부동산투자의 위험에는 '피할 수 없는 위험'과 '피할 수 있는 위험'이 있다. 피할 수 없는 위험을 체계적 위험(Systematic risk)이라 하고, 피할 수 있는 위험을 비체계적 위험(Nonsystematic risk)이라 한다.[7] 따라서 부동산투자로 인한 모든 위험은 회피 가능성에 따라 체계적 위험과 비체적 위험으로 구분된다.

총위험 = 체계적 위험 + 비체계적 위험

체계적 위험(體系的危險, Systematic risk)이란 시장의 힘에 의해 야기되는 것이므로 모든 부동산에 영향을 주는 피할 수 없는 위험을 말한다. 예를 들면, 경기의 변동, 인플레의 심화, 이자율의 변동 등에 의해 야기되는 위험을 말한다.

비체계적 위험(非體系的危險, Nonsystematic risk)이란 투자 대상 부동산이 보유한 개별특성으로부터 야기되는 위험이므로 투자대상을 다양화하여 분산투자를 할 경우 피할 수 있는 위험을 말한다.

3. 위험과 수익의 관계

1) 위험에 대한 투자자의 태도

기대수익률이 동일한 두 개의 투자대안이 있을 경우 투자자들은 대부분 덜 위험한 쪽을 선택하는데, 투자자들의 이러한 행동을 위험혐오적(위험기피적)이라 한다. 이는 사람들이 전혀 위험을 감수하려고 하지 않는다는 것을 의미하는 것은 아니다. 위험혐오적인 투자자라 할지라도 감수할 만한 유인책(誘因策)이 있는 위험이거나 회피할 수 없는 위험일 경우에는 기꺼이 이를 감수하고 투자를 한다는 것이다. 즉 투자자의 위험혐오적 태도란 부동산투자가 위험과 수익만으로 결정된다고 볼 경우, 위험한 만큼 더 높은 수익을 요구하는 경향을 의미한다.

투자자는 위험혐오적 태도를 보이므로, 일반적으로 위험과 수익은 비례관계를 갖는다. 따라서 부담하는 위험이 크면 클수록 요구하는 수익률도 커지며, 위험과 수익의 이 같은 관계를 위험·수익의 상쇄관계(相殺關係)라 한다.

---

7) 박정식 외 1인, 전게서, p.161

2) 위험혐오도에 따른 투자자의 구분

투자자는 위험혐오적이나 모든 투자자의 위험혐오도가 같을 수는 없다. 투자자의 위험혐오도의 크기에 따라 위험회피형, 위험중립형, 위험선호형으로 구분할 수 있다.

첫째, 위험회피형 투자자란 위험이 많으면 높은 기대수익률을 요구하는 투자자로서 가능한 한 낮은 위험을 선호한다. 투자자의 일반적 유형으로 저위험자산을 선호하며, 위험의 증가에 따라 총효용은 증가하더라도 한계효용은 체감하는 특징을 보인다. 3가지 유형 중 위험혐오도가 가장 크다. 위험 기피형이라고도 한다.

둘째, 위험중립형 투자자란 위험의 크기에 관계없이 기대수익률에만 따라 행동하는 유형을 말한다. 위험과 수익이 비례하므로 위험 증가에 따른 총효용이 증가하더라도 한계효용은 일정하다. 3가지 유형 중 위험혐오도가 중간이다.

셋째, 위험선호형 투자자란 위험이 많은 자산을 선호하는 투자자이다. 높은 위험은 높은 수익률을 동반한다는 것을 아는 자로서 고위험자산을 선호한다. 위험선호형 투자자는 위험의 증가에 따라 총 효용이 증가하면 한계효용이 체증하는 특징을 보인다. 위험 선호형 투자자는 3가지 유형 중 위험혐오도가 가장 낮으며 위험 애호형이라고도 한다.

이들 3가지 유형의 투자자를 상호 비교해보면 위험혐오도가 클수록 동일한 위험에 대해 더 많은 위험 대가(수익)를 요구하게 된다. 따라서 동일 위험에 대한 위험 대가 요구 수준은 '위험선호형 투자자 < 위험중립형 투자자 < 위험회피형 투자자'의 순서대로 높게 된다.

3) 위험조정수익률과 무차별곡선

투자자의 요구수익률은 피할 수 없는 위험부담이 증대됨에 따라 상승되며, 이 때 증대되는 시장 위험에 대한 대가를 위험할증률이라 하고, 위험에 대한 대가로 할증률(割增率)이 가산된 요구수익률을 위험조정률(危險調整率)이라 한다.

$$요구수익률 = 무위험률 + 위험할증률$$

〈그림 3-2〉와 같이 위험의 α인 부동산투자에 대한 투자자의 요구수익률은 β가 되며, 요구수익률 β는 무위험률과 위험할증률을 합산한 것이다. 이와 같이 위험의 증가에 따른 수익률의 변화 관계를 나타내는 곡선을 무차별곡선(無差別曲線, 투자효용무차별곡선)이라고 한다. 이는 특정 투자자 입장에서는 무차별곡선 상에 있는 각각의 투자 대안은 투자자에게 동일한 효

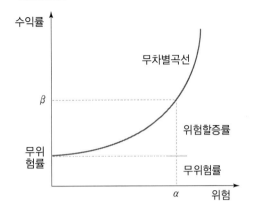

그림 3-2　무차별곡선

용을 가져다주기 때문이다. 무차별곡선은 아래로 볼록한 형태가 되는데 이는 투자자가 위험혐오적이라는 것을 의미한다.

무위험률(無危險率)은 장래 기대되는 수익이 확실할 경우의 수익률을 의미한다. 예를 들어 정부가 보증하는 국채(國債)나 공채(公債)의 수익률이나 정기예금 금리가 해당된다. 무위험률은 시간이 흐름에 따라 보장되는 것이므로 순수한 시간가치에 대한 대가가 되며, 위험할증률은 위험에 대한 대가가 된다.

정부가 보증하는 국채라 할지라도, 위험이 전혀 없는 것은 아니다. 정부가 보증하고 있으므로 채무불이행의 위험(Default risk)은 없지만, 인플레가 발생할 경우에는 국채의 실질가치(實質價値)가 하락할 위험성이 있다. 따라서 투자자는 예상되는 인플레에 대한 보상도 아울러 요구하기 마련이다.

무위험률의 크기는 일반경제 상황과 관계가 있다. 예를 들어, 시중은행에 대한 지불준비비율이나 콜금리가 높아지게 되면 시장이자율이 상승하게 되고, 시장이자율이 상승하게 되면 무위험률도 아울러 상승하게 된다. 시장에서 인플레가 예상된다면 투자자는 예상되는 인플레율만큼 더 높은 수익률을 요구할 것이다. 이처럼 요구수익률에는 예상되는 인플레율이 반영된다는 것을 피셔효과(Fisher effect)라 한다.

> 요구수익률 = 무위험률 + 위험할증률 + 예상된 인플레에 대한 할증률

위험할증률은 위험프리미엄(Risk premium) 또는 위험보상률이라고도 하는 것으로, 시장위험뿐만 아니라 개별투자가 안고 있는 위험에도 영향을 받는다. 또한 투자

자들의 위험혐오도에 따라 위험할증율의 크기가 달라진다. 그러나 시간이 지남에 따라, 일반 경제상황도 변하고 투자자들의 위험에 대한 태도도 변화한다. 따라서 위험할증률의 크기는 시간에 따라 안정적이지 않다.

투자자의 위험할증률은 위험에 대한 혐오도에 따라 결정되므로, 동일한 위험이라도 투자자의 위험혐오도에 따라 요구수익률이 달라진다. 동일한 위험일 경우 위험에 대한 혐오도가 큰 투자자(위험회피형)의 경우 위험혐오도가 작은 투자자(위험선호형)보다 더 많은 위험할증률을 요구하므로, 동일한 위험이라면 위험회피형 투자자의 요구수익률이 위험선호형 투자자의 요구수익률보다 더 높게 결정된다.

따라서 위험혐오도가 큰 투자자의 무차별곡선이 혐오도가 더 작은 투자자의 무차별 곡선보다 기울기가 크게 된다. 만일 〈그림 3-3〉과 같이 ㉮, ㉯, ㉰ 3개의 무차별곡선이 존재한다면, ㉮는 위험회피형, ㉯는 위험중립형, ㉰는 위험선호형 투자자의 무차별 곡선으로 볼 수 있다.

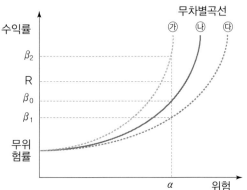

그림 3-3 위험혐오도와 무차별곡선

3개의 무차별 곡선을 가정할 경우 위험이 α인 투자대안의 기대수익률이 R이라면, 기대수익률 R은 위험중립형 투자자(㉯)의 요구수익률 β_0나 위험선호형 투자자(㉰)의 요구수익률 β_1보다 높으므로 이들 투자자는 대상 부동산 투자를 선택할 것이다. 그러나 기대수익률 R은 위험회피형 투자자(㉮)의 요구수익률 β_2보다 낮으므로 위험회피형 투자자는 대상 부동산 투자를 기각할 것이다.

이와 같이 동일한 위험과 수익을 가진 투자대안이라도 투자자의 위험에 대한 태도에 따라 투자 선택여부가 달라질 수 있다.

4) 환원이율과 요구수익율과의 관계

감정평가 수익환원법의 직접법(Direct capitalization)에서는 대상 부동산의 가격을 추계하는 과정의 하나로서, 1개년도(단, 사업 기간의 수익을 대표할 수 있는 해)의

NOI(순영업소득)를 자본환원율(환원이율, Capitalization rate)로 나누어 구한다. 이때의 환원이율(R)은 가격(V)에 대비한 순영업소득(NOI)의 비율이 된다.

$$V = \frac{\text{NOI}}{R}$$

(V: 가격, R: 환원이율)

자본환원율(Capitalization rate)은 투자자의 요구수익률(Required rate of return)과 구분된다. 요구수익률을 엄밀하게 정의하면 ①시장에서의 사례로부터 구한 환원이율과 ②보유 기간의 가치상승율을 더해야 한다. 이를 공식으로 표시하면 다음과 같다.[8]

$$y = R + g$$

(y: 요구수익률, R: 환원이율, g: 가치상승률)

이를 주식투자의 경우와 비교해 보면, 요구수익률(y)은 주식 투자에서 기대하고 있는 최소한의 요구수익율이며, R은 주식의 배당액의 비율, g는 주식처분시의 가치상승율에 해당한다고 볼 수 있다. 왜냐하면, 주식의 경우 배당비율(R)은 실적에 따라 타 주식과 비교해서 비슷한 비율의 배당이 이루어지기 때문이며, 주식의 가치상승(또는 하락)은 주식의 내재가치에 따라 다르기 때문이다. 또한 부동산 투자에 대한 요구수익율은 타 금융자산 투자와의 기회비용에 따라 결정되게 마련이다.

물론 부동산의 경우, 수익환원법의 직접법에서 가격을 추계하는 환원이율은 '$R = y - g$'에 따라 y(요구수익율)과 g(가치상승률)의 함수관계로서 결정되게 마련이다. 한마디로, 타 금융자산과 대체관계가 있는 부동산투자의 경우 요구수익율(y)이 증가하면 환원이율(R)을 높게 책정하게 되고 이에 따라 부동산가치가 하락하며, 반면에 가치상승률(g)이 증가하면 상대적으로 환원이율(R)이 낮아지게 되어 부동산가치는 상승하게 된다.

부동산투자 수익은 소득이득과 자본이득을 합산한 것이라는 점을 이미 제1편에서 설명하였다. 이를 기준으로 보면 요구수익률은 가격에 대비한 소득이득의 비율(환원

---

8) Ling & Archer의 "Real Estate Principles: Value Approach", 2008, McGraw-Hill Int'l ed., pp 213~216 참조.

자본자산 가격결정 모형

자본자산 가격결정 모형(CAPM: Capital Asset Pricing Model)이란 위험과 투자자가 요구하는 기대수익률 사이에 균형관계식을 도출하는 것을 주된 내용으로 하는 자산가격결정이론이며, 시장이 균형상태를 이룰 때 자본자산들의 가격이 어떻게 결정되는가를 설명하는 모형이다.

CAPM은 포트폴리오 이론을 근거로 하여 모든 투자자들이 평균-분산기준에 의하여 효율적 분산투자의 원리에 따라 행동하는 경우에 균형시장에서 부동산이나 증권을 비롯한 자본자산의 위험과 기대수익률간의 균형관계를 설명한다. 즉 포트폴리오를 구성하여 분산투자를 하면 총 위험 중에서 개별자산 위험은 극소화되고 체계적 위험만이 남게 되는데, 투자자산의 기대수익률은 베타(β)로 측정되는 이러한 체계적 위험에 의해 결정된다는 것이다.

- 요구수익률 = 무위험률 + (일반시장수익률 − 무위험률) × 베타계수
- $E(\mathrm{R}_i) = R_f + [E(R) - R_f] \times \beta_i$

상기 모형에서 베타계수(β)란 i 부동산의 베타계수를 의미하는 것이며, 다음과 같이 설명된다.
- β > 1의 경우(공격적 자산): 자산시장 상승기에 투자적격으로 시장상승 정도보다 훨씬 상승이 큰 자산
- β < 1의 경우(방어적 자산): 시장하락폭보다 적게 하락하기 때문에 시장침체기에 투자가 적당한 자산
- β = 1의 경우: 자산시장의 움직임과 동일하게 움직이는 자산

기타 유사한 개념으로 APM(차익거래 가격결정모형, Arbitrage Pricing Model)은 위험자산의 가격결정을 설명하는 새로운 균형이론이다. 이는 CAPM과 달리 개별증권의 수익률이 k개의 요인에 의해 선형으로 생성된다는 가정과 차익거래이익이 없는 균형상태의 조건하에서 모형을 도출함으로써 CAPM과 비교하여 보다 일반화된 시장균형모형이라 할 수 있다.

이율)과 가격에 대비한 자본이득의 비율(가격상승률)을 합산한 것으로 볼 수 있다.

5) 위험과 가치의 균형

상기에서 본 것과 같이 부동산의 (투자)가치란 장래 기대되는 수익을 현재가치로 환원한 값을 말한다.

$$부동산의 투자가치 = \frac{투자에 \ 대한 \ 예상(순)수익}{시장의 \ 요구수익률}$$

요구수익률은 장래의 기대수익을 현재가치로 환원하는데 할인율로 사용되며, 또한 요구수익률은 위험과 비례관계에 있으므로 위험이 크면 클수록 요구수익률도 커진다. 따라서 장래 기대되는 수익의 흐름이 주어져 있을 때 투자에 대한 위험이 높으면 높을수록 부동산의 가치는 하락한다. 이와 같은 위험과 가치의 반비례 관계를 균형관계라고 한다.

$$P = \frac{a}{r} = \frac{a}{r_f + p} = \frac{순수익}{무위험률 + 위험할증률}$$

제 2 절 부동산투자 위험관리

1. 수익과 위험의 분석

위험(불확실성)이란 기대한 장래의 수익이 실현된 수익과 달라지는 정도를 지칭한다. 달라지는 정도가 클수록 위험이 커지고, 달라지는 정도가 작을수록 위험은 작아진다. 이처럼 현대의 부동산 투자이론에서는 기대소득에 대한 변동 가능성을 위험으로 파악하고 있다. 위험분석에서는 통계적인 기법을 사용하여 위험과 수익을 측정한다. 일반적으로 수익성을 나타내는 지표로는 소득(수익)의 기대치를, 위험을 나타내는 지표로는 표준편차 또는 분산을 사용하고 있다.

1) 수익과 위험의 기대치

(1) 수익의 기대치

미래란 항상 불확실한 것이다. 따라서 미래의 현금수지를 정확히 예측한다는 것은 어려운 일이 아닐 수 없다. 그래서 미래의 현금수지는 보통 확률적(確率的)으로 계산된다. 즉 실제 수익과 위험에 대한 계산에서는 다음의 〈표 3-2〉와 같이 투자에 대해 일어날 수 있는 사상(事象)에 각각 확률을 부과한 후, 이것을 가중평균(加重平均)하여 현금수지의 기대치를 계산하고, 각 사상이 기대치에 벗어나는 정도를 계산하여 위험을 계산한다. 각 사상이 발생할 수 있는 확률은 시장분석으로부터 도출된다.

표 3-2 사상별 순영업소득 사례표

사 상	순영업소득(NOI)	확 률
1	9,000만원	0.10
2	10,000만원	0.80
3	11,000만원	0.10

〈표 3-2〉는 어떤 가상적 투자에 대한 순영업소득(NOI)의 크기와 그것의 발생가능성을 나타내고 있다. 위의 표를 토대로 하여, 이 투자에 대한 순영업소득(NOI)의 기대치를 계산하면 다음과 같다.

$$E(\text{NOI}) = 9,000(0.1) + 10,000(0.8) + 11,000(0.1) = 900 + 8,000 + 1,100$$
$$= 1억원$$

(2) 위험의 측정

부동산투자에 대한 위험은 실현소득이 기대소득으로부터 달라지는 정도이다. 투자에 대한 위험은 통계학적으로 분산(σ^2)이나 표준편차(σ)로 측정된다. 분산은 표준편차의 제곱이다. 즉 표준편차는 분산의 제곱근이 되므로 특정 투자안의 위험은 다음과 같이 계산된다.

$$\sigma^2 = \{(9,000 - 10,000)^2 \times (0.1)\} + \{(10,000 - 10,000)^2 \times (0.8)\} +$$
$$\{(11,000 - 10,000)^2 \times (0.1)\} = 200,000만원$$
$$\sigma = \sqrt{200,000} \text{ 만원} = 447.2만원$$

계산 결과 이 투자에 대한 순영업소득(NOI)의 기대치(가중평균치)는 1억원이며, 분산값은 20억원, 표준편차(위험)는 447.2만원이 된다. 이상에서는 위험과 수익 지표로 절대액을 사용했지만, 경우에 따라서는 백분율(%)을 사용할 수도 있다. 부동산 투자

이론(포트폴리오 이론)에서는 위험과 수익지표로 백분율을 사용하고 있다.

2) 기대수익률과 위험률의 계산

예를 들어, 투자 대상 부동산의 시장상황별 투자 수익률과 각 시장상황이 발생할 확률이 다음의 〈표 3-3〉과 같다고 전제하고, 투자에 대한 기대수익률과 위험률을 계산해 보자.

표 3-3 시장상황별 투자수익률 사례표

시나리오별 시장상황	투자 수익률	확 률
보통	20%	50%(0.5)
비관	10%	30%(0.3)
낙관	30%	20%(0.2)

투자 대안의 기대수익률의 평균치는 다음과 같이 시장 상황별 기대수익률을 가중평균한 값이 된다.

$$E(R) = (20\% \times 0.5) + (10\% \times 0.3) + (30\% \times 0.2) = 10\% + 3\% + 6\%$$
$$= 19\%$$

투자 대안에 대한 분산 값과 표준편차 값은 다음과 같이 계산되며, 일반적으로 위험률이란 표준편차값인 7%가 된다.

$$분산 = (10\% - 19\%)^2 \times 0.3 + (20\% - 19\%)^2 \times 0.5 + (30\% - 19\%)^2 \times 0.2$$
$$= 49\%$$
$$표준편차 = \sqrt{49\%} = 7\%$$

3) 분산계수

분산계수(변이계수)란 기대수익 단위 당 부담해야 하는 위험을 측정하는데 사용하며, 위험을 나타내는 표준편차를 기대수익으로 나누어 구한다.

분산계수는 기대수익 단위당 위험도(CV: 상대적인 분산의 척도)를 의미하는 것이므

$$분산계수 = \frac{표준편차}{기대수익}$$

로 분산계수가 클수록 수익 단위 당 위험이 다른 부동산투자보다 높다.

상기 첫 번째 계산사례의 경우 순영업소득(NOI)의 기대치는 1억원이며 표준편차는 447.2만원이므로, 분산계수는 $0.04472 \left(= \frac{447.2만원}{1억원} \right)$가 된다. 또한 두 번째 계산사례의 경우 분산계수는 $0.3684 \left(= \frac{7\%}{19\%} \right)$가 된다. 반면에 분산계수의 역수$\left(\frac{기대수익}{표준편차} \right)$는 표준편차(위험) 단위당 기대수익을 의미하게 된다.

2. 위험을 감안한 투자 결정 방법

투자에서 발생될 수 있는 각종 위험을 감안하여 가장 적합한 투자 대안을 선택방법은 다음과 같이 3가지 유형으로 구분된다.

1) 위험한 투자를 제외시키는 방법

위험한 투자는 가능한 한 투자대상에서 제외하는 방법을 말한다. 즉 안전한 곳에만 투자하여 투자자금을 잃지 않도록 하는 것이다. 안전한 투자수단으로는 정부채권이나 정기예금과 같은 것이 있다.

부동산 투자이론에서 투자자를 위험혐오적이라 가정하는 것은 수익에 대한 기대치가 같을 경우에 상대적으로 위험이 적은 대안에 투자한다는 것을 의미한다. 그러나 투자에 따르는 모든 위험을 제거하고 투자자가 얻을 수 있는 수익률이란 국공채와 같은 무위험수익률과 같으므로 위험한 투자는 가능한 한 투자대상에서 제외하면 부동산과 같은 고위험 고수익 투자는 사실상 불가능하다.

위험과 수익은 서로 비례하는 관계에 있으므로 위험이 크면 수익도 크고 위험이 작으면 수익도 작다. 위험을 감수한다는 것은 투자자의 부를 감소시킬 수도 있지만 증폭시킬 수도 있다. 위험에는 부정적 효과만 있는 것이 아니라 이 같은 긍정적 효과도 있으므로 위험한 투자를 무조건 제외시키는 전략은 그렇게 바람직한 방법이 되지 못한다.

2) 보수적 예측방법

투자수익을 가능한 한 낮게 예측하고 그것을 기준으로 투자결정을 하는 방법을 말한다. 각 투자 대안별 투자수익을 최대, 중간, 최소로 추계하고, 그 중에서 최소 추계치를 판단기준으로 삼는 것이다. 즉 수익성을 하향 조정했음에도 불구하고 여전히 그 투자가 좋아 보인다면 그 대안은 좋은 것으로 판단하여 투자결정을 한다는 것이다. 이와 같이 보수적 예측을 토대로 투자결정을 하는 것을 보수적 예측에 의한 투자전략이라 한다.

보수적 예측방법은 위험이 낮은 투자대안을 선택할 수 있는 장점이 있다. 그러나 투자수익이 최대, 중간, 최소로 발생할 확률은 시장상황의 변동이나 기타 다양한 환경에 의해 결정되는 것이며, 항상 투자수익이 최소로 발생할 확률이 가장 높은 것은 아니다. 만약 투자수익이 최대나 중간으로 발생할 확률이 가장 높다면 보수적 예측방법에 의한 투자 대안의 선택은 실제 좋은 대안을 선택하지 못하는 오류를 범하게 된다. 일반적으로 투자타당성을 분석할 경우 투자수익률이 중간이 될 확률이 가장 높은 것으로 분석되기 마련이므로 보수적 예측방법을 선택하면 실제 좋은 대안을 선택하지 못할 가능성이 있는 단점이 있다.

3) 위험조정할인율 사용방법

장래 기대되는 소득을 현재가치로 환원할 때 위험한 투자일수록 높은 할인율을 적용하는 방법을 말한다. 투자에 대한 요구수익률을 결정하는 데 있어서 감수해야 하는 위험의 정도에 따라 위험할증률을 더해 가는 것이다. 이 방법은 수익-위험의 상쇄관계와도 맥을 같이 하는 방법으로, 현재에도 널리 쓰이고 있으며, 앞의 두 가지 방법보다는 개념적으로도 우수한 접근법이다.

다만, 이 방법은 요구수익률의 계산 과정에서 장래의 위험을 적정하게 판단하지 못할 경우 위험할증률의 결정에 주관이 개입될 가능성이 많은 문제가 있다. 따라서 투자이론에서는 시장에서의 객관적인 위험할증률을 산정하기 위한 여러 가지 기법들이 연구되고 있다. 특히 위험할증률을 결정한다는 것은 투자 전체 기간의 위험발생 가능성을 예측하는 것이므로 부동산투자에서 타당성분석의 정밀성을 높이기 위해서는 다양한 위험할증률 산정방법 중 대상 부동산투자에 적합한 방법을 선정하고,

경제상황의 변동 전망 등을 감안하여 선정된 방법의 문제점을 보완하는 노력이 필요하다.

3. 위험관리

1) 위험관리 절차

부동산투자는 장기투자로서 대상 부동산 자체의 특성과 지속적인 부동산관련 제도의 변화 등 불확실성이 커짐에 따라 위험이 증대하고 위험관리의 중요성도 역시 커지고 있다. 위험관리란 부동산투자에서 발생 가능한 위험을 식별하고 분석하여 적절한 대응방안을 마련하는 일련의 과정을 의미하며, 위험관리를 통해 불확실한 상황에서 문제해결 과정의 질을 대폭적으로 개선할 수 있다.

부동산투자에서의 위험관리 절차는 위험관리의 목적 및 대상, 위험관리 실행 주체에 따라 상당한 차이가 있는데, 대체적으로 ① 위험의 식별(Risk identification) → ② 위험의 분류(Risk classification) → ③ 위험의 분석(Risk analysis) → ④ 위험 대응

그림 3-4   위험의 관리 절차

〈출처: 김인호(2001)〉

(Risk response)의 4단계로 분리하여 관리 절차를 제시하고 있다. 또한 김인호(2001)는 위험관리의 절차에 대하여 〈그림 3-4〉과 같이 제시하였다.[9]

2) 위험관리 전략

투자에서 직면할 수 있는 위험을 측정하여 현재 위험과 적정 위험을 비교해 노출된 개별 위험을 감소시키거나 증가시키는 다음과 같은 행위를 투자위험 관리라고 한다. 위험 관리 전략의 목적은 위험의 부정적 영향을 가능한 한 완벽히 제거하고 위험에 통제력을 증가시키기 위한 것이다. 위험관리 전략은 〈그림 3-4〉와 같이 위험전가(Risk transfer), 위험 회피(Risk avoidance), 위험 통제(Risk reduction), 위험 보유(Risk retention)의 4가지 전략으로 구분된다.

위험회피(Risk avoidance) 전략이란 손실 가능성을 피하는 방법으로 가장 일반적인 위험관리방법을 말한다. 위험회피 전략은 위험보유와 상반되는 전략으로 위험확률과 위험강도가 모두 높은 위험에 적용된다. 이는 위험이 발생할 가능성이 높은 투자대상물을 포기하거나, 동일한 투자대상물 중 위험발생 가능성이 높은 부분을 제외시키는 방법을 말한다. 예를 들어, 부동산시장의 순환주기에 따른 투자나 특수한 물건의 회피, 변동금리 차입금을 회피하는 방법이 해당된다. 또한 임대용 빌딩의 임차인을 결정할 때 위험이 큰 임차인 계층은 검토에서 제외시키는 방법도 위험 회피방법 중 하나이다.

위험전가(Risk transfer) 전략이란 잠재 손실의 결과를 보험회사와 같은 제3자에게 넘기는 방법을 말하는 것으로서 위험발생 자체를 방지하는 것은 아니며 제3자가 해당 위험을 부담하게 된다. 부동산투자와 관련된 보험은 이러한 위험전가의 전형적인 예로 볼 수 있으며, 물가상승률에 따라 임대료나 관리비를 조정하는 임대차계약은 인플레이션 위험을 임차인에게 전가시키는 방법이다. 기타 빌딩 관리업무의 하청계약이나 빌딩 주요 설비의 리스계약 등에서 계약 상대방에게 위험이 전가되기도 한다.

위험보유(Risk retention) 전략이란 위험에 따른 장래의 손실을 투자자 스스로 부담하는 방법을 말한다. 발생할 위험에 대해 단계별 대책 등을 수립하는 '능동적 수용'과 투자 초기부터 위험을 고려하여 충당금을 설정함으로써 적은 이익을 전망하는 '수동적 수용'으로 나눌 수 있다. 예를 들어, 불량부채액(임차인의 채무불이행)이나 외

---

9) 김인호, 2001, 건설사업의 위험관리, 기문당.

투자위험 대처자세는 사람에 따라 다르다. 당연히 운도 따르게 마련이다.

부동산 투자자의 위험대처 방식은 다양하다. 어떤 이는 적극적으로 위험과 수익의 기회를 추구하는 반면에 어떤 이는 극단적일 정도로 위험을 회피하고자 한다. 당연히 투자위험과 불확실성이 높아질수록 위험회피적인 일반 투자자는 고수익을 요구하게 된다. 따라서 높은 수익률을 기대하게 되며, 장차 기대수익이 실현되지 못하여 발생하는 경제적 손실에 대한 위험을 보상받게 마련이다.

결국 부동산 투자의사결정 단계의 핵심은 예상되는 위험을 측정하고 이에 따라 투자결정을 하게 마련이나 종종 의사결정 상의 모순과 함정에 직면하게 된다. 부동산투자자로서 위험 대처 성향에 차이가 있는 다양한 투자자의 모습이 William Clark의 우화 중의 하나인 "미녀와 호랑이"라는 사례(즉 의사결정 게임)로서 잘 묘사되고 있다.

게임의 전개는 다음과 같다.

1. 우선 한 청년에게 앞에 제공되어 있는 두 개의 대문 중에 마음에 드는 한 개의 문을 선택하여 열 수 있는 권리를 주게 된다.

2. 한 개의 대문 속에는 굶주림에 지친 호랑이가 기다리고 있다가 문을 여는 순간 튀어나와 그 청년을 맞게 되며, 청년은 호랑이에게 갈기갈기 뜯어 먹히는 상황이 전개된다는 것이다.

3. 반면에 다른 문을 열면 양귀비와 같은 엄청난 미인이 대문 속에 있다가 그 청년을 맞이하게 되며 그들은 백년해로할 수 상황이 전개된다는 것이다.

4. 두 개의 대문 중에서 어떤 문을 열 것인지는 철저하게 그 청년의 의사결정 성향에 달려 있다.

이와 같은 상황에 직면한 3가지 타입의 청년이 등장한다.

첫 번째 청년은, 게임 자체가 너무 위험하다고 판단하여 대문을 여는 게임 자체의 참여를 거절하게 된다. 그는 그냥 안전하고 품위 있게 여생을 보내고 싶기 때문이었다.

두 번째 청년은, 게임과 관련하여 위험성을 측정해 낼 수 있는 저명한 컨설턴트를 고용하게 된다. 컨설턴트는 우선적으로 인근 지역의 미녀 인구와 호랑이 숫자 등에 대한 모든 가용한 통계를 수집하였다. 또한 첨단 장비를 동원하여 호랑이의 울음소리와 발자국 및 냄새들을 추적하도록 하였다. 그리고 장기간 최적의 대안 선택을 위한 체크리스트들을 구비하고 효용함수와 위험회피 성향 등을 측정하였다. 마침내 이러한 많은 조사를 위해 여러 해가 흘러갔으므로 아름다운 미녀와의 공동생활에 대한 설레임도 시들해 질 무렵에 의사결정을 하게 되었으며, 위의 분석 결과에 따라 한 개의 문을 선택하게 되었다. 그러나 불행하게도 선택했던 문은 굶주린 호랑이가 도사리고 있던 문이었으며 그만 호랑이에게 잡혀 먹는 신세가 된 것이다. (* 이를 두고 "장고 끝에 악수"라고 표현할 수도 있겠음.)

세 번째 청년은, 우연하게도 호랑이 조련하는 강의를 들은 적이 있는 조련기술이 있는 행운의 사나이였다. 그에게는 호랑이는 위험의 대상이 아니었으므로 무작위로 2개의 대문 중에서 한 개를 지체없이 선택하게 된다. 다만, 선택한 대문 속에는 호랑이보다 더 부담(?)되는 양귀비가 있었으며 그녀에게 그만 평생토록 잡혀 먹히는 신세가 된 것이 아쉬운 점이었다.

〈출처: Real Estate, James Shilling, 13th ed. South Western, 2002, pp. 75〉

부적 감가상각요인을 감안하여 충당금(充當金)을 설정하는 방법은 수동적 수용에 포함된다. 이와 같은 위험보유 전략은 위험의 회피와 전가가 불가능하거나 위험전가에 과다한 비용이 소요되는 경우에 채용되는 전략이다.

위험통제(Risk control) 전략이란 손실 발생의 횟수 또는 규모를 축소하는 방법을 말한다. 예를 들어, 민감도분석이나 위험조정할인율을 사용하는 방법이나 포트폴리오를 구성하는 방법 등이 해당된다.

부동산투자로 인한 위험은 다양하므로 이들 4가지 위험관리 전략 중 한 가지 전략만으로 모든 위험을 관리하기 어렵다. 따라서 부동산투자자는 발생 가능한 모든 위험에 적용할 수 있는 위험관리 전략을 종합적으로 선택하고 활용함으로써 위험을 효과적으로 제어하기 위한 계획을 수립하는 것이 바람직하다.

제 3 절 위험분석 기법

1. 민감도분석 기법

위험의 내용이 산출결과에 어떠한 영향을 미치는가를 파악하는 방법으로 민감도분석(敏感度分析, Sensitivity analysis)이 사용되고 있다. 이는 감응도(感應度)분석이라고도 한다.

민감도분석은 투자효과를 분석하는 모형(模型)의 투입요소가 변화함에 따라 그 결과 값인 수익이 어떠한 영향을 받는가를 분석하는 기법을 말한다. 즉 민감도분석은 임대료나 영업비, 공실률, 감가상각 방법, 보유기간, 가치상승 등과 같이 투자수익에 영향을 줄 수 있는 구성요소들이 변화함에 따라 투자에 대한 순현가(NPV)나 내부수익률(IRR)이 어떻게 변화하는가를 분석하는 것이다. 예를 들어, 임대료가 10% 상승했더니 수익률이 15% 상승하고, 세금이 1% 상승했더니 수익률이 2% 감소하였으며, 공실률이 10% 상승하고 동시에 영업비가 15% 감소했더니 수익률이 5% 증가하더라 하는 것 등이다.

민감도가 큰 투자안일수록 특정 변수의 변화에 따른 순현가(NPV)나 내부수익률(IRR)의 변동이 심하며, 순현가(NPV)나 내부수익률(IRR)의 변화가 큰 투자안일수록 위험성이 높은 투자안으로 평가된다. 이러한 민감도분석은 서로 다른 투자안의 상대적인 위험을 측정하는 수단이 될 수 있으며, 투자수익에 가장 민감하게 영향을 주는 요소가 무엇인지를 파악할 수 있다. 따라서 이 방법은 경영과학에서 흔히 사용하는데 부동산학에서는 투자분석에서뿐만 아니라 감정평가, 금융, 관리 등에서 자주 사용된다.

민감도분석은 먼저 장래 전개될 가능성이 가장 큰 시장상황을 예측하여 기준사례를 설정하고, 이를 기준으로 수익분석을 행한 다음, 특정한 변수의 변화 예상치(낙관적 혹은 비관적 예상치)를 대입하여 수익률의 변화를 살펴보는 것이다. 다만 상기 〈표 3-3〉에서의 시장상황별 수익률은 민감도분석을 통해 산정된다. 민감도분석은 그 확률에 대해서는 정보를 전혀 제공하지 못하며, 위험에 따른 변화만을 추적하는 것이지 위험에 따른 대응책을 제공하는 것은 아니다.

민감도분석 방법은 발전 단계에 따라 단순민감도 분석법과 시나리오 분석법, 시뮬레이션 분석법으로 구분된다.

첫째, 단순민감도 분석법이란 다른 모든 투입요소는 고정되어 있다는 가정 하에 개별요인의 변동에 따른 순현가나 내부수익률 변화를 각각 계산하는 방법이다. 여러 가지의 투입요소가 동시에 변동하는 경우에는 민감도를 측정할 수 없는 문제점이 있다.

둘째, 시나리오 분석법이란 시장변화에 따른 복수의 투입요소가 동시에 변화하는 경우를 가정하고, 이런 변화에 대한 시나리오(scenario)에 의거하여 위험률을 분석하는 방법이다.

셋째, 시뮬레이션(simulation) 분석법이란 시나리오 분석법과 같이 복수의 요소들이 동시다발적으로 변화하는 것을 전제로 하며, 시장 상황의 변화 확률까지도 감안하여 위험률을 분석한다. 시나리오 분석법과 동일하게 취급하는 학자도 있다.

2. 기타 위험분석 방법

민감도분석법 이외에 기타 위험분석 방법으로는, 연도별 현금수지(Cash flow)을 분석하여 사업 초기의 현금 유입 비율이 높을수록 위험이 적은 것으로 보는 수익요소분석법이나, 관련 전문가에 대한 반복적 설문을 통해 위험을 분석하는 델파이 기법(Delphi technique)이 있다.

또한 난수(Random number)를 이용하는 시뮬레이션 기법으로 위험분석을 위한 가장 적절한 기법으로 평가되는 몬테카를로 시뮬레이션(Monte carlo simulation) 기법, 투자에서 발생 가능한 위험을 확인하고 그 위험의 효과를 평가하기 위해서 미리 설정된 간단한 기호를 가지고 위험을 분석하는 영향도 기법(Influence diagraming method), 나무 가지와 같은 의사결정 분기 구조를 기반으로 발생 가능한 위험을 체계적으로 분석하는 수형도 기법(Decision tree analysis method), 전문가에 대한 구조화된 설문을 근거로 위험의 상대적 중요도를 분석할 수 있는 계층분석적 의사결정 기법(AHP: Analytic Hierarchy Process) 등도 있다.

제 4 절 부동산 포트폴리오

1. 평균 – 분산 결정원리

1) 평균 – 분산 결정방법

위험과 수익을 평가하는 방법의 하나로 평균–분산지배원리(Mean-Variance dominance principle)란 동일한 위험을 갖는 투자안(포트폴리오) 중에서 가장 큰 기대수익률을 갖는 투자안(포트폴리오)이 다른 투자안(포트폴리오)을 지배하며, 반대로 동일한 기대수익률을 갖는 포트폴리오 중에서는 가장 낮은 위험을 갖는 포트폴리오가 지배한다는 원리이다.

평균–분산 지배원리에 따라 투자결정을 하는 방법을 평균–분산결정법 또는 평균–분산정리라고 한다. 이 방법은 투자자들의 구체적인 위험의 형태와는 무관하게 단순히 수익률의 평균과 분산 등의 통계치만으로도 기대효용의 상대적 크기를 비교할 수 있는 논리적 근거를 제공한다.

평균–분산 결정법에 의하면 두 개의 투자대안 A와 B의 표준편차(분산의 제곱근)를 각각 SA와 SB라 할 경우, A의 기대치는 B보다 크지만, 표준편차가 B보다 작거나 같을 때에는 대안 A는 언제나 대안 B보다 선호된다.

A의 기대치 > B의 기대치
SA ≦ SB

또한 다음과 같이 A의 기대치는 B보다 크거나 같지만, 표준편차가 B보다 작을 때에도 대안 A가 선호된다.

A의 기대치 ≧ B의 기대치
SA < SB

2) 평균－분산 결정원리의 오류

부동산 투자결정을 할 때 경우에 따라서는 평균－분산 결정법으로 적절한 투자대안을 선택하기가 곤란할 수 있다. 예를 들어, 다음의 〈표 3-4〉와 같이 대안 A가 대안 B보다도 기대치도 크고, 표준편차도 큰 경우이다. 이 같은 상황에서는 평균－분산법으로는 의사결정이 곤란하다.

표 3-4 평균－분산 결정원리와 투자 선택

수익기대치(기대수익률)	분산(위험)	선택된 투자대안
A > B	A < B	A
A = B	A < B	A
A > B	A = B	A
A > B	A > B	오류 발생

예를 들어, 어떤 두 개의 투자대안에 대한 위험과 수익률이 두 개의 자산 A와 B의 각 사상별 발생확률은 같지만, 기대수익률은 서로 다르다고 가정할 때 각각 계산된 기대수익률의 평균은 14%와 18%이며, 표준편차는 0.0283(2.83%)과 0.0849(8.49%)이라 하자. 두 개의 자산 중 기대수익률의 평균만을 비교하면, 자산 B가 더 좋아 보인다. 그러나 투자에 수반되는 위험도 역시 자산 B가 크므로, 두 개의 대안 중 어느 것을 선택하는 것이 더 좋다고 말하기 곤란하다.

위험과 수익은 상쇄관계가 인정되므로 시장이 완전하고 모든 투자자가 합리적 투자자라면 위험이 클수록 수익률은 높게 형성된다. 즉 자산 A가 자산 B보다 기대수익률이 높으면 위험도 높은 경우가 대부분이다. 이와 같이 부동산투자에서는 평균−분산 결정법으로 투자 대안을 선택하기 어려운 경우가 흔히 발생될 수 있다.

이럴 경우 두 개의 대안 중 어느 것을 선택하느냐는 위험에 대한 투자자의 태도에 따라 달라진다. 즉 투자자가 위험을 감수하려는 정도, 추가소득에 대한 추가 위험의 정도에 달려 있다. 투자대안 A가 대안 B에 비해 추가되는 소득의 정도가 추가되는 위험의 정도를 충분히 감당할 수 있다고 판단되면 대안 A를 선택할 수도 있다. 투자결정은 위험vs수익의 상쇄관계에서 개별투자자가 이것을 어떻게 판단하느냐에 달려 있기 때문이다.

또 다른 방법은 투자대안 A가 보유한 위험을 적절하게 통제하는 전략을 사용하는 방법이다. 투자대안 A의 위험을 적절하게 분산시킬 수 있는 제3의 투자대안 C와 대안 A에 분산투자함으로써 A와 C의 투자집합(포트폴리오)의 전체 위험을 대안 B보다 낮게 통제한다면 투자자는 높은 수익을 창출할 수 있는 대안 A를 선택할 수 있게 된다. 이와 같은 위험통제방법은 포트폴리오 이론에서 설명한다.

2. 포트폴리오 이론의 의의

마르코위츠(H. M. Markowitz)는 그의 논문 '포트폴리오 선택'(Portfolio Selection, Journal of Finance, March 1952)과 저서 '포트폴리오선택−투자의 효율적 분산'(Portfolio Selection−Efficient Diversification of Investments, 1959)에서 투자 대상을 유가증권의 집합체인 '포트폴리오'로 포착하였고, 포트폴리오 이론의 틀을 마련하였다.[10] 이 이론은 부동산학 분야, 특히 부동산투자나 부동산금융, 부동산관리 등 여러 분야에서 사용되고 있다.

포트폴리오 이론이란 투자결정시 여러 개의 자산에 분산투자함으로써 하나에 집중되어 있을 때 발생할 수 있는 위험을 제거하여 분산된 자산으로부터 안정된 결합편익(Combined benefit)을 획득하도록 하는 자산관리의 방법이나 원리를 의미한다.

포트폴리오 기법에 의하면 평균−분산 결정법으로 판단하기 어려운 투자대안의 위험과 수익관계를 보다 용이하게 분석할 수 있다. 포트폴리오이론은 '평균−분산결

---

10) 김철교, 『현대자본시장이론』(서울 : 산업은행연수원, 1997), p. 5.

정법'의 논리를 여러 개의 자산배합 즉 포트폴리오에 적용하여 수익과 위험의 관계를 전체적으로 파악할 수 있다.

자산3분법

자산3분법(資産3分法)이란 재산을 예금·부동산·주식에 각각 배분 투자하여 투자에서 발생되는 위험을 분산시키고, 안전성·수익성·환금성을 균형 있게 검토하여 자산을 관리하는 투자 방법을 말한다.

자산관리에 있어서는 안전성·수익성·환금성 등을 고려하여 부동산·유가증권(주식)·예금의 3가지 투자관리 형태가 일반적으로 사용되고 있다. 그러나 단순히 자산을 3가지 대안별로 분산한다고 하여 투자에서 반드시 좋은 결과를 얻는 것은 아니다. 왜냐하면 자산3분법은 단지 포트폴리오의 일종이지 최선의 투자자산의 배합은 아니기 때문이며, 다른 대안적 자산 포트폴리오도 얼마든지 있을 수 있다.

구 분	부동산	예 금	주 식
장 점	안전성	환금성	수익성
단 점	환금성	수익성	안전성

3. 최적의 포트폴리오

위험과 수익은 항상 서로 비례하기 마련이지만 위험이 커진다고 해서 수익이 반드시 커지는 것은 아니다. 위험과 수익이 비례관계에 있다는 것은 시장의 체계적 위험과 수익이 비례관계에 있다는 것이지, 개별 부동산이 가지는 모든 위험과 수익이 비례관계에 있다는 것을 의미하는 것은 아니다. 따라서 불필요한 위험을 제거하고, 주어진 시장상황에서 최선의 결과를 얻을 수 있는 포트폴리오의 선택이란 매우 중요한 의미를 지니고 있다.

1) 효율적 포트폴리오와 효율적 전선

무수히 많은 포트폴리오 중에서 투자자가 어느 포트폴리오를 선택하는 것이 합리적인가의 일정한 기준이 설정되어야 한다. 위험투자의 선택에 있어서 투자안의 기대수익률과 위험만을 고려하여 투자안을 선택하는 기준으로 '평균-분산 지배원리'를 들 수 있다. 평균－분산 지배원리는 여러 개의 포트폴리오 중에서 평균기대수익률이 같으면 분산이 작은 투자안을, 그리고 분산이 같으면 평균기대수익률이 큰 투자안을 선택하는 것이 기대효용을 극대화한다는 의미이다.

평균－분산 지배원리에 의해 선택된 포트폴리오를 효율적 포트폴리오(Efficient portfolio, 최소분산 포트폴리오)이라고 한다. 이는 무수한 포트폴리오 중에서 일정한 위험에서는 기대수익을 최대로 하는 투자조합 또는 일정한 기대수익 수준에서는 위험을 최소로 하는 투자조합이라고 할 수 있다.[11]

무수한 포트폴리오들 중 효율적 포트폴리오의 집합을 '효율적 프런티어(Efficient frontier)' 또는 '효율적 전선(效率的 前線)', 효율적 투자선이라고 한다. 효율적 전선은 다음과 같은 두 가지 효과를 갖는다.

- 동일한 위험을 지니는 가능한 포트폴리오 집합 중에서 효율적 전선 상의 포트폴리오 보다도 높은 기대치를 갖는 것은 없다.
- 동일한 기대치를 갖는 가능한 포트폴리오 집합 중에서 효율적 전선 상의 포트폴리오 보다도 낮은 위험을 갖는 포트폴리오는 없다.

그림 3-5 **최적의 포트폴리오**

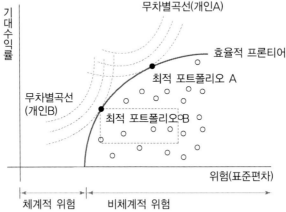

시장에는 체계적 위험(분산불가능 위험)보다 낮은 위험을 갖는 포트폴리오는 존재하지 않는다. 따라서 효율적 포트폴리오 역시 체계적 위험보다 큰 구간에서만 존재

---

11) 김철교, 상계서, p. 5.

하며, 효율적 전선도 체계적 위험보다 큰 구간에서만 존재한다. 또한 위험과 수익은 상쇄관계에 있으므로 효율적 전선은 우상향하는 곡선이 되며, 시장에서는 효율적 전선 상이나 효율적 전선의 우측 영역에서만 포트폴리오가 존재할 수 있다.

2) 최적의 포트폴리오 결정

〈그림 3-5〉에서 살펴보면 효율적 전선 상에는 수많은 효율적 포트폴리오가 존재한다. 효율적 전선 상에서 우측에 위치한 포트폴리오일수록 기대수익률이 높지만, 위험 또한 높은 투자대상이다. 그러므로 이들 투자대상 가운데 어떤 포트폴리오를 선택하는 것이 투자자의 효용을 극대화시켜 줄 것인가 하는 '최적 포트폴리오'의 선택문제가 제기된다.

최적의 포트폴리오란 투자자의 입장에서 위험과 수익을 전체적으로 파악해서 수익률이 극대화되고 위험이 극소화된 투자조합을 의미한다.[12] 개별 투자자의 입장에서 효용을 극대화시켜 주는 최적 포트폴리오는 위험과 수익의 상쇄관계에 의하여 우상향하는 효율적 프런티어와 투자자의 무차별곡선이 만나는 점(접점)에서의 포트폴리오를 의미한다.

최적포트폴리오의 선택은 각 개인의 위험혐오 정도에 달려 있다. 각 투자자는 자신의 수익을 극대화할 수 있도록 자신의 무차별곡선과 효율적 전선이 접하는 접점에서 최적의 포트폴리오를 선택한다.[13] 그림에서의 투자자 A(개인A)는 많은 위험을 감수하고 고수익을 획득하려는 위험선호형 투자자이며, 투자자 B(개인B)는 수익은 낮더라도 낮은 위험을 부담하려는 위험회피형 투자자이다.

4. 포트폴리오 관리

1) 포트폴리오 효과

모든 투자자산은 위험을 보유하고 있게 되므로 포트폴리오를 구성하면 개별자산이 가지는 많은 불필요한 위험을 제거할 수 있다. 만약 무작위적(無作爲的)으로 자산을 배합한다면 포트폴리오를 구성하는 자산의 수가 많으면 많을수록 불필요한 위험

---

12) 조주현, 상게서, p. 132 참조
13) 박정식 외 1인, 상게서, p.161 참조

은 통계학적으로 제거된다고 알려져 있다.

포트폴리오를 구성함으로써 동일하거나 더 높은 수익을 얻고, 위험은 줄어드는 효과를 포트폴리오 효과라 하며, 분산(diversification)효과라고도 한다. 그러나 체계적 위험은 모든 자산에 공통적으로 영향을 미치는 경제요인에 따른 위험이므로 포트폴리오를 구성하는 자산의 수가 아무리 많다고 해도 제거되지 않는 점에 유의해야 한다.

포트폴리오 관리란 단순히 분산투자하는 것만을 의미하는 것이 아니라, 투자대안이 갖고 있는 위험과 수익을 분석하여 불필요한 위험을 제거하고 최선의 결과를 얻을 수 있는 포트폴리오를 선택하는 것이다. 또한 포트폴리오를 구성하고 있는 개별 자산들을 구체적으로 어떻게 구성할 것인지의 문제도 중요하다. 예를 들어, 부동산과 주식에 투자한다고 했을 때, 부동산 포트폴리오는 어떻게 구성하며 주식 포트폴리오는 어떻게 구성할 것인가를 결정해야 한다.

2) 상관계수와 위험의 분산

위험과 수익이 비례관계에 있다는 의미는 시장의 체계적 위험과 수익이 비례관계에 있다는 것이지, 개별 부동산이 가지는 모든 위험과 수익이 비례관계에 있다는 것을 의미하는 것은 아니다. 따라서 불필요한 위험을 제거하고, 주어진 시장상황에서 최선의 결과를 얻을 수 있는 '포트폴리오의 선택'은 매우 중요하다. 만약 2개의 부동산에 분산투자할 경우 각 부동산 수익률의 상관관계(相關關係)가 완전 음(-)의 상관관계를 갖는다고 가정한다면 분산투자로 인하여 위험도는 완전하게 제거된다.

상관계수는 투자자산 수익률 상호간의 상관관계를 표현하는 것이므로 1과 -1사이의 값을 갖게 되며, 상관계수가 1일 때는 완전한 양의 상관관계, 1부터 0 사이는 양의 상관관계, 0부터 -1 사이는 음의 상관관계를 갖는다. 상관계수는 수익률의 공분산 값을 각 부동산의 표준편차의 곱으로 나누어 주는 것이며, 상관계수가 음(-)의 관계일 경우 한 부동산의 수익률이 증가하면 다른 부동산의 수익률은 감소한다.[14]

실제로 투자자산 상호간의 수익률의 상관계수(相關係數, Coefficient of correlation)는 각 자산의 공분산(共分散, covariance)을 계산하여, 계산된 공분산 값을 양 자산의 표준편차의 곱으로 나누어서 계산한다. 분산(Vxy)은 2개의 변수 X, Y의 선형적 관계

---

14) 조주현, 상게서, p. 129 참조

의 강도를 표시하는 방법이다. X와 Y변수가 동일한 방향으로 변동하면 공분산은 커진다. 따라서 공분산이 큰 것은 두 변수의 상관관계가 크다는 것을 알 수 있다.

만약 포트폴리오를 구성하는 자산들의 수익률이 모두 동일한 방향으로 동일한 크기로 움직일 경우에는 즉 수익률간의 상관계수가 (+1)일 경우에는 포트폴리오를 구성한다고 하더라도 위험은 감소되지 않는다. 반대로 수익률들의 상관계수가 (−1)일 경우에는 포트폴리오 위험은 완전히 제거된다. 따라서 자산들의 수익률간의 상관계수가 (+1)이 아닌 이상 분산투자를 함으로써 위험은 통계학적으로 제거된다.

예를 들어, 다음의 〈표 3−5〉와 같이 분산투자로 인하여 위험이 제거된 것은 사례 부동산과 증권의 투자수익률의 상관계수가 완전한 음의 상관관계인 (−1)을 보이기 때문이다.

표 3−5 포트폴리오 구성 사례

자산구성	투자액	수익액과 수익률(%)		기대수익률 (평균)	위험률 (표준편차)
		부동산 호황(50%)	부동산 불황(50%)		
부동산 단독	100억원	20억(20%)	12억(12%)	16억(16%)	4%
	부동산 50억원	10억(20%)	6억(12%)	8억(16%)	4%
부동산+증권	증권 50억원	4억(8%)	8억(16%)	6억(12%)	4%
	합계액	14억(14%)	14억(14%)	14억(14%)	0%

3) 포트폴리오 관리 절차

부동산 포트폴리오 관리 절차는 주식이나 채권 등 일반 금융자산의 관리 절차와 비슷한 요소로 구성되어 있다. 일반적인 부동산 포트폴리오 관리 절차는 다음의 〈그림 3−6〉과 같은 6가지 단계로 요약할 수 있다.

포트폴리오 관리의 첫 번째 단계는 투자 목표 및 제약 요건을 분석하는 것이다. 이와 관련된 내용으로는 대략 다음과 같은 것들이 있다.

- 포트폴리오 규모
- 요구수익률
- 위험의 허용 한도
- 유동성

 그림 3-6 포트폴리오 관리 절차도

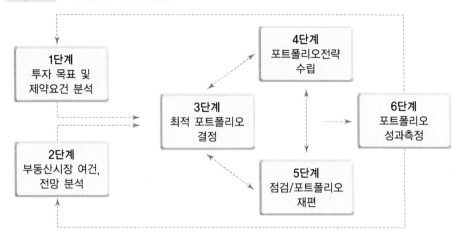

주) Lieblich F(1995), The Real Estate Portfolio Management Process, Pagliari Jr. J. L. ed., The Handbook of Real Estate Portfolio Management 내용을 수정, 정리.

- 목표 투자기간
- 조세 및 제도적 고려사항

두 번째 단계는 부동산시장 여건과 전망을 분석하는 것이다. 이 단계에서 부동산 포트폴리오 관리자는 1단계에서 설정된 투자 목표에 따라서 주요 타겟이 되는 부동산투자 분야의 시장상황을 점검 및 분석해야 한다. 또한, 부동산시장 분석을 바탕으로 향후 부동산시장의 여건에 대한 전망자료를 구축하는 것 역시 필요하다.

세 번째 단계에서는 최적 포트폴리오를 결정한다. 투자자의 투자 목표와 부동산시장의 여건과 전망에 대한 분석결과를 종합하여 최적 포트폴리오를 결정한다. 이론적으로 보면, 최적 포트폴리오는 투자자의 위험-수익 무차별곡선과 효율적 투자선(Efficient frontier)의 접점에서 결정된다.

네 번째 단계에서는 포트폴리오 전략을 수립한다. 최적 포트폴리오가 결정되면, 4단계로 적절한 포트폴리오 전략을 수립한다. 이는 다음과 같은 단계를 통하여 수립할 수 있다. 우선, 목표로 하는 최적 포트폴리오를 설정하고, 설정된 최적 포트폴리오와 현재 포트폴리오 구성을 비교 분석하여 양자 간의 차이점을 확인한다. 이를 통하여 현재 포트폴리오를 최적 포트폴리오로 전환시키기 위하여 포트폴리오 구성 자산의 취득이나 보유, 처분 등 여러 대안들을 분석한다. 대안 분석결과를 통하여 최적의 대안을 선택하고, 이를 달성하기 위한 전략을 수립한다.

다섯 번째 단계에서는 포트폴리오를 점검하고 재편하는 것이다. 수립된 포트폴리오 전략 하에서 포트폴리오 관리자는 부동산의 매입, 처분, 보유 여부를 선택한다. 이를 위해서는 5단계로 실행 중인 포트폴리오 운영 상황을 점검하고 필요할 경우 최적 포트폴리오 구성과 포트폴리오 전략을 재조정하는 점검(monitoring) 및 재편 (rebalancing)과정이 필요하다.

우선, 점검과정에서는 1, 2단계에서 분석한 투자자의 투자 목표와 부동산시장의 환경에 중대한 변화가 있는지 여부를 분석한다. 즉 투자자의 투자 목표 달성에 중요한 주요 포트폴리오 규모, 요구 수익률, 위험 허용한도, 유동성 등에 중대한 수정 사항이 있는지 여부, 그리고 각종 방법론을 통해 분석한 부동산시장의 현황과 전망 내용에 대한 변화가 있는지 여부를 수시로 점검하는 것이다.

여섯 번째 단계에서는 포트폴리오 실행 결과에 대한 성과를 측정한다. 이를 위한 주요 기준에는 부가가치 기준과 수익률 기준이 있다. 부가가치 기준은 포트폴리오 관리자가 벤치마킹 대상이 되는 포트폴리오 구성에 비해 추가적으로 기여한 부가가치의 측정과 관련되어 있다. 포트폴리오 성과 측정을 통하여 나타난 결과는 다시 새로운 포트폴리오 관리를 위한 자료로 피드백 된다.

제6장
부동산투자 현금흐름

■ 학습방법

부동산투자 타당성을 분석하는 절차 즉 부동산투자 결정절차 중 세번째 단계는 편익과 비용을 분석하는 절차이다. 부동산투자 이론에서는 편익과 비용을 분석하기 위한 방법론으로 현금흐름분석 방법론을 제시하고 있으며, 이는 투자 대상 부동산을 분석하여 현재의 현금흐름을 분석하고 예상되는 투자기간 중의 현금흐름을 추정해야 한다.

이를 위해 제6장 '부동산투자 현금흐름'에서는 다음과 같은 3가지 내용들을 학습하게 된다.

1. 부동산투자 타당성분석에서 활용이 가능한 편익과 비용에 대한 분석방법과 이 중 현금흐름 분석방법론이 어떤 것인지 알아본다.

2. 부동산투자를 위한 비용과 관련하여 다양한 부동산투자 자금조달 방법과 레버리지 효과에 대해서 알아본다.

3. 부동산투자를 위한 편익과 관련하여 영업수지(임대수입)와 지분복귀액(매매차익)을 계산하는 방법에 대해서 알아본다.

4. 〈Supplement A〉와 〈Supplement B〉에서는 '화폐의 시간가치 계산 방법'과 '현금흐름 계산 방법'을 실습한다.

본서의 학습자는 '제1절 부동산투자 현금흐름의 구성'에서는 부동산투자 타당성분석을 위해 감안해야 할 현금흐름은 어떤 것이 있고, 본서에서 소개하는 현금흐름분석법이 어떤 특징이 있는지에 대한 지식을 습득해야 한다. 또한 '제2절 부동산투자 자금조달'에서는 부동산투자를 위한 자금조달 방법에는 어떤 것이 있고, 타인자금 조달로 인한 레버리지 효과는 어떻게 계산되는지에 대한 지식을 습득해야 한다.

기타 '제3절 현금흐름 분석'에서는 부동산투자 타당성분석을 위한 현금흐름을 분석하는 상세한 방법론을 이해하고 〈Supplement A〉와 〈Supplement B〉에 포함된 예제를 활용하여 실무에서 실제로 적용할 수 있는 능력을 배양해야 한다.

이와 같은 부동산투자 타당성분석을 위한 현금흐름 계산 지식은 다음 제7장의 부동산투자 타당성분석을 위한 기초 자료로 활용된다.

제1절 부동산투자 현금흐름의 구성

1. 현금수지분석

부동산 투자분석에서 가장 중요한 일은 투자로부터 예상되는 수입과 지출을 정확하게 추계하는 것이다. 이와 같은 분석을 현금수지분석(現金收支分析, Cash flow analysis)이라고 한다. 투자자는 부의 극대화를 목표로 하므로 대상 부동산투자에서 얼마나 많은 수익이 발생할 것인지 분석하기 위해서는 현금수지분석이 반드시 필요하다. 따라서 현금수지분석은 투자결정에 있어서 필수적인 사항이며, 투자분석은 투자 이전에 실시되는 것이 일반적이므로 사실상 투자기간 동안 예상되는 현금수지를 예측하는 것이다.

현금수지의 예측은 대상 부동산을 이용 할 수 있는 전 기간에 걸쳐 행해지는 것이 아니라, 투자자가 대상 부동산을 운영하게 되는 예상 보유기간에 국한하여 행해진다. 분석되는 현금수지는 미래의 값이나 보다 객관적인 추정을 위하여 투자자는 대상 부동산에 관한 과거의 자료나 기타 시장자료의 분석을 토대로 투자로부터 기대되는 수입과 지출을 추계한다.

부동산투자자는 자신에게 귀속되는 수익을 중시하게 되므로, 부동산투자로 인한 지출액(현금유출액)은 자기자본투자액(지분)으로만 계산한다. 반면에 부동산투자로 인한 수입에는 두 가지가 있다. 하나는 대상 부동산의 운영(임대사업 등)으로부터 오는 소득이득이며, 다른 하나는 처분시에 생기는 자본이득이다. 물론 경우에 따라서는 처분시 자본손실을 초래할 수도 있다.

2. 현금주의 회계와 발생주의 회계

회계인식기준은 수익, 지출 또는 비용의 인식시기에 관련되어 발생주의 회계(Accrual base accounting)와 현금주의 회계(Cash base accounting)로 구분된다. 기업회계의 기간손익 계산은 기간 내의 수익과 비용을 확정하여 총수익과 총비용의 차액을 산출하는 것이다. 이 경우 현금수지에 기초를 두고 기간 중에 실제로 수입 또는 지불된 수익과 비용을 모두 계산하는 방법을 현금주의 회계라고 한다. 그러나 기업회계는 계속되는 기업의 활동을 기간별로 구분하여 그 기간의 손익을 산정하므로 총수지에 의한 현금주의 회계로는 부적당하여 발생주의 회계로 진화되었다.

여기서, 발생주의는 차기(次期)의 것을 미리 주거나 받았을 때와 전기의 것을 후에 주고받았을 경우 실제로 주고받은 시점에 관계없이 그것이 어느 기간의 손익에 해당하는지를 구분하여 그 기간의 손익으로 처리하는 방법이다. 예를 들면, 앞으로의 지급해야 할 이자를 미리 지불하였을 때 지불된 이자 중 당기에 해당하는 부분만을 당기비용으로 처리하고 차기 해당부분은 차기손익으로 처리한다. 반면에 현금주의에서는 이와 같은 경우 지불액 전부를 당기비용으로 처리한다.

발생주의 회계는 거래의 인식에 있어 현금의 움직임을 조건으로 삼지 않는다. 즉 수익은 그것이 획득되었을 때, 그리고 비용은 관련되는 수익이 발생한 기간에 보고된다. 이에 대하여 현금주의는 현금의 변동시점을 기준으로 하여 거래를 인식한다. 결국 이들 방식은 수익, 비용, 이득, 손실의 인식시기에 있어 차이가 있다(박재환, 2010).[15]

우리가 일반적으로 알고 있는 회계처리 방식은 발생주의 회계방식이다. 발생주의 회계란 1회계기간 안에 해당하는 손익만을 구분하여 처리하는 회계방식이며, 1회계기간 안에 발생하는 기업의 모든 거래를 손익으로 구분하여 수익과 비용으로 처리한다. 이와 같은 회계방식은 계속기업의 거래를 회계기간 별로 구분하여 손익을 계산하기에 적합하며 기업의 재정 상태를 나타내는 저량(stock)정보, 원가(cost)정보 등을 손쉽게 계산할 수 있다. 반면에 차기에 발생할 거래를 실제 거래시점과 관계없이 당해 기간의 수익과 비용으로 처리하는 과정에서 실제 현금흐름과 괴리될 가능성이 높으며 회계처리가 복잡해진다.

반면에 현금주의 회계는 실제 현금흐름이 발생할 때에만 수익과 비용을 계산하므로 간단하나 수익과 비용이 이들에 대한 경제적 사건들이 실제로 발생한 연도와는 관계없이 인식되기 때문에 회계학적 관점에서는 아주 부적절한 것으로 보고 있다(박성만, 1997).[16] 또한 현금주의에 따르면 일정 기간의 현금수지가 투자회수액(원금회수, Return of capital)인지, 투자수익액(이자회수)인지 구별할 수가 없으므로 그 조직체

---

15) 박재환 외, 2010, 국가자산 평가 및 감가상각 방안에 관한 연구, 한국회계정보학회.
16) 박성만 외, 2007, 「소득세법」에 있어서 과세기간과 현금주의 회계(企業經營硏究, Vol.6), 수원대학교.

가 어느 정도 성공적인가를 알지 못하는 문제도 있다.

부동산투자는 장기투자를 전제로 하고 있으나 대부분의 개별 단위 부동산투자는 계속기업과 같이 영속성을 가정하지는 않는다. 따라서 부동산투자의 가치나 수익률을 계산할 경우에는 전체 투자 기간의 현금흐름을 중시하는 현금주의 회계방식을 채택하고 있다. 현금주의 회계방식에서는 투자 기간 실제로 발생한 수익과 지불된 비용을 모두 계산하게 되므로 부동산투자 시작시점부터 종료시점까지의 실제 발생하는 현금흐름(Cash flow)을 분석하는 것이다. 다만 매기별 지불되는 영업소득세의 경우는 세법에서 적용되는 발생주의 회계방식에 따라 계산되어야 하므로 현금흐름 계산과 별도의 계산과정을 거쳐 매년도의 영업소득세 계산이 이루어지고 있다.

발생주의 회계와 현금주의 회계에서 나타나는 차이가 있을 수 있는데, 일례로 시설비 및 부대비의 경우 현금주의 회계에서는 이를 모두 비용으로 인식하고 있으나 실제로는 그만큼 자산이 증대되었다고 볼 수 있다. 따라서 현금주의 회계에서는 지출로 인식하게 되지만 발생주의 회계에서는 비용으로 인식하지 않는 항목들이 있게 된다.

또한 현금주의 회계는 당기 현금흐름의 결과만을 보고할 뿐 미래 현금흐름을 예측할 수 있는 정보를 제공해 주지 못한다. 예를 들어, 유·무형자산의 경우 현금주의를 적용하면 자산취득 당시에만 현금흐름이 발생하기 때문에 취득시점에서만 회계처리를 하고, 취득 후에는 회계처리를 하지 않으므로 관련 자산(유·무형자산)이나 비용(감가상각비)을 인식하지 않는다. 반면에 발생주의 회계는 현금흐름이 아닌 당해 거래 또는 사건이 발생한 기간에 인식하며 해당기간의 장부에 기록하고 재무제표에 표시하기 때문에 발생주의를 적용하면 현금흐름이 없더라도 비용(감가상각비)과 관련 자산(유·무형자산)을 인식하게 된다(박재환, 2010).

제 2 절 부동산투자 자금조달

1. 자금조달 방법

1) 투자자금 구성

투자자가 조달하는 투자자금은 부동산의 취득자금과 취득과 관련된 제반 비용으로 지출되며, 투자자금을 조달하는 방법은 자기자본과 타인자본으로 구분된다. 자기자본(自己資本)이란 부동산투자를 위해 투자자가 직접 조달한 현금으로 순자산액이라고도 하며, 자기자본을 지분투자액 또는 지분(equity)이라고 한다. 부동산 투자분석에서 현금유출액이란 자기자본을 의미하는 경우가 대부분이다.

타인자본(他人資本)이란 부동산투자자가 타인으로부터 조달한 자본을 의미하며, 자본 조달에 대한 대가로 이자를 지불하는지 여부에 따라 저당투자액과 무이자타인자본으로 구분된다. 저당투자액이란 은행 등의 융자를 통하여 조달한 현금을 말한다. 저당투자자는 이자 수익이 발생하므로 저당투자액을 저당(mortgage)라고 부르기도 한다. 무이자타인자본이란 임대보증금이나 전세보증금, 건설협력금, 공동투자금 등을 의미하며, 부동산투자자는 자금 사용에 대한 대가로서 이자지급 의무가 없다.

저당(mortgage)은 부동산 투자자금 중 선순위배당자본이며 담보자본이다. 부동산투자에서 수익의 배당은 자금의 종류에 따라 달라진다. 예를 들어, A, B, C 3인의 지분투자자가 D은행으로부터 투자 대상 부동산을 담보로 대출을 받아 투자한 경우 임대료 수익금에 대해서 D은행의 저당투자액에 대해서 가장 우선 배당이 이루어져야 하며, 배당 이후 A, B, C 3인의 상호 약정에 따라 수익금의 배당이 이루어진다. 따라서 저당은 선순위배당자본이 된다. 또한 D은행의 경우 저당 원리금에 대한 상환을 보장받기 위하여 부동산에 저당권설정 등 부동산을 담보로 대출을 하는 것이므로, 저당은 원리금 상환에 대한 담보가 존재하는 담보자본이 된다.

부동산투자액(현금유출액, 총투하자본, 총투자자본)은 자기자본과 타인자본을 합산한 금액으로 다음과 같이 표현된다.

- 총투자액(종합자본) = 자기자본 + 타인자본
- 총투자액(종합자본) = 지분투자액 + 저당투자액 + 무이자타인자본
- 총투자액(종합자본) = 지분 + 저당 + 무이자타인자본

만약 무이자 타인자본이 없을 경우, '총투자액(종합자본) = 지분투자액 + 저당투자액 = 지분 + 저당'으로 표현된다. 한편 부동산 구입 당시 대상 부동산의 임차인 등으로부터 받은 임대보증금은 실제 현금흐름에 포함되지 않으므로 현금흐름 산정에서 제외해야 한다는 주장도 있으나, 보다 정밀한 분석을 위해서는 현금흐름에 포함되어야 할 것이다.

2) 자본비율

전체 투자자금(종합자본)은 자기자금(지분)과 타인자금(저당)으로 구성되며, 총 투자자금 중 자기자본비율과 대부비율, 기타 보증금 비율은 다음의 공식과 같이 산정할 수 있다.

- 자기자본비율(지분비율) $= \dfrac{\text{종합자본} - \text{타인자본}}{\text{종합자본}} = \dfrac{\text{자기자본}}{\text{종합자본}}$
- 대부비율(저당비율, 융자비율) $= \dfrac{\text{대부액}}{\text{종합자본}}$
- 보증금비율 $= \dfrac{\text{보증금}}{\text{종합자본}}$

이와 같은 공식을 기준으로 할 경우, 만약 무이자타인자본이 0이라면 '자기자본비율 + 대부비율 = 1'이 된다.

또한 임대보증금(전세보증금 포함)이 있을 경우에 보증금비율은 종합자본 중 보증금이 차지하는 비율이므로 '자기자본비율 + 대부비율 + 보증금비율 = 1'이 된다.

3) 자본수익률

종합자본수익률과 자기자본수익률은 다음과 같이 계산한다. 부동산투자자는 부의 극대화를 목표로 하므로 투자 타당성분석에서 종합자본에 대한 수익률 보다는 자기자본에 대한 수익률을 더욱 중시한다. 이는 종합자본수익률은 지분투자자와 저당

투자자에게 귀속되는 수익률을 종합한 것이나, 자기자본수익률은 부동산투자자(지분 투자자)에게만 귀속되는 수익률을 의미하기 때문이다.

$$
\begin{aligned}
& \bullet \text{종합자본수익률(종합자본환원율)} = \frac{\text{순수익(NOI)}}{\text{종합자본}} = \frac{\text{순수익(NOI)}}{\text{부동산가치}} \\
& \bullet \text{자기자본수익률(지분수익률)} = \frac{\text{자기자본수익}}{\text{자기자본}} = \frac{\text{순수익} - \text{(이자액)}}{\text{자기자본}}
\end{aligned}
$$

종합자본은 자기자본과 타인자본으로 구성되므로 무이자타인자본이 없다면 종합 자본환원율은 자기자본수익률과 타인자본수익률(융자이자율)을 가중평균한 값이 된 다. 따라서 종합자본환원율은 다음과 같이 도출된다.

$$
\bullet \text{종합자본환원율} = (\text{자기자본비율} \times \text{자기자본수익률}) + (\text{대부비율} \times \text{융자이자율})
$$

종합자본환원율은 보증금을 고려하지 않은 것이며, 보증금을 포함하여 종합자본 환원율을 계산한다면 다음과 같은 공식이 성립된다. 그러나 우리나라에서 임대보증 금은 무이자타인자본으로 '보증금사용이자율'은 0이 된다. 따라서 종합자본환원율은 상기와 같이 자기자본수익률과 융자이자율을 가중평균한 값과 같게 된다.

$$
\bullet \text{종합자본환원율} = (\text{자기자본비율} \times \text{자기자본수익률}) + (\text{대부비율} \times \text{융자이}\\ \text{자율}) + (\text{보증금비율} \times \text{보증금사용이자율})
$$

한편 학자에 따라서는 종합자본수익률을 종합자본환원율이라고 하듯이, 자기자 본수익률은 지분수익률 또는 지분환원율이라고도 하며, 융자이자율은 저당이자율 혹은 저당환원율이라고도 한다.

2. 레버리지 효과

1) 레버리지 효과의 의의

일반적으로 레버리지 효과(Leverage effect, 지렛대 효과)란 타인자본(융자 등)을 동 원하여 자기자본의 수익률을 높이는 효과를 의미한다. 그러나 타인자본을 동원하여 투자할 경우 발생 가능한 레버리지 효과에는 이와 같은 수익률 효과는 물론 수익금 효과와 위험분산 효과도 기대할 수 있다.

수익률 효과란 타인자본을 통한 자기자본 수익률과 위험률이 상승되는 효과를 의미하며, 수익금 효과란 적은 자본으로 큰 부동산에 투자할 수 있는 효과를 의미한다. 기타 위험분산 효과란 한정된 자본으로는 분산투자가 제한적이나 타인자본을 추가로 조달하여 여러 투자자산에 분산투자함으로써 위험을 분산시키는 효과를 의미한다.

예를 들어, 2억원의 아파트를 구입하면 1년 후 2억 5천만원이 되어 연간 5천만원의 수익이 기대되는 아파트의 경우, 현금을 1억 5천만원만 보유한 투자자라면 자기자본만으로는 이 부동산을 구입할 수 없으므로 5천만원의 수익을 기대할 수 없으나, 은행으로부터 5천만원을 융자받아 이 아파트를 구입한다면 5천만원의 수익을 기대할 수 있다. 이러한 효과를 수익금 지렛대 효과라고 한다.

또한 레버리지를 사용할 경우 자기자본수익률이 변화하는 동시에 위험(금융 위험)도 함께 높아진다. 따라서 레버리지는 수익효과와 위험효과를 함께 발생하게 된다. 수익의 레버리지 효과란 레버리지의 사용으로 인한 지분수익률의 변화분을 의미하며, 동일한 융자이자율이라면 융자비율이 클수록 높아진다. 또한 위험의 레버리지 효과란 레버리지의 사용으로 인한 지분 위험률의 변화분을 의미한다. 이는 비용의 레버리지 효과라고도 하며, 금융 위험(채무불이행 위험)을 증폭시키고 대부비율이 클수록 높아진다.

2) 레버리지 효과의 사례

(1) 임대보증금의 레버리지 효과

임대보증금 4억원을 안고 10억원의 부동산을 구입할 경우을 가정해보자. 그 부동산의 월세는 600만원이고 연간 운영 경비는 임대료의 15%일 경우, 부동산투자를 하면서 융자를 받지 않고 100% 자기자본만으로 투자한다는 가정 하에서 수익률을 계산해 보면 다음과 같다.

> - 순수투자액 = 구입가격 10억원 − 임대보증금 4억원 = 6억원
> - 연간 임대료 수입 = 월세 600만원 × 12개월 = 7,200만원
> - 연간 경비 = 7,200만원 × 15% = 1,080만원
> - 연간 순수입 = 7,200만원 − 1,080만원 = 6,120만원

이 계산에서 투자 대상 부동산 가격대비 수익률(종합자본수익률)은 시장가격 10억 원 대비 6.12%이다. 이때 종합자본수익률이란 순영업소득(NOI)(순이익)을 총투자액 (종합자본)으로 나눈 비율을 말한다.

$$\text{• 종합자본수익률} = \frac{\text{순영업소득(순이익)}}{\text{총투자액}} = \frac{6{,}120만원}{10억원} = 6.12\%$$

지분수익률(자기자본수익률, Equity yield rate)이란 지분수익(자기자본수익액)을 지분 투자액(자기자본투자액)으로 나눈 비율을 의미하며, 일반적으로 지분수익은 순영업소 득(NOI)(순이익)에서 융자이자 지불액을 공제한 값이 된다. 상기 사례의 경우 실제 지 분투자액 6억원에 대해서는 10.2% 지분수익률이 달성될 것이다.

$$\text{• 지분수익률} = \frac{\text{지분수익}}{\text{지분투자액}} = \frac{\text{순영업소득(순이익)} - \text{융자이자}}{\text{지분투자액}} = \frac{6{,}120만원}{10억원}$$
$$= 10.2\%$$

수익률의 레버리지 효과는 타인자본을 동원하여 지분수익률이 증가하는 효과를 의미한다. 만약 타인자본이 0인 경우 지분투자액은 종합자본과 같으므로, 수익률의 레버리지 효과는 다음의 공식과 같이 계산된다.

> • 수익률 레버리지 효과 = 지분수익률 − 종합자본수익률

이와 같은 사례에서 투자자는 임대보증금이라는 무이자타인자본 6억원을 통하여 자기자본만 동원했을 경우의 수익률 6.12%보다 4.08%가 더 높은 10.2%의 수익률을 달성하였다. 따라서 위 사례의 경우 무이자타인자본을 동원함으로써 4.08%의 수익 률 레버리지 효과가 발생한 것이다.

(2) 임대보증금과 융자의 레버리지 효과

상기 사례에서 투자자가 1억 8천만원을 연리 6%로 융자를 받아 투자한 경우라면, 지분투자액은 4억 2천만원(= 10억원 - 보증금 4억원 - 융자금 1억 8천만원)이 된다.

이렇게 융자를 받아 투자한 경우 연간 지분수익은 6,120만원에서 이자 1,080만원 (= 1억 8천만원 × 6%)을 제한 5,040만원이 된다. 이때 지분수익률은 지분투자액 4억 2천만원에 대비할 경우 12.0%(= 5,040만원 ÷ 4억 2천만원)의 수익률이 된다.

따라서 투자액의 18%에 해당하는 융자(유이자타인자본)을 동원하여 투자할 경우, 융자를 받지 않는 경우의 지분수익률 10.2%에 비해 1.8%가 더 높은 12.0%의 지분수익률이 달성되었다. 따라서 제시된 사례에서 유이자타인자본으로 인한 수익률 레버리지 효과는 1.8%로 봐야 한다.

3) 기대 레버리지 효과의 계산

부동산투자자라면 어떤 레버리지를 얼마만큼 사용하는 것이 지분수익률을 극대화할 수 있는지, 혹은 두 개 이상의 각각 다른 조건을 가진 레버리지 중 어떤 것을 사용하는 것이 지분수익률을 극대화할 수 있는지 판단해야 하는 경우가 있다. 이런 경우 다음과 같은 공식을 사용하여 간편하게 계산할 수 있다.

$$\cdot \text{지분수익률} = \frac{\text{종합자본수익률} - (\text{대부비율} \times \text{대부이자율})}{\text{지분비율}}$$

제시된 사례의 경우 종합자본수익률은 6.12%이며, 대부비율은 18%(1억 8천만원 ÷ 10억), 대부 이자율은 6%, 지분비율은 42%(4억 2천만원 ÷ 10억원)이므로, 지분수익률은 $\dfrac{6.12\% - (18\% \times 6\%)}{42\%}$ = 12%가 된다.

이와 같은 공식은 다음과 같은 근거에 의해 계산된 것이다. 종합자본 중 지분비율 = e, 저당비율 = m, 융자이자율 = $r\%$, 지분수익율 = $y\%$, 무이자타인자본비율 = n, 무이자타인자본이자율 = $z\%$, 종합자본수익율 = R이라고 가정할 경우, R은 $r\%$와 $y\%$, $z\%$를 구성비율로 가중평균한 값이므로 다음과 같은 공식을 유추할 수 있다.

> - $R = (m \times r) + (e \times y) + (n \times z)$
> 이때 무이자타인자본은 이자율이 0% 이므로,
> - $R = (m \times r) + (e \times y)$
> - $e \times y = R - (m \times r)$

따라서 지분수익률 $y = \dfrac{R-(m \times r)}{e}$ 이 된다. 이때 부동산가격 중 임대보증금은 이자를 지급하지 않으므로(이자율이 0%)이므로, 임대보증금이 있는 경우에도 상기 계산식을 사용한다. 즉 임대보증금과 같은 무이자타인자본이 있을 경우 지분비율과 저당비율을 합산하여 100%가 되지 않는 경우에도 이 공식을 적용할 수 있다.

3. 레버리지 효과 분석 주의사항

1) 위험의 레버리지 효과

김재훈(2008)의 연구에 따르면 우리나라의 REITs(부동산투자신탁)는 정(正)의 레버리지 효과로 인해 저당비율(LTV)이 높을수록 배당률이 높은 것으로 나타났다. 이와 같은 결과에 따라 김재훈(2008)은 부동산시장 경기가 좋은 시기에는 투자구조 상의 위험(risk)을 높이면 높은 자기자본수익률을 기대할 수 있다고 주장하였다.[17]

저당비율(LTV)이 높아질수록 수익의 레버리지 효과가 높아지는 만큼 위험의 레버리지 효과도 비례하여 커진다. 즉 수익의 레버리지 효과는 투자의 위험을 크게 할 수 있으므로 이때의 위험을 금융 위험이라고 하며, 금융 위험은 레버리지로 인하여 투자사업이 파산할 위험을 의미한다. 레버리지를 사용한 투자의 경우 수익만 증폭되는 것이 아니라 위험도 함께 증폭되는 것이므로 예기치 않은 시장변화에 따라 순수익이 감소될 경우 레버리지를 사용한 투자자는 그 순수익 감소 폭이 더욱 증폭됨을 유의해야 한다.

부동산투자자가 레버리지를 사용할 경우 지분수익률이 변화하는 동시에 투자에 대한 위험도 높아지게 된다는 점은 상기에서 설명하였다. 관련된 사례로 총투자액은 100억원이며, 수익은 호황의 경우 13억원이고 불황의 경우 7억원 수준이며, 호황이

---

17) 김재훈, 2008, 리츠의 자기자본수익률에 영향을 미치는 요인에 관한 실증연구(자본구조와 타인자본비용을 중심으로), 연세대학교 석사학위 청구논문.

나 불황이 발생할 확률은 각각 50%인 부동산투자를 가정한다. 이 투자에서 50억원을 차입할 경우 지급이자는 3억원이라면(이자율 6%) 레버리지를 계산해 보자.

다음의 〈표 3-6〉에서의 계산 결과와 같이 이 투자에서 지분투자자가 차입금을 전혀 사용하지 않는 경우에 대비해 계산해보면, 50억원 차입으로 인한 수익률은 4%가 증가하며 위험률(표준편차)은 3%가 증가한다. 계산 결과에 따라 이 투자에서의 수익의 레버리지효과는 4%, 위험의 레버리지효과는 3%가 된다.

> • 수익률의 변화 = 14% − 10% = 4%(정의 효과)
> • 위험률의 변화 = 6% − 3% = 3%.

표 3-6 레버리지 효과 사례표

차입금 비율	자금조달		지급 이자	지분수익 및 수익률, 위험률			
	지분 투자	저당 투자		호황(50%)	불황(50%)	수익률	위험률 (표준편차)
0%의 경우	100억	0	0	13억(13%)	7억(7%)	10%	3%
50%의 경우	50억	50억	3억	10억(=13억 − 3억) 20%(10억 ÷ 50억)	4억(= 7억 − 3억) 8%(4억 ÷ 50억)	14%	6%

2) 수익의 레버리지 효과 발생 조건

수익의 레버리지 효과란 융자 등 타인자본을 동원하여 지분의 수익률을 높이는 효과를 의미하는 것이며, 레버리지를 사용한다고 해서 반드시 지분수익률이 높아지는 것은 아니다. 오히려 지분수익률이 감소할 경우도 있으며 지분수익률이 높아지는 효과를 정의 레버리지 효과로, 반대의 경우를 부의 레버리지 효과라고 부르기도 한다.

• 정(+)의 레버리지 효과: 종합자본수익률 < 지분수익률
• 부(−)의 레버리지 효과: 종합자본수익률 > 지분수익률

부동산투자자라면 특별한 사정이 없는 한 정의 레버리지 효과가 나타나는 조건의 대출을 받아야 하며, 정의 레버리지 효과나 부의 레버리지 효과는 다음과 같은 조건에서 발생된다.

• 정의 레버리지 효과의 조건: 종합자본수익률 > 융자이자율

- 부의 레버리지 효과의 조건: 종합자본수익률 < 융자이자율
- 중립적 레버리지 효과의 조건: 종합자본수익률 = 융자이자율

3) 레버리지 분석의 주의사항

레버리지 효과에서 주의할 점은 투자자가 부동산 투자에 필요한 충분한 자금(상기 사례의 경우 6억원)을 보유한 경우 융자를 받아(상기 사례의 경우 1억 8천만원) 목표하는 지분수익률(상기 사례의 경우 12%)을 달성하더라도, 이로 인해 남은 자금(1억 8천만원)을 투자할 적절한 대안을 감안해야 한다는 점이다.

예를 들어, 상기 사례에서 1억 8천만원을 단순히 은행 이자율 6%보다 낮은 수익률이 기대되는 투자안(예: 연리 4% 정기예금)에 투자할 경우에는 4억 2천만원에 대해서는 12%의 수익률을 기대할 수 있으나, 잔여금 1억 8천만원에 대해서는 연간 4%의 수익률만 기대되므로, 총투자자금 6억원을 기준으로 할 경우에는 아래의 계산과 같이 은행융자를 받지 않는 경우보다 오히려 0.6%의 손실이 발생될 수 있다.

- 분양상가투자수익 = 지분 4억 2천만원 × 12% = 5,040만원
- 정기예금투자수익 = 잔여자본 1억 8천만원 × 4% = 720만원
- 총수입 = 5,040만원 + 720만원 = 5,760만원
- 종합자본수익율 = 5,760만원 ÷ 지분투자액 6억원 = 9.6%
- 손실비율 = 10.2% − 9.6% = 0.6%

반면에 잔여금 1억 8천만원으로 12%의 수익이 기대되는 투자안을 선택할 경우에는 총자본 6억원에 대하여 종합자본수익율 12%를 달성할 수 있으며, 1억 8천만원으로 12% 이상의 수익이 기대되는 투자안을 선택할 경우에는 종합자본수익율 12%를 상회할 수 있을 것이다.

따라서 레버리지를 사용할 경우에는 단위 투자대안에 소요되는 지분투자액보다는 자신이 보유한 전체 자본을 기준으로 투자여부의 적정성을 판단해야 할 것이다.

4. 부동산 담보대출

1) 대출 위험과 이자율 결정[18]

부동산 담보대출과정에서 대출자(금융기관)는 대출로 인한 여러 가지 위험을 부담해야 하므로 이런 위험들을 이자율에 반영한다. 대출자가 부담해야 하는 위험 중 주요한 것은 다음과 같다.

첫째, 유동성 위험이 있다. 이는 부동산융자는 일반적으로 장기융자이며 위험이 높으므로 원금 회수에 시간이 많이 소요되고, 융자로 인해 발생된 채권의 처분도 쉽지 않은 위험을 말한다.

둘째, 채무불이행 위험(신용 위험)이 있다. 이는 차입자가 원리금에 대한 채무상환 의무를 이행하지 않을 위험이다. 신용 위험의 강도는 차입자의 신용도나 대출의 내용에 따라 다르다.

셋째, 금리 위험이 있다. 이는 향후 경제전반의 자금의 수급, 인플레 수준 등에 따라 대출자의 자금조달 금리는 변화하여 융자로부터 손실이 발생할 위험을 말한다.

넷째, 조기상환 위험(만기전변제 위험, Prepayment risk)이 있다. 이는 대출을 받은 차입자가 융자기간 만기 이전에 대출에게 원금을 조기에 상환할 가능성을 말한다. 차입자는 융자이자율보다 시장금리가 하락할 경우 미상환 융자원금을 조기에 상환하고 보다 낮은 금리로 융자를 받음으로써 금융비용을 감소시킬 수 있다. 반면에 대출자는 원금을 조기에 상환 받게 되므로 보다 높은 수익률을 추구할 수 있는 기회를 상실하게 되는 위험이 발생된다. 이런 위험을 방지하기 위해서 부동산 담보대출에서는 조기상환위약금 제도를 두고 있다.

다섯째, 법률 위험이 있다. 장차 정부의 부동산에 대한 과세취급, 임대료 규제, 금리수준에 대한 규제 등으로 인해 대출자에게 손해가 발생할 수 있는 위험이다.

여섯째, 인플레 위험이 있다. 인플레로 인해 대출자가 회수하는 원리금의 현금가치가 하락할 위험을 의미한다.

대출자 입장에서는 이와 같은 다양한 위험을 부담하고 차입자에게 대출 조건을 제시하므로 대출자가 요구하는 이자율은 위험에 대한 보상이 포함된다. 따라서 담보

---

18) 서후석, 『부동산투자 위험관리』(서울: 부동산r114, 2000), p. 1819 참조.

대출의 이자율은 다음에 제시된 공식과 같이 다른 대출상품들과의 경쟁적인 금리에 신용 위험을 감안한 금리 프리미엄과 기대 인플레이션을 감안한 금리 프리미엄을 합산하여 결정된다.

$$i = r + p + f$$
i: 대출 이자율
r: 실질금리로서 다른 투자상품들과의 경쟁적인 금리
p: 신용 위험을 감안한 금리 프리미엄
f: 기대 인플레이션을 감안한 금리 프리미엄

2) 부동산 담보대출의 종류

일반적으로 부동산을 담보로 한 대출은 원금 상환방법을 기준으로 할 경우 다음과 같은 4가지 형태로 구분된다.

첫째, 원금만기상환 융자(Straight mortgage)가 있다. 이는 융자 기간에 이자만 지불하다가 만기에 원금을 일시에 상환하는 융자를 말한다.

둘째, 할부상환 융자(Standard mortgage)가 있다. 이는 융자 기간 안에 원금과 이자를 불입함으로써 만기에 원금상환이 완료되도록 하는 융자를 말한다. 할부상환 융자는 다시 원리금균등식과 원금균등식, 체증식 등으로 구분된다. 이 방식을 택할 경우 주택자금대출과 같이 고액의 대출에서는 차입자의 원리금 상환 부담이 적다.

셋째, 부분할부상환 융자가 있다. 이는 융자 기간 중에 융자금의 일부만 할부상환을 하고, 만기에 남은 원금을 일시 상환하는 융자를 말한다.

넷째, 거치식 상환 융자가 있다. 이는 대출 기간 중 약정된 기간은 이자만 납입하고, 그 기간이 지난 후부터 원금을 상환하는 방식의 융자를 말한다. 예를 들어, 1년 거치 19년 원금균등분할상환의 조건이라면 1년 동안은 이자만 납입하고, 나머지 19년 동안은 원금균등분할방식에 의해 융자금을 상환한다.

이와 같은 4가지 형태의 대출 중 할부상환 융자에 포함되는 원리금균등식과 원금균등식, 체증식 융자는 다음과 같다(〈표 3-7〉 참조).

첫째, 원리금균등상환융자(CPM, Constant payment mortgage loan)란 전체 대출기간에 걸쳐 원리금 상환액이 동일한 융자이다. 융자 초기에는 월부금 중 이자액의 비

중이 높고 원금상환액은 적으며 점차 원금이 상환되므로, 다음과 같이 이자액의 비중은 줄고 원금상환액의 비중은 증가한다. 국민주택기금이나 한국주택금융공사의 모기지론(Mortgage loan)은 원리금균등식을 택하는 경우가 많으며, 차입자의 차입금 상환 계획 수립에 가장 유리한 방법이다.

> • 원리금액(고정) = 원금상환액(증가) + 월이자액 (감소)

둘째, 원금균등상환융자(CAM, Constant amortization mortgage loan)는 원금은 매달 균등하게 상환하고, 이자는 감소한 원금 기준으로 매달 상환하는 방식을 말한다. 이 방식은 다음과 같이 원리금은 매월 체감하게 된다.

> • 원리금액(감소) = 원금상환액(고정) + 월이자액(감소)

예를 들어 1,200만원을 대출 받고 연리 10%로 1년간 매월 원금 균등분할상환을 할 경우, 원금은 매달 100만원씩 납입하며(1,200만원 ÷ 12개월 = 100만원), 매월 감소한 원금에 대한 10%의 이자를 상환한다(1월에는 1,200만원의 10%, 2월에는 1,100만원의 10% 등). 이와 같이 원금균등상환 융자는 원리금은 매월 체감하므로 장래 가계수입의 감소가 예상되는 중년층 이상의 봉급자들에게 유리하나, 초기 원리금액이 부담되는 문제도 있다.

셋째, 원리금체증식융자(GPM, Graduated payment mortgage loan)는 대출 후 일정기간 원리금이 점차 증가하는 융자이다. 이는 월불입액이 고정될 경우 예상되는 인플레로 인한 실질가치 하락의 문제를 해결하기 위해 도입된 것이며, 장래 가계수입의 증가가 예상되는 젊은 급여생활자들에게 유리하다.

표 3-7 원리금 상환액 변동 대비

구 분	월불입액(A + B)	월 원금상환액(A)	월이자액(B)
원금균등 분할상환	감소	고정	감소
원리금균등 분할상환	고정	증가	감소
원리금 체증식	증가	증가	증가/감소

3) 이자율 책정 방법에 따른 대출 구분

일반적으로 부동산을 담보로 한 대출은 이자율 책정 방법을 기준으로 할 경우 다음과 같은 고정금리식과 변동금리식의 2가지 형태로 구분된다.

첫째, 고정금리식 융자(FRM, Fixed rate mortgage, 고정이자율 융자)란 전체 대출기간에 대하여 고정된 이자율을 적용하는 융자로서, 대출기관과 차입자가 금리변동의 위험을 피할 수 없다. 고정금리로 대출을 하면 시장금리가 상승하는 경우 조달금리 상승으로 인한 위험부담을 대출자가 모두 부담해야 되며, 반면에 금리가 하락하는 경우에는 차입자들이 조기상환을 할 수 있으므로 조기상환 위험이 발생한다.

대출기관에서는 이런 문제를 감안하여 차입자에게 높은 이자율을 부담하려고 하는 경향이 많으며, 불합리한 이자율은 대출기관 입장에서도 대출상품 판매에 지장을 초래하는 문제가 발생한다.

둘째, 변동금리식 융자(Variable rate mortgage, 가변이자율 융자)란 일정 기간마다 대출이자율과 원리금을 기준 지표의 변동에 따라 조정하는 융자를 말한다. 금리변동 위험을 대출자와 차입자가 분담하여, 대출기관과 차입자가 금리변동에 대한 위험에 노출되는 것을 방지한다. 변동이자율 융자방법은 대출자와 차입자 사이의 특약에 의하여 이자율이 달라지는 방법이므로 대출 후 예상치 못한 인플레이션 급증에 따른 우려 때문에 비교적 장기간 고정이자율로 융자하기를 꺼리는 대출자들은 보통 이 방법을 이용한다.

우리나라의 경우에는 CD(Certificate of Deposit, 양도성예금증서)에 연동하거나, 금융채에 연동하는 방식을 택하는 경우가 많으며, 고정금리식 융자보다 금리가 낮은 것이 일반적이다. 또한 2010년 2월부터는 주택담보대출 기준금리인 '자금조달비용지수(COFIX)'가 도입되었으며, COFIX연동대출의 경우 CD연동대출에 비해 가산금리 적용을 위한 신용등급 분류가 대출자에 유리하게 적용될 가능성이 높은 것으로 알려져 있다.

제 3 절 현금흐름 분석

1. 영업 현금흐름 분석

1) 영업 현금흐름 분석 절차

영업 현금흐름(영업수지) 계산이란 부동산투자로부터 발생하는 현금수입과 현금지출을 측정하는 것을 말한다. 아래의 〈표 3-8〉은 영업 현금흐름의 계산과정을 나타내고 있다. 이와 같은 영업 현금흐름 계산과정은 아래에서 각 단계별로 상세하게 설명한다.

표 3-8 **영업 현금흐름의 계산과정**

단위당 예상임대료
× 임대단위수
가능총소득(PGI: Potential Gross Income)
− 공실 및 불량부채액
+ 기타 소득
유효총소득(EGI: Effective Gross Income)
− 영업경비(OE: Operation Expenses)
순영업소득(NOI: Net Operating Income)
− 부채서비스액(DS: Debt Service)
세전현금흐름(BTCF: Before−Tax Cash Flow)
− 영업소득세(TO: Taxes From Operation)
세후현금흐름(ATCF: After−Tax Cash Flow)

2) 가능총소득 분석

영업 현금흐름을 계산하는 첫 번째 단계는 가능총소득(PGI, 가능조소득)을 추계하는 것이다. 가능총소득(PGI)은 임대 단위 수에 연간 임대료를 곱하면 된다. 가능총소득(PGI)이란 그 명칭이 시사하는 것처럼, 투자부동산으로부터 얻을 수 있는 최대한

의 임대료 수입을 의미하므로, 일반적으로 임대용 빌딩의 경우에는 단위 면적당 연간 임대료에 임대면적으로 곱하여 계산하는 것이다. 이 때의 임대료는 층별로 각각 다르므로 〈부록 7〉에서는 층별 임대료 사례를 수록하였다.

우리나라의 경우 부동산임대사업에서 통용되는 임대차계약은 다음의 〈표 3–9〉와 같이 전세계약이나 월세계약, 사글세계약으로 구분된다. 전세계약이란 최초 임대차 계약 당시 임차인이 임대인에게 임대보증금을 지급하며 매월 임차인은 임대인에게 관리비를 지급한다. 이때의 관리비란 전유부분의 수도광열비와 공용부분의 수도광열비 중 각 임차인 부담부분, 기타 관리에 소요되는 경비 중 각 임차인이 부담해야 하는 부분이 된다. 월세계약이란 임차인은 최초 임대차계약 당시 일정액의 임대보증금을 임대인에게 지급하며, 매월 임대료와 관리비를 별도로 임대인에게 지급한다. 기타 사글세계약에서는 임차인은 임대차계약 초기에 임대료 전액을 임대인에게 지급하며, 매월 관리비를 별도로 임대인에게 지급하는 경우가 대부분이다. 다만 아파트단지 등 공동주택 임대차계약에서는 임차인이 관리비를 직접 관리주체에게 지불하므로 임대인에게는 관리비를 지급하지 않는다.

표 3–9 임대차계약 유형별 가능총소득 포함 금액 대비표

구분	전세계약	월세계약	사글세계약
임대보증금	×	×	없음
임대료	없음	○	○
관리비	○	○	○

주) ○: 포함됨, ×: 포함되지 않음.

임대인은 각 임차인으로부터 받은 관리비에서 수도광열비나 관리인 인건비 등 임대사업 운영에 필요한 각종 경비를 충당하게 되며, 관리비 중 임대 영업경비에 충당되고 남는 금액은 임대인의 임대수익이 된다. 따라서 가능총소득 계산에서는 전세계약의 경우 매월 임차인이 납부하는 관리비를 합산하여 계산하고, 임대보증금은 임대차계약 종료시점에서 임차인에게 반환하는 금액이므로 가능총소득에 포함하지 않는다. 월세계약의 경우 매월 임차인이 납부하는 월 임대료와 관리비를 합산하고 임대보증금 역시 가능총소득에 포함하지 않는다. 사글세계약의 경우에는 계약 초기에 받은 임대료와 매월 받는 관리비를 가능총소득에 포함한다.

실제 투자대상 부동산에 대한 가능총소득 계산은 대상 부동산의 임대차계약서나 회계장부에 기입된 금액을 기준으로 계산한다. 임대차계약서를 기준으로 가능총소득을 계산할 경우 임대용부동산의 임대차계약 중에는 일정 기간 임대료를 면제하거나 할인하는 내용의 특약사항이 포함되어 있는 경우도 있다. 이러한 특약은 가능총소득에 반영되어야 하는 것이므로 가능총소득 계산에서는 면제 또는 할인액은 공제해야 할 것이다.

공실로 인해 임대차계약이 체결되지 않은 공간에 대해서는 대상 부동산의 임대차계약 기준에 따라 가능총소득을 계산하고, 공실로 인한 손실액은 유효총소득 계산에 반영한다. 만약 기준이 정립되지 않은 경우에는 대상 부동산의 다른 공간에 대한 임대차계약 내용 중 유사한 공간에 대한 임대차계약 내용을 기준으로 가능총소득을 계산해야 할 것이다.

가능총소득 계산에서 논란의 대상이 될 수 있는 것은 임대보증금의 처리방법이다. 투자 초기의 임대보증금은 무이자타인자본으로 계산되어 지분투자액(자기자본투자액)을 저감시키는 역할을 하므로 문제가 없으나 임대사업 기간 중에 추가로 발생하는 임대보증금은 임대차계약이 종료될 경우 임차인에게 반환되어야 하는 금액으로 영업소득에 포함될 수 없다. 그러나 임대보증금은 임대사업에서 중요한 현금흐름이므로 이에 대한 처리가 문제가 되는 것이다. 이와 같은 임대보증금의 현금흐름은 일종의 '자본현금흐름'이 되므로 다음의 '자본현금흐름분석' 부분에서 상세하게 논하기로 한다.

3) 유효총소득 분석

가능총소득(PGI)에서 공실 및 불량채무에 대한 충당금을 공제하고 기타소득을 더한 것을 유효총소득(EGI, 유효조소득)이라 한다.

임대공간이 아파트와 같은 주거용 부동산이든, 사무실이나 점포와 같은 상업용 부동산이든 임대사업 전체 기간 중에 공실이 없이 모두 임대되리라고는 기대하기가 힘들다. 그리고 또한 모든 임대료를 100% 받을 수 있다고 장담할 수 없다.

따라서 투자분석을 할 경우에는 공실 발생의 가능성을 감안해야 한다. 임대료 손실에 대한 여유분을 '공실 및 불량부채에 대한 충당금'이라 한다. 보통 가능총소득

(PGI)의 5%를 충당금으로 계산하고 있으나 인근지역의 부동산시장 상황이나 경제 상황에 따라 그 비율이 달라질 수 있다. 구체적인 공실률 발생사례는 〈부록 8〉을 참조한다.

부동산투자에서는 임대료 수입이 가장 중요하지만, 이외에도 여러 가지 영업외수입이 있다. 예를 들어, 주차장 임대료, 자판기, 유료세탁기 수입과 같은 것이며, 기타소득이라 한다.

4) 순영업소득 분석

유효총소득(EGI)에서 영업경비를 공제하면 순영업소득(NOI)이 된다. 영업경비는 대상 부동산을 운영하는 데 소요되는 유지비, 관리비, 수수료, 재산세, 보험료, 광고비, 전기세, 전화료 등을 말한다.

영업경비는 일반적으로 대상 부동산의 회계장부를 기준으로 계산하게 된다. 회계장부에서의 영업경비는 부동산감정평가의 필요제경비를 의미하는 것이며, 필요제경비는 다음과 같이 구성되므로 각각 자세히 설명하기로 한다.

- 감가상각액
- 유지관리비
- 조세공과금
- 손해보험료
- 공실 및 불량부채충당금(대손충당금)
- 정상운전자금 이자

기타 순영업소득 계산에 필요한 유효총소득 중 순영업소득이 차지하는 비율의 사례는 〈부록 9〉와 같다.

(1) 감가상각액

감가상각액은 투입자본의 회수를 나타내며 실제 현금흐름의 지출이 아니므로 영업경비에 포함하지 않는다. 다만 발생주의 회계인 기업회계에서는 감가상각액을 비용으로 인정되므로 세금 계산과 세후현금흐름(ATCF)에 영향을 준다.

(2) 유지관리비

유지관리비란 대상 부동산의 유용성을 유지, 회복시키기 위해 지출되는 비용을 의미한다. 수익적 지출에 해당하는 수선비, 유지비, 관리인 인건비, 소모품비, 지급 수수료와 같은 관리에 소요되는 비용 등이 포함된다.

기업회계에서의 유지관리비에는 공익비 및 부가사용료와 자본적 지출에 해당하는 대수선비가 포함되지 않는다. 이때 공익비란 대상 부동산의 공용부분에 소요되는 비용으로 공동 수도광열비, 위생비, 청소비, 공공 설비비(승강기비, 계단 보수비, 안전관리비) 등을 의미하며, 부가사용료란 부동산의 전용부분에서 발생하는 가스료, 전기료, 수도료, 냉난방비 등을 의미한다. 기업회계에서 공익비와 부가사용료를 비용으로 인정하지 않는 것은 이들 비용은 관리비 명목으로 임차인에게 받아서 지급되는 비용이므로 해당 기업의 수익이나 지출에 기여하지 않는 것으로 보기 때문이다. 그러나 현금주의 회계에서는 실제 현금흐름을 기준으로 손익이 처리되므로 상기 가능 총소득에서 임차인에게 징수하는 관리비를 합산한 것과 같이 공익비와 부가사용료는 영업경비에 포함해야 한다.

자본적 지출(資本的支出, Capital expenditure)이란 건물과 같은 고정자산(固定資産)에 관한 지출 중에서 고정자산의 가치를 증가시키거나 내용년수를 증가시키기 위한 지출액을 말한다. 일반적으로 비용지출 효과가 장기간에 걸치는 것을 의미하며 건물의 개축이나 재축, 대수선은 물론 엘리베이터 또는 냉·난방장치의 설치 등도 자본적 지출에 포함된다. 이와 같은 자본적 지출은 임대사업을 위한 투자의 일종이므로 영업경비에 포함하지 않고 지분투자금액에 포함하여 계산해야 한다. 즉 자본적 지출이 발생하게 되면 자본적 지출액만큼 지분투자액이 증가한 것으로 처리되어야 한다.

(3) 조세공과금

필요제경비에 포함되는 조세공과금(租稅公課金)이란 재산세, 도시계획세, 공동시설세, 수익자 부담금 등 임대인 자산 자체에 부과되는 조세와 공과금을 말한다. 기타 임대인의 임대수익에 대해 부과되는 법인세·소득세 등은 투자자의 소득에 대한 세금이므로 영업경비에 포함되지 않는다. 또한 취득세 등 취득 관련 과세액은 대상 부동산의 취득과 관련된 금액이므로 지분투자금액(투자를 위한 경비)에 포함된다.

(4) 손해보험료

손해보험료(損害保險料)는 건물의 화재보험료나 기계·보일러 등에 대한 보험료 등의 소멸성 보험료를 의미한다. 기업회계에서는 손해보험료 명목으로 지급되는 보험료 중 비소멸성 보험료는 필요제경비에 포함하지 않는다. 그러나 부동산 투자분석에서는 지급되는 보험료는 소멸성 여부에 관계없이 모두 영업경비에 포함되며, 비소멸성보험료의 환급액은 실제 환급받는 연도의 유효총소득 계산에서 기타수입에 합산하여 계산해야 한다.

(5) 공실 및 불량부채충당금

공실 및 불량부채충당금(대손충당금, 대손상각액, 결손준비금)은 기업회계에서의 공실손실액과 대손충당금을 합산한 금액을 의미하며 유효총소득 계산에 포함되었으므로 영업경비에 포함하지 않는다.

(6) 정상운전자금이자

정상운전자금이자(正常運轉資金利子)란 임대사업을 영위하기 위해 소요되는 정상적인 단기운전자금에 대한 이자를 의미하며 영업경비에 포함된다. 이는 고정자산세의 일시납입금이나 종업원에 대한 일시상여금 등에 사용되는 각종 운영자금 등을 대출받은 경우에 발생하는 이자가 포함된다.

기업회계에서는 정상운전자금이자를 계산할 때는 1년 이상의 장기운전자금이자나 건설자금이자, 자기출자금이자 등은 포함하지 않는다. 그러나 현금주의 회계에서는 1년 이상의 장기운전자금이자도 영업을 위한 현금흐름에 해당하므로 영업경비에 포함한다. 다만 건설자금이란 대상 부동산의 건설이나 대수선 등 자본적 지출 등 임대사업 투자를 위한 융자금을 의미하며 영업경비에 포함되지 않으나, 건설자금에 대한 원리금지급액은 다음의 세전현금흐름(BTCF)계산에서 부채서비스액에 포함시킨다. 또한 자기출자금이자란 지분투자금액에 대한 이자 명목의 지출로서 일종의 투자수익을 회수하는 것이므로 영업경비에 포함하지 않는다.

(7) 영업경비 계산 유의사항

영업경비는 다음과 같이 고정비용과 변동비용으로 구분되기도 한다. 고정비용(固

영업경비(OE) 구성

최태규(2010)는 '상업용 표준지의 수익환원법 평가 개선에 관한 연구'에서 영업경비의 항목은 아래 표와 같이 청소비용, 시설유지비용, 수도광열비용, 주차관리비용, 제세공과금, 보안경비, 조경관리비용, 임대관련비용, 일반관리비용 등으로 구분된다고 하였다.

항 목	세 항 목
청소비용	청소직영인건비, 청소외주용역비, 외곽창청소, 쓰레기수거비, 청소소모품비, 기타청소비
시설유지비용	시설유지직영인건비
수도광열비용	상하수도료, 전기료, 석유가스비용, 기타 등
주차관리비용	주차관리직영인건비, 주차관리외주용역비, 주차장임대비, 기타주차관리비
제세공과금	재산세, 목적세, 도로점용료, 제부담금
보안경비	경비직영인건비, 경비외주용역비, 기타경비비
조경관리비용	조경직영인건비, 조경관리외주용역비, 기타조경비
임대관련비용	임대차중개수수료, 마케팅(광고·판촉), 입주사관련비, 위타지급수수료, 기타임대비
일반관리비용	관리직인건비, 일반관리비, 지급수수료, 기타일반관리비

〈출처: 최태규, 2010, 감정평가연구 Vol.20 No.2, 한국부동산연구원〉

定費用, Fixed cost)이란 매출액이나 임대량 등의 변동에 관계없이 매기(년 또는 월) 반복적으로 소요되는 일정한 비용을 의미한다. 예를 들면, 빌딩임대사업의 경우 재산세나 화재보험료, 관리직원의 급여 등은 고정비용이 된다. 변동비용(變動費用, Variable cost)이란 매출액이나 임대량 등의 변동에 따라 함께 변동되는 비용을 의미한다. 이는 가변비용(可變費用)이라고도 하며 임대사업의 경우 수도광열비나 청소비 등은 변동비용이 될 수 있다. 따라서 영업경비를 계산할 경우에는 변동비용의 추정에 유의해야 한다.

5) 세전현금흐름 분석

저당대출에 대한 매년의 원금 상환분과 이자 지급분을 순영업소득(NOI)에서 공제한 것을 세전(稅前)현금흐름(BTCF)라 한다. 이때 저당대출에 대한 매기간의 원금상환분과 이자지급분을 합하여 부채서비스액(Dept service) 혹은 저당지불액이라 한다. 이때 부채서비스액에 포함된 원금상환분은 지분투자자 입장에서는 해당 년도에는 현금유출액으로 계상되나 투자 종료시점에서 지분복귀액으로 회수되는 지분귀속분이 된다.

세전현금흐름(BTCF)은 저당투자자 몫인 원금과 이자 상환분을 공제한 값이므로, 앞의 순영업소득(NOI)과는 달리 지분투자자에게만 귀속되는 현금유입액이 된다.

6) 세후현금흐름 분석

세후(稅後)현금흐름(ATCF)은 세전현금흐름(BTCF)에서 영업소득세를 공제하면 된다. 영업소득세는 기업회계에서의 순수익에 대하여 세율을 적용하게 되며, 영업소득세 계산을 위한 순수익(과세소득)은 기업회계 기준에 따라 다음의 〈표 3-10〉의 좌측 공식(순영업소득 기준)과 같이 상기 순영업소득(NOI)에 대손충당금을 합산하고 부채서비스액 중 이자지불액과 감가상각비를 공제한 금액으로 한다.

기업회계에서 과세소득을 계산하기 위하여 대손충당금을 순영업소득에서 합산하는 이유는 대손충당금은 불량부채액(임대료 미수액)의 발생에 대비해 계산되는 가상의 비용에 불과하나 대손충당금을 유효총소득 계산에서 공제하거나 영업경비에 포함시킨 경우 대손충당금만큼 과세소득이 적게 계산되기 때문이다. 물론 유효총소득 계산이나 영업경비 계산에서 대손충당금을 포함하지 않은 경우에는 과세소득 계산에서 이 금액을 합산하지 않는다.

이자지급분은 임대사업을 위해 타인자금을 사용한 비용으로 볼 수 있기 때문에

표 3-10 영업소득세의 계산

순영업소득 기준	세전현금흐름 기준
순영업소득(NOI)	세전현금흐름(BTCF)
+ 대손충당금	+ 대손충당금
− 이자지급분	+ 원금상환분
− 감가상각액	− 감가상각액
과세소득	과세소득
× 세율	× 세율
영업소득세	영업소득세

과세소득 계산에서 공제하며, 기업회계에서 감가상각액은 실제 현금 유출은 없으나 임대사업 기간 중에 건물가치가 일정액씩 감가된다는 전제에서 비용으로 처리하므로 과세소득 계산에 포함하는 것이다.

우리나라에서는 개인투자자의 경우 임대소득은 종합과세 대상이므로 영업소득세 세율은 종합소득세 세율을 적용한다. 종합소득세는 누진과세가 되며, 개인투자자에게 다른 소득이 있을 경우 임대소득은 부동산투자로 인해 기존의 소득에 추가되는 소득이므로 투자자가 다른 소득이 전혀 없는 등 특별한 사정이 없는 한 영업소득세 세율은 개인투자자의 소득에 적용되는 종합소득세 세율 중 최고세율을 적용하는 것이 바람직할 것이다. 기타 법인세의 경우에도 이와 유사한 논리가 적용되며, 보다 구체적인 세액 계산이나 세율 판정 등은 「소득세법」이나 「법인세법」의 규정에 따라야 할 것이다.

상기 〈표 3-10〉에서는 과세소득을 계산할 때 우측 계산식(세전현금흐름 기준)에서는 좌측 계산식과는 달리 원금상환분을 합산하고 있다. 이는 세전현금흐름(BTCF)는 순영업소득(NOI)에서 부채서비스액(DS)을 공제한 값이며, 이때 부채서비스액(DS)이란 원리금상환액으로서 원금상환분과 이자지급분이 모두 포함되어 있기 때문이다. 즉 세전현금흐름(BTCF)은 순영업소득(NOI)에서 이자지급분뿐만 아니라 원금상환분까지 공제한 금액으로 세전현금흐름(BTCF)을 기준으로 과세소득을 계산하면 원금상환분만큼 과세소득이 감소하기 때문이다.

2. 자본 현금흐름 분석

1) 자본 현금흐름 분석의 의의

자본 현금흐름 분석이란 영업 현금흐름 분석과 별도로 투자기간 중 발생하는 자본의 현금흐름을 분석하는 절차를 말한다. 매년도 자본현금흐름은 다음과 같이 계산된다.

(1) 투자시점의 자본현금흐름

부동산투자자는 지분투자자로서, 지분투자자 입장에서는 전체 투자금액에 대한 수익보다는 자신이 투자한 지분투자액에 대한 수익의 크기에 더욱 관심이 있다. 따라서 부동산투자 타당성분석이란 지분투자에 대한 타당성분석을 의미하며 투자시점의 자본현금흐름은 다음과 같이 계산된다.

> • (-)총현금유출(매수가치, V) = 시장가치(P) + 구입경비(BE)
> • (-)지분현금흐름(E) = - 총현금흐름(E) + 저당가치(L) + 임대보증금(R)

총현금흐름은 대상 부동산을 구입하기 위하여 지불하는 모든 비용을 의미하는데 이는 투자자 입장에서는 현금유출액이 되므로 (-)로 표시한다. 이와 같은 총현금흐름은 매수자에게 지불하는 시장가치와 구입경비를 합산한 것이며, 구입경비(BE, Buy expense)에는 대상 부동산을 구입하기 위한 취득 관련 조세(취득세 및 기타 세금)는 물론 중개수수료나 감정평가수수료, 변호사 비용 등 제반 경비가 포함된다. 또한 대상 부동산에 대한 투자 타당성분석을 위해 지불한 별도의 컨설팅 비용이나 이와 유사한 비용 등도 구입경비에 포함되어야 한다. 부동산투자자는 대상 부동산의 가치가 총현금흐름액보다 같거나 높을 경우 투자하려고 할 것이므로, 총현금흐름액은 투자 부동산의 '매수가치'로 처리된다.

지분현금흐름은 총현금흐름에서 타인자본에 포함되는 저당투자액(대출액)과 임대보증금을 제외한 금액을 지분투자자 입장에서 투자를 위해 지출해야 하는 현금액을 의미한다. 일반적인 부동산투자에서는 투자 초기에는 지분투자자 입장에서 항상 현금유출이 발생하므로 (-) 값이 된다.

(2) 투자기간 중의 자본현금흐름

투자기간 중의 자본현금흐름은 대상 부동산투자 기간 중에 발생하는 현금흐름 중 영업소득과 관련되지 않고 지분투자액의 크기에만 영향을 미치는 현금흐름을 의미한다.

현금흐름 계산에서 자본현금흐름을 분리하여 계산하는 이유는 자본현금흐름의 경우 임대소득세 계산에서 제외되며, 기타 단년도분석법이나 금융비율계산에서는 영업 현금흐름만을 계산 대상으로 삼기 때문이다.

이와 같은 자본현금흐름은 전체 현금흐름 중 하나이므로 다음과 같이 영업 현금흐름과 연관하여 순현금흐름(NCF: Net Cash Flow)이 계산되어야 한다.

> • 자본현금유입액 = 임대보증금 증가분 + 저당투자 증가분
> • 자본현금유출액 = 임대보증금 감소분 + 저당대출 상환액 + 지분투자 증가분
> • 순현금흐름(NCF) = 세후현금흐름(ATCF) + 자본현금유입액 − 자본현금유출액

임대보증금 증가분이란 투자기간 중 임차인이 지급한 임대보증금 인상분을 의미하며, 임대보증금 감소분이란 투자기간 중 임대차계약이 만료되어 임차인에게 반환한 금액을 의미한다. 임대보증금 증가분과 저당투자 증가분은 지분투자자 입장에서는 현금이 유입되는 것이므로 자본현금유입액에 포함하며, 이들 금액은 투자 기간 중 또는 종료시점에서 지분투자자가 임차인과 저당투자자에게 전액 상환해야 하므로 자본현금유출액이 된다.

지분투자 증가분이란 대상 부동산의 대수선이나 증축, 개축, 대규모 설비 증설이나 교체 등을 위한 지분투자자가 추가로 투자한 현금 투자액으로 자본현금유출액에 포함된다. 만약 대수선이나 증축 등을 위해 추가로 대출을 받은 경우 저당투자 증가분이 되어 자본현금유입액에 포함된다. 반면에 대출원금을 상환한 경우에는 영업현금흐름 중 세전현금흐름(BTCF) 계산에서 처리되므로 자본현금흐름에 포함하지 않는다.

이러한 과정을 거쳐 계산된 순현금흐름(NCF)은 당해 투자기간 중 지분투자자에게 귀속되는 실제의 현금흐름이 되므로, 자본현금흐름이 있을 경우 투자준거는 세후현금흐름(ATCF)이 아닌 순현금흐름(NCF)을 기준으로 계산해야 한다.

(3) 투자 종료시점의 자본현금흐름

투자 종료시점의 자본현금흐름은 투자 부동산에 대한 매각 등을 통한 지분복귀액이 되므로, 다음의 지분복귀액 분석에서 설명한다.

2) 임대보증금과 자본수지 분석

상기 영업수지 계산 중 가능총소득 계산에서 논란의 대상이 되는 것은 임대보증금에 대한 것이다. 투자 초기의 임대보증금은 무이자타인자본으로 계산되어 지분투자액(자기자본투자액)을 저감시키는 역할을 하므로 문제가 없다. 그러나 임대사업 기간 중에 추가로 발생하는 임대보증금은 임대차계약이 종료될 경우 임차인에게 반환

되어야 하는 금액으로 영업소득에 포함될 수 없으나 임대사업에서 중요한 현금흐름임에는 틀림이 없으므로 이에 대한 처리가 문제가 된다.

임대보증금에 대한 현금흐름 계산에서의 처리방법은 다음과 같은 3가지 방법으로 요약될 수 있다.

- 현금흐름 계산 제외 방법
- 운용이익 합산 방법
- 자본수지 합산 방법

첫째의 '현금흐름 계산 제외 방법'이란 임대보증금은 임대차 기간 종료 후 임차인에게 반환되는 금액이므로 영업기간 중 발생하는 임대보증금은 현금흐름 계산에 포함하지 않는 방법을 말한다. 이 방법은 현금흐름 계산을 단순화 시키는 장점이 있으나 대부분 임대인은 임대보증금을 여러 가지 방법으로 운용하여 수익이 발생되는 점을 무시하는 문제가 있다. 부동산감정평가에서는 임대보증금에 정기예금금리를 곱한 운용이익을 임대수익에 포함시키고 있는 점을 감안할 때 타당하지 않은 방법이다.

둘째의 '운용이익 합산 방법'이란 임대보증금을 보유하는 기간에 매년 일정한 운용이익율을 적용한 운용이익을 가능총소득에 합산하는 방법을 말한다. 국토교통부의 지원을 받아 한국감정원에서 매 분기마다 발표하는 「상업용부동산 임대동향조사 보고서」에서는 임대보증금에 월세전환율[19]을 곱하여 가능총소득에 합산하여 계산하고 있다. 이러한 방법은 대규모 임대사업자의 경우 임대차계약을 체결할 때 기준 임대보증금 중 일정액을 월세로 전환할 때는 저감되는 임대보증금액에 월세전환율을 곱한 금액만큼 월임대료를 상향 조정하고 있는 현실을 반영한 것이다.

임대보증금은 임차인의 임대료 미납 채권이나 건물 훼손, 명도소송 비용 등의 채권을 담보하기 위한 목적도 있으므로 임대보증금 전액을 월세로 전환하는 것은 바람직하지 않으나 일반적인 임대차계약에서는 일정액의 임대보증금이 존재하는 것이 현실이다. 이러한 임대보증금은 건물의 개·보수나 영업경비의 일시적 부족액에 충당하여 재투자하는 경우도 있으나 임대인이 다른 목적으로 전용하는 경우도 있다.

또한 임대보증금의 재투자나 전용의 경우 월세전환율 만큼 높은 수익이 발생한다는 보장도 없다. 따라서 상업용부동산 임대동향조사에 포함된 월세전환율을 적용하

---

19) 2010년 2/4분기 전국 7대도시의 오피스빌딩 월세전환율은 12.5%, 매장용빌딩 월세전환율은 12.3%로 조사됨.

는 방법은 임대수익을 과다 계산할 가능성도 배제하지 못한다. 또한 월세전환율 대신에 정기예금금리를 적용할 경우 오히려 임대수익이 과소평가될 가능성도 있다.

즉, '운용이익 합산 방법'은 임대보증금의 경제적 편익을 계산할 수 있는 장점이 있으나, 실제 현금흐름이 발생하지 않는 가상적 수익을 현금흐름에 편입하는 과정에서 오류가 발생하는 문제점을 내포하고 있다.

셋째, '자본흐름 합산 방법'이란 현금흐름 이외에 별도의 자본흐름으로 처리하는 방법을 말한다. 방법을 활용할 경우 영업 현금흐름과 별도로 자본현금흐름도 계산해야 하므로 실무적으로는 영업 현금흐름표(Cash flow chart) 다음에 자본현금흐름 항목을 추가하여 계산한다. 이와 같은 계산에 따라 매년도 실제 현금흐름이 명확하게 산정된다.

투자기간 중 증액되는 임대보증금이 자본적 지출에 활용될 경우 임대보증금은 무이자타인자본으로 전환되는 것으로 봐야 하며, 이 경우 전체 투자금액 중 지분비율(자기자본투자비율)은 감소하는 것으로 봐야 한다. 또한 임대인이 임대사업 이외의 목적으로 전용하는 것은 지분투자액(자기자본투자액)을 회수하는 것이므로 이 역시 무이자타인자본으로 전환되고 그 만큼 지분투자액은 감소하며, 지분비율 역시 감소하는 것으로 봐야 한다.

무이자타인자본은 지분투자수익률을 증대시키는 레버리지 효과를 발생시키게 되며 레버리지 효과(지분투자수익률의 증분)는 지분비율이 적을수록 커지는 점을 감안할 때 투자기간 중 임대보증금 증분을 현금흐름 계산에 포함시킬 경우 투자준거(내부수익률, 순현가 등)가 조금 더 분명하게 계산될 수 있다. 또한 '자본흐름 합산 방법'에 따라 계산할 경우 투자 기간 동안 자본적 지출 등 추가 지분투자액도 현금흐름에 포함하여 계산할 수 있다.

이와 같이 별도의 자본흐름 항목을 신설하여 임대보증금 증감분을 전체 현금흐름 계산에 추가할 경우 투자 타당성분석이 더욱 명확해지는 장점이 있다. 반면에 현금흐름 계산이 조금 더 복잡해지는 문제도 있으나 본서에서는 보다 정확한 투자준거 계산을 위하여 '자본흐름 합산 방법'을 활용하기로 한다.

3. 지분복귀액 분석

1) 지분복귀액 분석 절차

부동산투자에서의 현금흐름은 투자부동산의 처분 과정에서도 발생되며, 전체 현금흐름 중 그 비중이 매우 큰 편이다. 부동산투자자들은 투자 대상 부동산을 일정 기간 보유하다가 다시 처분하는 경우가 많은데, 부동산을 처분할 경우 미상환저당잔금 등 타인자본을 공제하고 남은 현금은 지분투자자의 몫으로 되돌아온다. 이것을 지분복귀액(持分復歸額, Equity reversion)이라 한다. 부동산투자에서의 매도가액과 매수가액의 차액인 자본이득은 지분복귀액에 포함되므로 지분복귀액 계산으로 자본이득이 현실화되는 셈이다.

다음의 〈표 3-11〉은 지분복귀액 계산의 4가지 과정을 설명하고 있으며, 상세한 항목별 계산방법은 다음에서 설명한다.

표 3-11 지분복귀액의 계산과정

매도가액(SP, Selling Price)
− 매노경비(SE, Selling Expense)
순매도액(NSP, Net Sales Proceeds)
− 미상환저당잔금(UMB, Unpaid Mortgage Balance)
세전지분복귀액(BTER, Before−Tax Equity Reversion)
− 자본이득세(CGT, Capital Gain Tax)
세후지분복귀액(ATER, After−Tax Equity Reversion)

2) 매도가액 계산

지분복귀액의 계산은 장래 예상되는 투자 대상 부동산의 매도가격 추계로부터 시작된다. 부동산투자 타당성분석은 투자를 하려고 하는 현재 시점을 기준으로 행해지므로 타당성분석 시점에서의 매도가액은 어디까지나 기대가격에 지나지 않는다. 매도가액은 일반적으로 부동산감정평가 3방식 6방법 중 수익환원법의 한 종류인 직접환원법을 적용하는 경우가 많다. 직접환원법이란 최종년도 순영업소득(NOI)을 환원이율(자본환원율)로 나누어 계산하는 방법을 말한다. 상세한 환원이율 계산방법은 제

4장에서 설명된 감정평가론의 지식을 활용한다.

3) 순매도액 계산

매도가액(SP)에서 매도경비(SE)를 차감하면 순매도액(NSP)이 된다. 매도경비에는 부동산 처분과 관계되는 중개수수료, 광고비, 법적수속비, 기타 경비 등이 포함된다. 매도경비는 부동산 매도에 필요한 활동에 따라 달라지므로 고가의 빌딩 등 환금성이 낮은 부동산일수록 매도를 위한 다양한 노력이 필요하고 그 경비도 달리 책정되어야 할 것이다. 또한 법률의 규정에 의해 감정평가나 공매과정을 거쳐야 하는 경우에는 감정평가비용이나 공매를 위한 광고비와 공매집행비용, 공매대행비용 등도 포함되어야 할 것이다.

4) 세전지분복귀액 계산

세전지분복귀액(BTER)은 순매도액(NSP)에서 미상환저당잔금을 차감한 것이다. 이때 미상환저당잔금이란 부동산 매도시점에서 저당대출자에게 일시불로 상환해야 할 저당잔액을 말한다.

저당대출은 대출 조건에 따라 저당의 목적이 된 부동산을 매도하면 대출액을 전부 상환해야 하는 경우도 있고, 새로운 매수자에게 저당대출을 승계하도록 하는 경우도 있다. 전자는 승계불가대출이라 할 수 있으며 후자를 승계가능대출이라고 할 수 있다. 승계불가능대출의 경우 부동산투자가 종료되면 미상환저당잔금을 저당투자자에 모두 상환해야 하며, 승계가능대출의 경우 매수자가 지불하는 매도가액은 매수자에게 승계하는 미상환저당잔금을 공제한 금액이 된다. 따라서 저당대출 만기 전에 부동산을 매도할 경우 승계불가능대출이나 승계가능대출 모두 미상환저당잔금을 공제해야만 투자자에게 회수되는 현금액을 정확하게 계산할 수 있다.

또한 우리나라에서는 부동산투자 당시 임대보증금을 인수하고 부동산을 구입하는 경우나 투자기간 중 임대보증금이 발생하는 경우가 많다. 임대보증금은 임대차계약이 종료되면 임차인에게 반환되거나 매수자에게 승계되므로 부동산투자가 종료되어 대상 부동산 매각 대금 중 임대보증금을 공제한 잔액만 투자자에게 회수되는 것으로 봐야 한다.

5) 세후지분복귀액 계산

세후지분복귀액(ATER)은 세전지분복귀액(BTER)에서 자본이득세를 차감하여 계산한다. 이때의 세후지분복귀액은 부동산 매도로 투자자에게 되돌아오는 최종의 현금수지가 된다. 자본이득세란 우리나라에서는 개인의 경우 양도소득세를 의미하고 법인의 경우에는 법인세를 의미한다.

다음의 〈표 3-12〉는 부동산처분에 따른 자본이득세를 개략적으로 계산하는 절차를 설명하고 있다. 표에서의 자본이득이란 대상 부동산의 매도로 인해 발생한 이득을 의미한다. 매도로 인한 이득이란 대상 부동산의 매수가치와 매도가치의 차액을 의미하는 것이며, 매도 과정에서 소요되는 제반 비용을 공제하여 계산한다(매수비용은 매도가치에 포함됨). 또한 상기 영업소득세 계산에서 매년 부동산가치가 감가상각액 만큼 하락한다는 전제에서 감가상각액을 비용으로 처리하였으므로 매수가치는 투자 당시의 매수가치에서 영업 기간의 총 감가상각액을 공제한 잔존 부동산가치로 보아야 할 것이다.

표 3-12 자본이득세의 계산

순매도액(NSP)
− 잔존부동산가치 = 매수가치 − 총감가상각액
매도이익
− 초과감가상각액
자본이득
− 세제상 공제액
과세대상 자본이득
× 세율
자본이득세

이에 따라 〈표 3-12〉의 계산 공식에서 매도이익은 매도가액(SP)에서 매도경비(SE)를 공제한 순매도액(NSP)에서 잔존 부동산가치를 공제한 금액으로 계산하였다. 또한 매도 당시 대상 부동산에 대한 특별한 감가상각요인이 발생한 경우에는 해당 감가액 만큼 매도이익이 감소하므로 자본이득은 매도이익에서 초과감가상각액을 공제한 금

액으로 계산한다. 과세대상 자본이득은 자본이득에서 세제상 공제액을 공제한 금액
이 된다.

　자본이득세는 개인투자자의 경우 과세대상 자본이득에 「소득세법」에서 정한 양도
소득세율을 적용하여 계산하며, 법인투자자의 경우 「법인세법」에서의 법인세율을
적용해야 할 것이다. 기타 우리나라의 「소득세법」과 「법인세법」에서는 양도소득세나
법인세 과표 계산에 대한 장기보유공제나 기초공제 등 다양한 특례를 두고 있으므
로, 실제 계산에서는 이들 특례에 대한 배려가 필요할 것이다.

화폐의 시간가치

1. 시간의 흐름과 화폐가치의 변화

1) 의 의

투자는 현재의 지출과 미래의 수익을 교환하는 행위이다. 투자자는 현재의 지출과 미래의 수익을 비교하여 미래의 수익이 현재의 지출보다 클 경우에 투자결정을 하게 된다. 그런데 현재의 지출과 미래의 수익은 이자와 기간을 감안했을 때 화폐의 시간가치(Time value)가 다르다. 그러므로 서로 다른 시점에서 발생하는 현금흐름(Cash flow)을 비교 분석하기 위해서는 현금흐름에 대한 시간가치 계산이 필요하다.

화폐의 시간가치에는 미래가치와 현재가치가 있으며, 현재가치와 미래가치를 환산하는 공식을 자본환원계수(資本還元係數) 또는 자본비용(資本費用)이라고도 한다. 부동산투자는 장기투자이며 투자 종기에 발생하는 지분복귀액의 비중이 크므로 부동산투자 타당성분석을 위해서는 미래가치를 현재가치로 환산(할인)하여 분석하는 절차가 필수적이다. 따라서 부동산투자 결정이나 개발결정 등을 위한 타당성 분석에서는 화폐의 시간가치에 관한 지식은 필수불가결하다.

2) 현재가치와 미래가치

현재가치(現在價値, PV: Present Value)는 미래의 금액이 현재 시점에서 얼마의 가치를 가지고 있는가를 나타낸다. 흔히 현가(現價)라고 부른다. 반면에 미래가치(未來價値, FV: Future Value)란 현재의 금액이 미래시점에서 어느 정도의 가치를 갖는가를 나타낸다. 흔히 내가(來價)라고 부른다. 미래가치가 현재의 화폐가치를 미래의 특정 시점의 가치로 환산한 것이라면, 현재가치는 미래의 금액을 현시점으로 환산한 가치이다.

미래가치를 계산할 때는 이자율을 곱하지만 현재가치 계산에는 이자율로 나눈다. 특히 미래가치를 현재가치로 환산할 때의 이자율을 할인율(割引率, Rate of discount)

이라고 하며, 반대의 경우에는 할증률(割增率, Rates of premium)이라고 한다.[20]

3) 일시불과 연금

연금(年金, annuity)이란 일정 기간 또는 종신(終身)에 걸쳐서 정기적으로(월, 년 등) 지급되는 일정액의 금전을 말한다.

연금 이외의 금전은 일시불(一時拂) 또는 일시금(一時金)이라고 한다. 현금흐름이 1회만 발생한 경우는 물론 2회 이상 현금흐름이 발생하더라도 매번의 발생하는 액수가 다르거나 발생 기간이 동일하지 않으면 일시불로 봐야 한다.

예를 들어, 1차년도에 100만원 2차년도에 100만원, 3차년도에 100만원의 수익이 발생할 경우, 100만원은 1년마다 정기적으로 일정한 금액이 발생하는 것이므로 연금이 된다. 그러나 1차년도에 100만원, 2차년도에 200만원, 3차년도에 300만원의 수익이 발생한다면 이들 금액은 3회의 일시불로 취급된다.

2. 미래가치 계산

1) 일시불의 미래가치

기간 초에 불입된 일시불에 대해서 일정 기간 후 원리금의 합계를 구하기 위해서는 일시불의 내가계수를 적용한다. 일시불의 미래가치계수(일시불의 내가계수)란 다음의 공식과 같이 1원을 이자율 r로 저금했을 때 n년 후에 찾게 되는 금액이다.

$$\text{일시불의 내가계수}(r\%, \ n\text{년}) = (1 + r)^n$$

어떤 부지의 지가가 매년 10%씩 상승한다면 3년 후에는 얼마나 될까? 매년의 상승분은 10%이지만, 다음 해는 그 전 해의 몫에서 다시 10%가 상승하게 되므로 복리로 계산해야 한다. 이 부지의 현재 지가가 5,000만원이라면 3년 후의 지가는 다음과 같이 계산된다.

---

20) 이원준, 상게서, pp. 211~214 및 나상수 외 2인, 『신감정평가실무』(서울: 부연사, 2001), pp. 46~51 참조.

> 3년 후의 지가 = 5,000 × $(1+0.1)^3$ = 6,655만원

〈산출식〉

1억원을 이자율 10%로 예금한 경우 매년 말의 미래가치

① 1차년도 말 = 1억원 + (1억원×10%) = 1억 1,000만원

② 2차년도 말 = 1억 1,000만원 + (1억 1,000만원×10%) = 1억 1,000만원 +
1,100만원 = 1억 2,100만원

③ 3차년도 말 = 1억 2,100만원 + (1억 2,100만원×10%) = 1억 2,100만원 +
1,210만원 = 1억 3,310만원

① 식 변형 → 1 + $(1 \times r)$ = (1×1) + $(1 \times r)$ = $(1+r) \times 1$ = $(1 \times r)$ = $(1 \times r)^1$
　※ 1억원 = 1, 이자율 = r

② 식 변형 → $(1+r)$ + {$(1+r) \times r$ = $(1+r) \times (1+)$ = $(1+r)^2$

③ 식 변형 → $(1+r)^2$ + {$(1+r)^2 \times r$ = $(1+r)^2 \times (1+r)$ = $(1+r)^3$

이와 같은 산식을 볼 때 n년도 말 미래가치는 $(1+r)^n$이므로, 이 공식은 $(1+r)^n$은
일시불의 내가계수로 사용한다.

☞ 예제 1

• 문제: 현재 1,000만원인 토지의 지가가 매년 20%씩 상승할 경우 3년 후 지가
는?

• 3년 후 지가 = 1,000만원 × $(1+20\%)^3$ = 1,000만원 × $(1+0.2)^3$
= 1,000만원 × $(1.2)^3$ = 1,000만원 × 1.728 = 1,728만원

2) 연금의 미래가치

어떤 정년 퇴직자가 연금으로 매년 2,000만원씩 받는다고 하자. 이 사람이 이것을
쓰지 않고 이자율 10%로 3년 동안 계속해서 적립한다면 기간 말에는 얼마나 될까?

이때 기간 말에 달성되는 적립액을 연금의 미래가치라 하고, 이처럼 일정 기간 계
속해서 정기적으로 지급받는 동일액을 연금이라 한다. 그리고 매기간 말에 받는 연
금을 정규연금이라 하고, 매기간 초에 받는 연금을 만기연금 또는 사전연금이라 한
다. 부동산학에서는 일반적으로 정규연금을 기준으로 계산하게 된다.

매 기간마다 일정액을 불입했을 때 기간 말에 달성되는 누적액을 구하기 위해서
는 연금의 미래가치계수(연금의 내가계수)를 적용해야 한다. 연금의 미래가치계수는

매년 1원씩 받게 되는 연금을 이자율 r로 계속해서 적립했을 때 n년 후에 달성되는 금액을 말한다.

$$\text{연금의 내가계수} = \frac{(1+r)^n - 1}{r}$$

일정한 연금액(ANN)을 이자율 r로 n년간 적립할 경우의 연금의 미래가치($r\%$, n년)는 다음의 공식을 적용하여 계산한다. 이 공식 우측 두 번째 항이 연금의 내가계수가 된다. 따라서 연금의 내가계수는 매년 1원씩 받게 되는 연금을, 이자율 r로 계속해서 적립했을 때 n년 후에 달성되는 금액이 된다.

$$\text{연금의 미래가치}(r\%,\ n\text{년}) = \text{ANN} \times \frac{(1+r)^n - 1}{r}$$

예를 들어, 매년 2,000만원씩 지급받는 연금의 3년 후 적립액은 다음과 같다. 이때 연금의 내가계수(10%, 3년)는 3.310이 된다.

$$\begin{aligned}\text{연금의 미래가치} &= \text{연금액} \times \text{연금의 내가계수}(10\%,\ 3\text{년}) \\ &= 2{,}000\text{만원} \times 3.310 = 6{,}620\text{만원}\end{aligned}$$

〈산출식〉
매 기간마다 1원씩 이자율 r로 n년간 적립하는 경우 매 기간 적립액의 미래가치 (기말 적립)
1차년도 적립금액의 n년 시점의 미래가치 $= (1+r)^{n-1}$
2차년도 적립금액의 n년 시점의 미래가치 $= (1+r)^{n-2}$
3차년도 적립금액의 n년 시점의 미래가치 $= (1+r)^{n-3}$
$n-1$차년도 적립금액의 n년 시점의 미래가치 $= (1+r)^{n-(n-1)} = (1+r)^1$
n차년도 적립금액의 n년 시점의 미래가치 $= (1+r)^{n-n} = (1+r)^0 = 1$
※ 공리: $A^0 = 1$(단, $A = 0$이 아닐 경우)
따라서 1원씩 이자율 r로 n년간 적립하는 경우 매기간 적립액의 미래가치 Fv는 아래와 같은 산식으로 표현된다.
$Fv = (1+r)^{n-1} + (1+r)^{n-2} + \cdots\cdots + (1+r)^{2-1} + (1+r)^1 + 1 \quad \cdots ①$
상기 ①식의 좌변과 우변에 각각 $(1+r)$을 곱하면
$Fv \times (1+r) = (1+r)^n + (1+r)^{n-1} + \cdots\cdots + (1+r)^2 + (1+r)^1 \quad \cdots ②$

② 식에서 ① 식을 공제하면, $Fv \times (1+r) - Fv = (1+r)^n - 1$

따라서 $Fv \times (1 - r - 1) = (1+r)^n - 1$

$Fv \times r = (1+r)^n - 1$ 따라서 $Fv = \dfrac{(1+r)^n - 1}{r}$

☞ 예제 2

- 문제: 매년 2,000만원씩 받는 연금을 이자율 5%로 3년간 적립할 경우 기간말의 금액은?

- 기간말 금액 $= 2{,}000만원 \times \dfrac{(1+0.05)^3 - 1}{0.05} = 2{,}000만원 \times \dfrac{(1.05)^3 - 1}{0.05}$

$$= 2{,}000만원 \times \dfrac{1.157625 - 1}{0.05} = 2{,}000만원 \times \dfrac{0.157625}{0.05}$$

$$= 2{,}000만원 \times 3.1525 = 6{,}305만원$$

3) 감채기금계수

일정 누적액을 기간 말에 만들기 위해서 매기간마다 적립해야 할 액수를 구하기 위해서는 감채기금계수(상환기금계수, SFF: Sinking fund factor)를 사용한다. 이는 이자율 r로 n년 후에 1원을 만들기 위해서 매년 불입해야 할 금액이며, 연금의 내가계수의 역수이다.

$$감채기금계수 = \dfrac{r}{(1+r)^n - 1}$$

예를 들어, 주택자금을 마련하기 위하여 3년 만기로 5,000만원짜리 적금을 들었다. 그렇다면 매년 얼마씩 불입해야 할까? 이자율은 마찬가지로 10%이다. 여기서는 연금의 미래가치가 5,000만원이라는 것이 이미 알려져 있다. 앞의 공식을 이용하면 매기간 연금불입액은 다음과 같이 계산된다.

'연금의 미래가치 = 매기간 연금불입액 × 연금의 내가계수'이므로, '매기간 연금불입액 $= \dfrac{연금의 미래가치}{연금의 내가계수}$'가 된다. 이것을 기호를 써서 수식화 시키면 다음과 같다.

$$매기간 불입액(r\%, n년) = 연금의 미래가치 \times \frac{r}{(1+r)^n - 1}$$

감채기금계수는 이자율 r로 n년 후에 1원을 만들기 위해서 매년 불입해야할 액수를 의미한다. 이와같이 감채기금계수는 연금의 내가계수의 역수가 된다. 위 공식을 적용하여 매기간 불입액을 구하면 다음과 같다.

$$
\begin{aligned}
매기간 불입액 &= 5,000만원 \times 감채기금계수(10\%, 3년) \\
&= 5,000만원 \times 0.30211 \\
&= 1,510.55만원
\end{aligned}
$$

〈산출식〉

매기 1원씩 이자율 r로 n년간 적립하는 경우 매기간 적립액의 미래가치는 $Fv = \dfrac{(1+r)^n - 1}{r}$이므로

매 기간마다 Pv원씩 이자율 r로 n년간 적립하는 경우 매기간 적립액의 미래가치 $Fv = Pv \times \dfrac{(1+r)^n - 1}{r}$ 이다.

상기식의 좌변과 우변을 각각 $\dfrac{(1+r)^n - 1}{r}$로 나눠주면 아래와 같은 공식이 된다.

$$Fv \times \frac{1}{\frac{(1+r)^n - 1}{r}} = Pv \times \frac{\frac{(1+r)^n - 1}{r}}{\frac{(1+r)^n - 1}{r}}$$

$$Pv = Fv \times \frac{1}{\frac{(1+r)^n - 1}{r}} = Fv \times \frac{r}{(1+r)^n - 1}$$

즉, 감채기금계수는 연금의 내가계수의 역수인 $\dfrac{r}{(1+r)^n - 1}$이 된다.

☞ 예제 3

• 문제: 주택자금 마련을 위하여 3년 만기 2,000만원의 적금을 이자율 5%로 불입할 경우 매년 불입해야 할 금액은?

• 년 불입액 $= 2,000만원 \times \dfrac{0.05}{(1+0.05)^3 - 1} = 2,000만원 \times \dfrac{0.05}{0.157625}$

$= 2,000만원 \times 0.317209 = 634.4171만원$

3. 현재가치 계산

1) 일시불의 현재가치

미래에 발생할 일정 금액을 현재의 시점에서 평가한 가치를 구하기 위해서는, 즉 일정 기간 후의 일시불과 동등한 가치를 가지는 현재의 액수를 구하기 위해서는 일시불의 현재가치계수(일시불의 현가계수)를 사용한다. 이는 내가계수의 역수로서 할인율이 $r\%$일 때 n년 후의 1원이 현재 얼마만한 가치가 있는가를 나타내는 것이다. 이것은 일시불의 미래가치와 반대되는 개념이다.

$$\text{현가계수} = \frac{1}{(1+r)^n} = (1+r)^n$$

예를 들어, 3년 후의 5,000만원은 현재 얼마만큼 가치가 있을까? 사람들은 현재의 유동성을 더 선호하므로 미래의 5,000만원의 가치가 현재의 5,000만원과 같을 수 없다. 따라서 적절한 값으로 할인해야 한다. 미래가치를 현재가치와 같게 만드는 적절한 값을 할인율이라 한다. 만약 할인율이 10%라 한다면 3년 후 5,000만원의 현재가치는 다음과 같다.

$$\text{일시불의 현재가치}(10\%, 3\text{년}) = \frac{5,000\text{만원}}{(1+0.1)^3} = 3,756.57\text{만원}$$

이상과 같은 관계를 일반식으로 나타내면 다음과 같다.

$$\text{일시불의 현재가치}(r\%, n\text{년}) = \text{미래가치} \times \frac{1}{(1+r)^n}$$

〈산출식〉
일시불의 내가계수는 $(1+r)^n$이므로
$Fv = Pv \times (1+r)^n$로 표현할 수 있다($Fv = n$년후의 금액(주어진 값), $Pv =$ 현재가격(구하는 값)).
상기 식의 좌변과 우변을 각각 $(1+r)^n$로 나눠주면 아래와 같은 공식이 된다.
$$Fv \times \frac{r}{(1+r)^n} = Pv \times \frac{(1+r)^n}{(1+r)^n}$$

$$Fv \times \frac{1}{(1+r)^n} = Pv$$

$$Pv = Fv \times \frac{1}{(1+r)^n} = Fv \times (1+r)^{-n}$$

따라서 일시불의 내가계수는 $\frac{1}{(1+r)^n}$ 또는 $(1+r)^{-n}$이다.

☞ 예제 4

• 문제: 3개월 만기 1,000만원의 어음을 월리 2%로 할인할 경우 받을 수 있는 금액은?

• 현가 = 1,000만원 $\times \dfrac{1}{(1+0.02)^3}$ = 1,000만원 $\times \dfrac{1}{1.061208}$ = 942.322만원

2) 연금의 현재가치

일정 기간 매 기간마다 일정액을 받게 될 때 이것의 현재가치를 구할 때는 연금의 현재가치계수(연금의 현가계수)를 활용한다. 이는 할인율 r로 매년 1원씩 n년 동안 받게 될 연금을 일시불로 환원한 액수를 말한다.

$$연금의\ 현가계수 = \frac{1-(1+r)^{-n}}{r}$$

n년간 받을 연금(ANN)을 할인율 r을 적용해 현재의 일시불로 계산하는 공식은 다음과 같다. 이 수식 우측 두 번째 항을 연금의 현재가치계수 또는 연금의 현가계수라 하며, 연금의 현가계수(r%, n년)로 표시한다. 연금의 현가계수는 이자율이 r이고 기간이 n일 때, 매년 1원씩 n년 동안 받게 될 연금을 현재의 일시불로 환원한 액수이다.

$$연금의\ 현재가치(r\%,\ n년) = ANN \times \frac{1-(1+r)^{-n}}{r}$$

예를 들어, 어떤 정년퇴직자가 매년 연금으로 2,000만원씩 20년 동안 받게 된다고 하자. 그런데 이 정년퇴직자가 연금을 퇴직 당시에 일시불로 받을 수 있다면 얼마나 받게 될까? 이자율은 10%이다. 연금의 현가계수(10%, 20년)는 8.51356일 경우 연금의 현가계수를 사용해서 계산하면 다음과 같다.

연금의 현재가치 = 연금액 × 연금의 현가계수(10%, 20년)
= 2,000만원 × 8.51356 = 1억 7,027.12만원

〈산출식〉

n년간 1원씩 받게 되는 연금을 현재가치로 환원하기 위해서 매년 r의 이자율(할인율)을 적용할 경우 각 년도의 연금의 현재가치는 다음과 같이 계산한다.

1차년도에 받는 연금액 1원의 현재가치 $= \dfrac{1}{(1+r)^1}$

2차년도에 받는 연금액 1원의 현재가치 $= \dfrac{1}{(1+r)^2}$

$n-1$차년도에 받는 연금액 1원의 현재가치 $= \dfrac{1}{(1+r)^{n-1}}$

n차년도에 받는 연금액 1원의 현재가치 $= \dfrac{1}{(1+r)^n}$

따라서 각 년도 연금의 현재가치를 합산한 금액 Pv는 아래와 같은 식으로 표현된다.

$$Pv = \frac{1}{(1+r)} + \frac{1}{(1+r)^2} + \cdots\cdots + \frac{1}{(1+r)^{n-1}} + \frac{1}{(1+r)^n} \qquad \cdots ①$$

상기 ①의 좌변과 우변에 각각 $(1+r)$을 곱하면,

$$Pv \times (1+r) = 1 + \frac{1}{(1+r)} + \cdots\cdots + \frac{1}{(1+r)^{n-2}} + \frac{1}{(1+r)^{n-1}} \qquad \cdots ②$$

② 식에서 ① 식을 공제하면 아래와 같다.

$Pv(1+r) - Pv = 1 - \dfrac{1}{(1+r)^n}$이므로

$Pv(1+r-1) = 1 - \dfrac{1}{(1+r)^n}$ 따라서 $Pv \times r = 1 - \dfrac{1}{(1+r)^n}$

상기 식의 좌변과 우변을 각각 r로 나누면,

$$Pv = \frac{1 - \dfrac{1}{(1+r)^n}}{r} \quad \text{또는} \quad Pv = \frac{1 - (1+r)^{-n}}{r}$$

$$Pv = \frac{1 - \dfrac{1}{(1+r)^n}}{r} \quad \text{공식의 분모와 분자 모두에 } (1+r)^n \text{을 곱할 경우}$$

$$Pv = \frac{(1+r)^n - 1}{r(1+r)^n}$$

☞ 예제 5

• 문제: 매년 1,000만원씩 10년 동안 받을 연금을 이자율 10%를 적용하여 일시불

로 받을 경우 금액은? 이때 1.1의 10승은 2.593742로, 1.1의 −10승은 0.385543
으로 계산한다.

- 일시불로 받을 금액 $= 1,000$만원 $\times \dfrac{1-(1+0.1)^{-10}}{0.1} = 1,000$만원 $\times \dfrac{1-0.385543}{0.1}$

$$= 1,000\text{만원} \times \dfrac{0.614457}{0.1} = 1,000\text{만원} \times 6.14457$$

$$= 6,144.57\text{만원}$$

3) 저당상수(연부상환율)

저당상수(MC: Mortgage constant)는 연금의 현재가치를 기준으로 매기 당 수령액
또는 지불액을 결정하고자 할 경우 사용되는 비율을 말한다. 저당상수를 사용하면
일정액을 빌렸을 때 매 기간 마다 갚아 나가야 할 원금과 이자의 합계액을 구할 수
있다. 이와 같이 못 돈을 융자받은 후 매기마다 동일한 금액의 원리금(원금과 이자)을
상환하는 대출을 원리금균등상환방식 대출이라고 하며, 저당상수는 원리금균등상환
방식의 저당대출을 가정한 것이다.

저당상수(저당승수)는 현재의 일시불에 대응하는 이자를 감안한 매기별 연금액을
계산하는데 사용되는 비율이므로 연금의 현가계수의 역수된다. 따라서 이자율 r로 n
년간 원리금균등상환방식으로 상환할 경우의 저당상수의 공식은 다음과 같다.

$$\text{저당상수} = \frac{r}{1-(1+r)^{-n}}$$

주택융자금의 상환문제는 아파트를 분양받을 때 흔히 발생된다. 어떤 사람이 아
파트를 분양 받았는데, 분양 당시에 이미 주택융자금 4,000만원의 원리금균등상환
방식의 저당이 설정되어 있었다면, 이 사람은 원금과 이자를 포함하여 매월 얼마씩
을 상환해야 할까? 기간은 10년이고 이자율은 10%이다.

이것은 앞에서 살펴본 연금의 현재가치를 계산하는 공식을 적용하면 쉽게 계산할
수 있다. 즉 4,000만원이라는 주택융자금은 연금의 현재가치에 해당하고, 구하고자
하는 융자상환금은 연금액에 해당한다.

연금의 현재가치 = 매기간 연금액 × 연금의 현가계수

$$매기간\ 연금액 = \frac{연금의\ 현재가치}{연금의\ 현가계수}$$

이를 수식으로 표시하면 다음과 같다.

$$융자상환금(r\%,\ n년) = 주택융자금 \times \frac{r}{1-(1+r)^{-n}}$$

〈산출식〉

n년간 매기간마다 1원씩 받는 연금을 이자율 r%로 할인한 현재가치의 합계액은 $Pv = \dfrac{1-(1+r)^{-n}}{r}$ 이므로, 1원을 r%로 융자받아 매기간 Fv원을 상환할 경우 총상환액의 현재가치 합계액은 $Pv = Fv \times \dfrac{1-(1+r)^{-n}}{r}$

상기식의 좌변과 우변을 각각 $\dfrac{1-(1+r)^{-n}}{r}$로 나눠주면 아래와 같은 공식이 된다.

$$Pv \times \frac{1}{\frac{1-(1+r)^{-n}}{r}} = Fv \times \frac{\frac{1-(1+r)^{-n}}{r}}{\frac{1-(1+r)^{-n}}{r}}$$

따라서 $Pv \times \dfrac{1}{\frac{1-(1+r)^{-n}}{r}} = Fv$ 이므로

$$Fv = Pv \times \frac{1}{\frac{1-(1+r)^{-n}}{r}} = Pv \times \frac{r}{1-(1+r)^{-n}}$$

따라서 저당상수는 $\dfrac{r}{1-(1+r)^{-n}}$이며, 이는 연금의 현가계수의 역수이다.

또한, $\dfrac{r}{1-(1+r)^{-n}} = \dfrac{r}{1-\frac{1}{(1+r)^n}}$이므로 분모와 분자에 $(1+r)^n$을 곱하면

$$\frac{r}{1-\frac{1}{(1+r)^n}} = \frac{r(1+r)^n}{(1+r)^n-1}$$이 된다.

☞ 예제 6

• 문제: 아파트 분양자가 2,000만원을 10년 만기, 년 이자율 12%로 융자받은 경우 매월 상환액은? 이때 1.01의 120승은 3.300387로, 1.01의 −120승은 0.302995로 계산한다.

• 월 상환액 $= 2{,}000$만원 $\times \dfrac{r}{1-(1+r)^{-n}}$

$$= 2{,}000\text{만원} \times \dfrac{(\dfrac{0.12}{12})}{1-(1+\dfrac{0.12}{12})^{(-10 \times 12)}}$$

$$= 2{,}000\text{만원} \times \dfrac{0.01}{1-(1+0.01)^{-120}} = 2{,}000\text{만원} \times \dfrac{0.01}{1-0.302995}$$

$$= 2{,}000\text{만원} \times \dfrac{0.01}{0.697005} = 2{,}000\text{만원} \times 0.014347$$

$$= 28.69419\text{만원}$$

표 〈현가계수 및 내가계수 대비표〉

구 분	개 념	목 적	수식
① 일시불의 미래가치 계수(일시불의 내가계수)	1원을 이자율 r로 저금했을 때 n년 후에 찾게 되는 금액	기간 초에 불입된 일시불에 대해서 일정 기간 후 원리금의 합계를 구함	$(1+r)^n$
② 연금의 미래가치 (연금의 내가계수)	매년 1원씩 받게 되는 연금을 이자율 r로 계속해서 적립했을 때 n년 후에 달성되는 금액	매기간마다 일정액을 불입했을 때 기간 말에 달성되는 누적액을 구함	$\dfrac{(1+r)^n-1}{r}$
③ 감채기금 계수 (상환기금 계수)	이자율 r로 n년 후에 1원을 만들기 위해서 매년 불입해야 할 액수. 연금의 미래가치 계수의 역수	일정 누적액을 기간 말에 만들기 위해서 매기간마다 적립해야 할 액수를 구함	$\dfrac{r}{(1+r)^n-1}$

구 분	개 념	목 적	수 식
④ 일시불의 현재가치 계수(일시불의 현 가계수)	내가계수의 역수로서 할인율이 r일 때 n년 후의 1원이 현재 얼마 만한 가치가 있는가를 나타내는 것	일정 기간후의 일시불 과 동등한 가치를 가 지는 현재의 액수를 구함	$\dfrac{1}{(1+r)^n}$ $= (1+r)^{-n}$
⑤ 연금의 현재가치 계수(연금의 현가 계수)	매년 1원씩 n년 동안 받게 될 연금을 할인 율 이자율 r을 적용해 일시불로 환원한 액수	일정 기간 매 기간마 다 일정액을 타게 될 때 이것의 현재 가치 를 구함	$\dfrac{1-(1+r)^{-n}}{r}$
⑥ 저당상수	이자율 r로 n년간 1원을 빌렸을때 매기간 갚아야 될 원리금액. 연금의 현 재가치계수의 역수	일정액을 빌렸을 때 매 기간마다 갚아 나가야 할 원금과 이자의 합계 를 구함	$\dfrac{r}{1-(1+r)^{-n}}$

4. 금융 계산

1) 미상환저당잔금 계산

원리금균등상환방식의 대출을 받아 매기별로 원리금을 상환하다가 만기가 도래 하기 전에 주택융자금을 조기에 상환하는 경우도 있다. 만기 전에 융자금을 상환하 기 위해서는 그 시점을 중심으로 미상환된 원금을 계산해야 한다. 저당대부액 중 미 상환된 원금을 잔금이라 하고, 원금 중 잔금이 차지하는 비율을 잔금비율이라 한다.

미상환원금 = 저당대부액 × 잔금비율

원리금균등상환의 경우 미상환원금은 저당대부액에 그 시점의 잔금비율을 곱하 면 되며, t년이 경과한 후의 잔금비율은 다음과 같이 계산할 수 있다(이자율 r, 융자기 간 n).

$$t\text{시점의 잔금비율} = \frac{\text{미상환원금}}{\text{저당대부액}} = \frac{\text{저당지불액} \times \text{연금의 현가계수}(r,\ n-t)}{\text{저당지불액} \times \text{연금의 현가계수}(r,\ n)}$$

$$= \frac{\text{연금의 현가계수}(r,\ n-t)}{\text{연금의 현가계수}(r,\ n)} = \frac{1-(1+r)^{-(n-t)}}{1-(1+r)^{-n}}$$

2) 지분형성분 계산(상환비율 계산)

상환비율 공식은 잔금비율의 공식을 활용하여 계산할 수 있다. '상환비율 + 잔금비율 = 1'이므로 잔금비율은 '1 − 상환비율'로 하여 계산할 수 있다. 기타 원리금균등상환의 경우 상환비율을 아래의 공식으로 적용하여 계산할 수도 있다.

$$\text{상환비율} = \frac{(1+r)^t - 1}{(1+r)^n - 1} = \frac{\text{저당상수}(r\%,\ n) - r}{\text{저당상수}(r\%,\ t) - r}$$

현금흐름표 작성사례

1. 사례1(간이분석 사례)

1) 기본 정보

사례부동산은 서울특별시 중구 정동에 소재한 지하1층 지상 8층 규모의 사무용 빌딩(임대용)으로 건물에 대한 기초사항은 다음과 같다.

- 건물 면적: 2,666.6㎡(806.6평)[21]
- 대지 면적: 599.0㎡(181.2평)

부동산투자자 A씨는 향후 5년간 투자할 목적으로 대상 건물을 구입하였으며, A씨의 구입자금 내역은 다음과 같다.

- 구입금액: 100억원(취득 관련 세금 및 제반 비용 포함)
- 융자액: 50억원(이자율 4%, 고정금리, 3년 만기상환, 3년 경과후 연장 가능)
- 임대보증금: 8억원

A씨는 대상 부동산을 구입한 후 관련 장부와 서류 등을 점검하였으며, 그 결과 다음과 같은 임대 수입이 발생하고 있는 것으로 나타났다.

- 평당 월세: 4.9만원
- 평당 월관리비: 2.1만원
- 월간 기타수입: 187.9만원

이와 관련하여 A씨는 한국감정원 통계시스템(www.r-one.co.kr)에서 분기별로 조사되는 「2010년 2/4분기 상업용부동산 임대동향조사 보고서」를 점검한 결과 현재 대상 부동산의 임대료 등의 수준은 서울 도심지역의 평균적인 임대료 등의 수준과 큰 차이가 없는 것으로 나타나 별도의 임대료 인상계획은 수립하지 않을 계획이다.

또한 상기 자료 및 기타 통계자료를 검토한 결과 월세와 관리비, 기타수입은 매년

---

21) 1평 $= \dfrac{400}{121}$㎡, 1㎡ $= \dfrac{121}{400}$평

약 6% 정도씩 인상될 것으로 판단하였다.

A씨는 전 소유자로부터 인수 받은 대상 부동산의 3년치 경리장부를 분석한 결과 대상 부동산에 소요되는 관리비를 분석하였으며, 그 결과는 다음의 〈표 3-13〉과 같다.

표 3-13 **연간 관리비 지출 내역표**
(단위: 만원)

구 분	금 액	구 분	금 액
관리 인건비	10,273.7	수선·유지비	669.4
수도료	264.1	소모품비	441.7
전기료	2,076.5	제세공과금	1,880.7
가스료	327.8	화재보험료	109.2

또한 통계청의 관련 소비자물가 상승률 자료를 검토한 결과 이들 관리비는 연간 약 4%씩 인상될 것으로 추정되었다.

A씨는 상기 「2010년 2/4분기 상업용부동산 임대동향 보고서」에 수록된 자료에서 최근 1년간 수익률은 다음과 같은 것으로 조사하였다. 또한 과거 자료를 조사한 결과 이러한 수익률 추세는 당분간 지속될 것으로 판단되었다.

- 소득수익률[22]: 5.44%
- 자본수익률[23]: 2.44%
- 투자수익률[24]: 7.88%

기타 A씨가 대상 부동산에 대한 투자분석을 위하여 관련 통계 등에 대해서 조사한 사항은 다음에서 제시한 것과 같다.

- 연평균 공실률: 9.4%(향후 5년간 큰 변화가 없을 것으로 판단됨)
- 건물가치: 투자 대상 건물은 신축한지 2년 밖에 되지 않아 ㎡당 건축비 약 100만원을 곱한 266,660만원으로 추정됨.
- 내용연수: 이 건물은 철근콘크리트건물로서 건축 후 약 50년간 경제적 수명을

---

22) 소득수익률(income rate)은 일정 기간 발생하는 순영업소득(NOI)을 기초 자산가격으로 나눈 값을 말함.
23) 자본수익률(capital rate)은 자본이득(기말 자산가격 − 기초 자산가격)을 기초 자산가격으로 나눈 값을 말함.
24) 투자수익률(total rate, 종합수익률) = 소득수익률 + 자본수익률

지속할 수 있을 것으로 판단됨.

- 소득세율: 최고 33%(투자자는 다른 사업으로 인한 소득이 있으므로 임대사업으로 인한 소득은 최고 세율을 적용함)
- 매도경비비율[25]: 약 5%

이상과 같은 정보를 기준으로 현금흐름표(Cash flow chart)와 투자가치를 분석하기로 한다(단, 상기 정보 중 각종 상승률은 2차년도부터 적용함).

2) 현금흐름표 작성 절차

다음의 〈표 3-14〉의 현금흐름표(Cash flow chart) 사례는 상기 제시 값을 기준으로 작성한 것이며, 〈표 3-15〉는 현금흐름표 작성과정에 필요한 소득세 계산을 위해 작성된 부속표이다. 이들 2가지 표의 작성방법에 대하여 각 연도별 영업 현금흐름과 매각현금흐름을 구분하여 설명한다.

(1) 1차년도 영업 현금흐름 계산

① 가능총소득(PGI) 계산

1차년도의 가능총소득(PGI)은 대상 부동산이 모두 임대될 경우 획득할 수 있는 최대한의 임대료 수입을 의미하는 것이다. 우리나라의 경우 임대료(월세)와 별도로 임대용부동산의 관리에 소요되는 경비 명목으로 관리비를 징수하고 있으나, 관리비 중 실제 소요되는 비용을 제외한 금액은 임대인의 소득으로 계상되므로 가능총소득은 다음과 같이 임대료와 관리비를 합산한 금액으로 계산하였다.

- 연간 임대료 = 평당 월세 × 12개월 × 건물 면적
    = 4.9만원 × 12개월 × 806.6평 = 47,428.1만원
- 연간 관리비 = 평당 관리비 × 12개월 × 건물 면적
    = 2.1만원 × 12개월 × 806.6평 = 20,326.3만원
- 가능총소득(PGI) = 연간 임대료 + 연간 관리비 = 67,754.4만원

---

25) 매도경비비율 = 매도에 소요되는 경비를 매도가격으로 나눈 값을 말함.

표 3-14 현금흐름표(Cash flow chart) 사례

(단위: 만원)

연도	영업 현금흐름					매각현금흐름
	1	2	3	4	5	5
PGI	67,754.4	71,819.7	76,128.9	80,696.6	85,538.4	1,131,915.4
공실손실(−)	6,368.9	6,751.1	7,156.1	7,585.5	8,040.6	
기타소득(+)	2,254.8	2,390.1	2,533.5	2,685.5	2,846.6	
EGI	63,640.3	67,458.7	71,506.3	75,796.6	80,344.4	
영업경비(−)	16,043.1	16,684.8	17,352.2	18,046.3	18,768.2	56,595.8
NOI	47,597.2	50,773.9	54,154.1	57,750.3	61,576.2	1,075,319.6
이자(−)	20,000.0	20,000.0	20,000.0	20,000.0	20,000.0	580,000.0
BTCF	27,597.2	30,773.9	34,154.1	37,750.3	41,576.2	495,319.6
소득세(−)	7,347.1	8,395.4	9,510.9	10,697.6	11,960.2	33,655.2
ATCF	20,250.1	22,378.5	24,643.2	27,052.7	29,616.0	461,664.4

② 유효총소득(EGI) 계산

유효총소득(EGI)은 가능총소득(PGI)에서 공실손실액을 공제하고 기타수입을 더해서 계산하는 것이므로 다음과 같이 계산된다.

- 공실손실액 = 가능총소득(PGI) × 공실률
          = 67,754.4만원 × 9.4% = 6,368.9만원
- 기타소득 = 월간 기타수익 × 12개월 = 2,254.8만원
          = 187.9만원 × 12개월
- 유효총소득(EGI) = 가능총소득(PGI) − 공실손실액 + 기타소득
              = 67,754.4만원 − 6,368.9만원 + 2,254.8만원 = 63,640.3만원

표에서 '공실손실액'은 '공실 및 불량부채액'을 의미하는 것이며, 공실률과 회수불능 월세의 손실액인 대손충당금(가능총소득 1%)를 합산하여 계산하기도 한다. 그러나 상기 사례에서는 임대차 계약 당시 임차인으로부터 임대보증금을 받는 것으로 제시되어 있으므로 공실손실률만 적용하고 대손충당금은 계산하지 않는다.

③ 순영업소득(NOI) 계산

순영업소득(NOI)은 유효총소득(EGI)에서 임대 사업에 소요되는 제반 경비(영업경

비)를 공제한 금액으로 다음과 같이 계산된다. 또한 영업경비(OE)란 상기 '연간 관리비 지출 내역표'에 포함된 모든 경비를 합산하여 계산한다.

- 영업경비(OE) = 관리 인건비 + 수선·유지비 + 수도료 + 소모품비 + 전기료 + 제세공과금 + 가스료 + 화재보험료

  = 10,273.7만원 + 669.4만원 + 264.1만원 + 441.7만원 + 2,076.5만원 + 1,880.7만원 + 327.8만원 + 109.2만원

  = 16,043.1만원

- 순영업소득(NOI) = 유효총소득(EGI) − 영업경비(OE)

  = 63,640.3만원 − 16,043.1만원 = 47,597.2만원

④ 세전현금수지(BTCF) 계산

세전현금수지(BTCF)는 순영업소득(NOI)에서 부채서비스(DS)액을 공제하여 계산하는 것이므로 다음과 같이 계산된다. 또한 부채서비스액은 원금 만기 상환방법으로 50억원을 연리 4%에 융자 받았으므로 이자만 계산된다.

- 부채서비스액(DS) = 융자액 × 이자율(연리) = 20,000.0만원

  = 50억원 × 4% = 20,000.0만원

- 세전현금수지(BTCF) = 순영업소득(NOI) − 부채서비스액(DS)

  = 47,597.2만원 − 20,000.0만원 = 27,597.2만원

⑤ 소득세 계산

세후현금수지(ATCF)는 세전현금수지(BTCF)에서 소득세를 공제하여 계산하는 것이므로 세후현금수지(ATCF) 계산에 앞서 다음의 〈표 3−15〉 '세금계산표 사례'에서와 같이 별도의 세금계산표를 작성하여 소득세(법인세)를 계산해야 한다.

상기 현금흐름표(Cash flow chart)에서 계산된 순영업소득(NOI)은 현금흐름을 기준으로 산출된 것이므로 발생주의 회계원칙을 채용하고 있는 소득세 계산에서의 과표와는 다음과 같은 차이가 있다.

- 순영업소득(NOI)에서는 실제 현금흐름이 발생하지 않은 감가상각액은 무시되나, 소득세 과표에서는 감가상각액을 임대사업에 소요되는 비용으로 처리한다.
- 임대용 부동산 구입을 위해 동원한 융자액의 이자비용은 지분수익인 세전현금흐름(BTCF) 계산에서 처리되므로 순영업소득(NOI)에서는 무시되나, 소득세 과

표 3-15 세금계산표 사례

(단위: 만원)

연도	영업 현금흐름					매각현금흐름
	1	2	3	4	5	5
NOI	47,597.2	50,773.9	54,154.1	57,750.3	61,576.2	75,319.6
연감가액(−)	5,333.2	5,333.2	5,333.2	5,333.2	5,333.2	26,666.0
이자액(−)	20,000.0	20,000.0	20,000.0	20,000.0	20,000.0	
과표수익	22,264.0	25,440.7	28,820.9	32,417.1	36,243.0	101,985.6
세율	33%	33%	33%	33%	33%	33%
소득세	7,347.1	8,395.4	9,510.9	10,697.6	11,960.2	33,655.2

표에서는 이자비용을 비용으로 처리한다.

따라서 소득세를 계산하기 위한 과표는 다음과 같이 순영업소득(NOI)에서 연간 감가상각액과 이자비용을 공제하여 계산하며, 계산된 과표에 종합소득세 세율을 곱하여 소득세를 계산한다.

- 연간 감가상각액 $= \dfrac{건물가치}{내용연수} = \dfrac{266{,}660만원}{50년} = 5{,}333.2만원$

- 과표 수익 $=$ 순영업소득(NOI) $-$ 연감가액 $-$ 부채서비스액(DS)

  $= 47{,}597.2만원 - 5{,}333.2만원 - 20{,}000.0만원 = 22{,}264.0만원$

- 소득세 $=$ 과표 수익 $\times$ 소득세율 $= 22{,}264.0만원 \times 33\% = 7{,}347.1만원$

여기에서 연간 감가상각액은 정액법을 기준으로 한 것이나 대상 부동산의 임대소득 회계 처리 방식에 따라서는 정률법을 적용하기도 한다(감가상각액 계산 방법은 제4장 제2절의 부동산가격평가 이론 중 원가법 내용 참조).

임대소득세는 근로소득이나 사업소득 등과 함께 합산 과세되는 소득이다. 따라서 투자자는 이미 다른 소득(근로소득 또는 사업소득)이 있어 임대소득이 추가될 경우 조사 당시 종합소득세의 최고 세율인 33%를 적용 받는 것으로 계산하였다.

⑥ 세후현금수지(ATCF) 계산

세후현금수지(ATCF)는 세전현금수지(BTCF)에서 상기에서 계산된 소득세를 공제하여 계산하는 것이므로 1차년도의 세후현금수지(ATCF) 다음과 같이 계산되었다.

- 세후현금수지(ATCF) $=$ 세전현금수지(BTCF) $-$ 소득세

  $= 27{,}597.2만원 - 7{,}347.1만원 = 20{,}250.1만원$

(2) 2차년도부터 5차년도까지의 영업 현금흐름 계산

① 연차별 가능소득(PGI) 계산

2차년도의 가능총소득(PGI)은 1차년도 가능총소득(PGI)에 가능총소득을 구성하는 월세와 관리비의 연간 상승률을 적용하여 다음과 같이 계산하였다.

- 2차년도 가능총소득(PGI) = 1차년도 가능총소득(PGI) × (1 + 상승률)

$$= 67,754.4만원 × (1 + 0.06) = 71,819.7만원$$

기타 3차년도부터 5차년도까지의 가능총소득(PGI) 역시 2차년도와 같이 전년도의 가능총소득(PGI)에 월세와 관리비의 연간 상승률을 적용하여 다음과 같이 계산하였다.

- 3차년도 가능총소득(PGI) = 71,819.7만원 × (1 + 0.06) = 76,128.9만원
- 4차년도 가능총소득(PGI) = 76,128.9만원 × (1 + 0.06) = 80,696.6만원
- 5차년도 가능총소득(PGI) = 80,696.6만원 × (1 + 0.06) = 85,538.4만원

② 연차별 유효총소득(EGI) 계산

2차년도 유효총소득(EGI)은 2차년도 가능총소득(PGI)에서 공실손실액을 공제하고

엑셀 계산표 공식	67,754.4 * ((1+0.06)^1)	... 2차년도 PGI 계산(71,819.7)
	67,754.4 * ((1+0.06)^2)	... 3차년도 PGI 계산(76,128.9)
	67,754.4 * ((1+0.06)^3)	... 4차년도 PGI 계산(80,696.6)
	67,754.4 * ((1+0.06)^4)	... 5차년도 PGI 계산(85,538.4)

기타수입을 더해서 계산한다. 이 중 공실손실액은 매년 9.4%로 변동이 없는 것으로 제시되었으나 기타수입의 경우 연간 6%씩 상승하는 것으로 제시되었다. 따라서 매년도 기타수입은 다음과 같이 전년도 기타수입에 기타수입 상승률을 적용하여 계산한다.

- 2차년도 기타소득 = 1차년도 기타소득 × (1 + 상승률)

$$= 2,254.8만원 × (1 + 0.06) = 2,390.1만원$$

- 3차년도 기타소득 = 2,390.1만원 × (1 + 0.06) = 2,533.5만원
- 4차년도 기타소득 = 2,533.5만원 × (1 + 0.06) = 2,685.5만원
- 5차년도 기타소득 = 2,685.5만원 × (1 + 0.06) = 2,846.6만원

이상에서 계산된 가능총소득(PGI)과 매년 고정된 공실률(9.4%), 년차별 기타수입액을 적용하면 다음과 같이 연차별 유효총소득(EGI)이 계산된다.

엑셀 계산표 공식	2,254.8 * ((1+0.06)^1)	... 2차년도 기타소득 계산(2,390.1)
	2,254.8 * ((1+0.06)^2)	... 3차년도 기타소득 계산(2,533.5)
	2,254.8 * ((1+0.06)^3)	... 4차년도 기타소득 계산(2,685.5)
	2,254.8 * ((1+0.06)^4)	... 5차년도 기타소득 계산(2,846.6)

- 2차년도 유효총소득(EGI) = 2차년도 공실손실액 + 2차년도 기타소득

  = (2차년도 가능총소득(PGI) × 공실률) + 2차년도 기타소득

  = (71,819.7만원 × 9.4%) + 2,390.1만원 = 67,458.7만원

- 3차년도 유효총소득(EGI) = (76,128.9만원 × 9.4%) + 2,533.5만원

  = 71,506.3만원

- 4차년도 유효총소득(EGI) = (80,696.6만원 × 9.4%) + 2,685.5만원

  = 75,796.6만원

- 5차년도 유효총소득(EGI) = (85,538.4만원 × 9.4%) + 2,846.6만원

  = 80,344.4만원

엑셀 계산표 공식은 상기 PGI 계산과 유사함

③ 연차별 순영업소득(NOI) 계산

순영업소득(NOI)은 유효총소득(EGI)에서 임대 사업에 소요되는 제반 경비(영업경비)를 공제한 금액으로 이중 영업경비(OE)는 연간 4%씩 상승하는 것으로 제시되어 있다. 따라서 매년도 영업경비는 다음과 같이 전년도 영업경비에 연간 상승률을 적용하여 계산한다.

- 2차년도 영업경비(OE) = 1차년도 영업경비(OE) × (1 + 상승률)

  = 16,043.1만원 × (1 + 0.04) = 16,684.8만원

- 3차년도 영업경비(OE) = 16,684.8만원 × (1 + 0.04) = 17,352.2만원

- 4차년도 영업경비(OE) = 17,352.2만원 × (1 + 0.04) = 18,046.3만원

- 5차년도 영업경비(OE) = 18,046.3만원 × (1 + 0.04) = 18,768.2만원

> 엑셀 계산표 공식은 상기 PGI 계산과 유사함

상기와 같은 연차별 영업경비(OE)를 적용하면 다음과 같이 연차별 순영업소득(NOI)을 계산할 수 있다.

- 2차년도 순영업소득(NOI) = 2차년도 유효총소득(EGI) − 2차년도 영업경비(OE)
  = 67,458.7만원 − 16,684.8만원 = 50,773.9만원
- 3차년도 영업경비(OE) = 71,506.3만원 − 17,352.2만원 = 54,154.1만원
- 4차년도 영업경비(OE) = 75,796.6만원 − 18,046.3만원 = 57,750.3만원
- 5차년도 영업경비(OE) = 80,344.4만원 − 18,768.2만원 = 61,576.2만원

> 엑셀 계산표 공식은 상기 PGI 계산과 유사함

④ 연차별 세전현금수지(BTCF) 및 소득세, 세후현금수지(ATCF) 계산

연차별 세전현금수지(BTCF) 계산에 필요한 부채서비스액(DS)나 소득세 계산을 위한 요소(감가율, 이자비용, 세율)는 변동이 없는 것으로 제시되었다. 따라서 연차별 세전현금수지(BTCF)나 소득세, 세후현금수지(ATCF)는 상기 1차년도에 제시된 방식과 동일하게 계산할 수 있다.

(3) 5차년도 매각현금흐름 계산

① 매도가액(SP) 추정

최종년도(사례의 경우 5차년도)의 매도가액(SP)은 매도 당시의 부동산경기 등에 따라 달라 질수 있으나 일반적으로 감정평가의 수익환원법 중 직접환원법을 활용하게 된다.

직접환원법에서 수익가치는 순영업소득(NOI)을 환원이율로 나누어 계산하며, 이때의 순영업소득(NOI)는 최종년도(5차년도)의 순영업소득(NOI)을 적용한다. 환원이율은 감정평가이론에서 제시된 다양한 방법을 활용할 수 있으나 여기에서는 시장환원이율인 소득 환원이율률(소득수익률)을 적용하여 계산한다.

이와 같은 기준에 따라 제시된 사례의 매도가액(SP)은 다음과 같이 계산하였다.

$$\text{매도가액(SP)} = \frac{\text{5차년도 순영업소득}}{\text{현재 소득수익률}} = \frac{61{,}576.2\text{만원}}{5.44\%} = 1{,}131{,}915.4\text{만원}$$

　기타 5차년도 환원이율을 추정하기 위하여 통계 기법을 적용하여 과거의 2002년부터 발표된 투자수익률의 추세치를 계산하고 이를 활용하여 최종년도의 환원이율로 적용하는 방법도 있다. 예를 들어, 현재의 환원이율은 7.88%이나 과거 5년간 투자수익률을 분석한 결과 연평균 1%씩 지속적으로 상승되었다고 하면 5년 후의 환원이율은 7.88%에 5%를 합산한 12.88%가 될 것이다. 그러나 이와 같은 추정을 위해서는 시장의 안정적 변화를 전제로 하며, 정확한 추세치 계산을 위해서는 보다 더 긴 기간의 수익률 통계가 필요하나 우리나라의 경우 투자수익률은 2002년부터 발표되고 있는 한계가 있음을 유의해야 한다.

　② 순매도액(NSP) 계산

　순매도액(NSP)은 매도가액(SP)에서 매도경비(SE)를 공제하여 계산하므로 순매도액(NSP) 계산을 위해서는 매도경비(SE)의 계산이 선행되어야 한다. 일반적으로 매도경비(SE)는 매도 활동의 내용에 따라 달라지므로 대상 부동산의 규모에 알맞은 비용이 산정되어야 한다. 상기 사례에서는 단순히 매도가액의 5%로 제시하고 있으므로 이를 적용하여 순매도액(SP)을 계산하면 다음과 같다.

- 순매도액(NSP) = 매도가액(SP) − 매도경비(SE)

    = 1,131,915.4만원 − (1,131,915.4만원 × 5%)

    = 1,131,915.4만원 − 56,595.8만원 = 1,075,319.6만원

　③ 세전지분복귀액(BTER) 계산

　세전지분복귀액(BTER)은 다음과 같이 순매도액(NSP)에서 매도 당시의 타인자본인 미상환저당잔액과 임대보증금을 공제하여 계산한다. 상기 사례의 경우 만기 상환 방식으로 50억원을 융자 받았으므로 미상환저당잔액은 50억원이 되며, 임대기간 중 임대보증금이 인상되지 않았으므로 초기 임대보증금 8억원을 적용한다.

- 세전지분복귀액(BTER) = 순매도액(NSP) − 미상환저당잔액 − 임대보증금

    = 1,075,319.6만원 − 500,000만원 − 80,000만원

    = 1,075,319.6만원 − 580,000만원 = 495,319.6만원

④ 자본이득세 계산

자본이득세는 개인의 경우 양도소득세, 법인의 경우 법인세를 의미하는 것이므로 상기 소득세 계산 사례와 같이 별도의 계산표에 의해 계산해야 한다.

자본이득세에서 자본차익은 매도가액에서 매수가액과 거래경비를 공제하여 계산해야 한다. 또한 상기 사례의 경우 매년 5,333.2만원이 감가되는 것으로 계산되었으므로, 다음과 같이 자본차익은 매수가액(100억원)은 최종년도(5년 후)에는 감가상각액만큼 차감된 것으로 계산되어야 한다.

- 자본차익 = 매도가액(SP) − 매도경비(SE) − (매수가액 − 총 감가액)

  = 순매도액(NSP) − (매수가액 − 총 감가액)

  = 순매도액(NSP) − 매수가액 + 총 감가액

  = 1,075,319.6만원 − 1,000,000만원 + (5,333.2만원 × 5년)

  = 75,319.6만원 + 26,666.0만원 = 101,985.6만원

기타 매수에 소요된 경비 역시 매도가액에서 공제되어야 할 것이나, 사례에서 제시된 매수가액은 매수에 소요된 경비를 포함하고 있으므로 별도 계산하지 않았다.

자본이득세는 현행 「소득세법」이나 「법인세법」에서는 자본차액의 크기에 따라 누진과세 되도록 규정하고 있으나, 상기 사례에서는 세율을 33%로 제시하고 있으므로 다음과 같이 계산될 수 있다. 기타 자본이득세에 대한 상세한 사항은 부동산조세론에서의 이론 지식을 활용해야 할 것이다.

- 자본이득세 = 자본차익 × 세율 = 101,985.6만원 × 33% = 33,655.2만원

⑤ 세후지분복귀액(ATER) 계산

세후지분복귀액(ATER)은 세전지분복귀액(BTER)에서 자본이득세를 공제한 지분투자의 실질적인 소득으로 다음과 같이 계산된다.

- 세후지분복귀액 = 세전지분복귀액(BTER) − 자본이득세

  = 495,319.6만원 − 자33,655.2만원 = 461,664.4만원

(4) 투자가치 계산

지분투자자의 입장에서 부동산의 투자가치는 투자로 인해서 발생하는 현금유입의 현가액을 모두 합한 것과 동일하다. 따라서 투자가치는 세후현금수지(ATCF)와 세

후지분복귀액을 합산한 것이다.

다만, 영업수지의 경우 매년 임대료나 공실률, 영업경비 비율 등이 변동되므로, 연도별로 각각 다른 세후영업수지가 예상된다. 따라서 투자가치는 각 년도별 세후현금수지(ATCF)의 현가액과 세후지분복귀액의 현가액을 모두 합산한 것으로 봐야 한다.

- 투자가치 = 년간 세후현금수지 현가액의 합계액 + 세후지분복귀액의 현가액
  + 최초 저당투자액 + 최초 임대보증금
- 투자가치 = $\sum_{i=1}^{n} \dfrac{ATCF_i}{(1+r)^i} + \dfrac{ATER_n}{(1+r)^n}$ + 최초 저당투자액 + 최초 임대보증금

따라서 부동산의 현재 가치는 장래에 발생한 수익을 현재가치로 환원하여 합산하여 계산한다. 상기 사례에서는 투자 전체 기간의 수익을 계산하였으므로 이를 현재가치로 환원하여 합산한다면 대상 부동산의 투자가치를 계산할 수 있다.

상기에서 계산된 수익(세후현금흐름)은 미래가치(FV)로서 투자 타당성분석 시점의 현재가치(PV)로 할인해야 하며, 할인을 위한 적정한 할인율의 추정이 필요하다. 부동산투자에서의 할인율은 요구수익률을 사용하므로, 해당 부동산시장이 완전하다면 시장에서의 투자수익률은 균형수익률로서 객관적인 요구수익률로 활용할 수 있을 것이다. 따라서 다음의 〈표 3-16〉 투자가치 계산 사례에서는 할인율을 해당 시장에서의 투자수익률인 7.88%를 적용하였다.

〈표 3-16〉의 계산표에서 첫줄의 세후현금흐름(ATCF)는 〈표 3-15〉에서 계산된 세후현금수지(ATCF)를 의미한다.

또한 둘째줄의 각 연도별 현가계수란 일시금의 현가계수$\left(\dfrac{1}{(1+r)^n}\right)$를 의미하는 것이므로 다음과 같이 계산한다($r$: 할인율, n: 기간).

- 1차년도 현가계수 = 일시금의 현가계수$\left(\dfrac{1}{(1+r)^n}\right) = \dfrac{1}{(1+7.88\%)^1} = \dfrac{1}{(1.0788)^1}$
  $= 0.9270$

- 2차년도 현가계수 $= \dfrac{1}{(1.0788\%)^2} = 0.8592$

- 3차년도 현가계수 $= \dfrac{1}{(1.0788\%)^3} = 0.7965$

- 4차년도 현가계수 $= \dfrac{1}{(1.0788\%)^4} = 0.7383$

- 5차년도와 세후지분복귀액 현가계수 $= \dfrac{1}{(1.0788\%)^5} = 0.6844$

※ 대상 부동산은 5차년도 말에 매각하는 것이므로 세후지분복귀액 현가계수는 5차년도 현가계수를 사용한다.

이와 같은 일시금의 현가계수를 엑셀 프로그램을 활용하여 계산하는 방법은 아래와 같다.

엑셀 계산표 공식	(1+0.0788)^1	... 1차년도 현가계수(18,770.9)
	(1+0.0788)^2	... 2차년도 현가계수(19,228.7)
	(1+0.0788)^3	... 3차년도 현가계수(19,627.9)
	4차년도와 5차년도 생략	

표 3-16 투자가치 계산표

(단위: 만원)

구분	영업 현금흐름					매각현금흐름	현가합	투자가치
연도	1	2	3	4	5	5		
ATCF	20,250.1	22,378.5	24,643.2	27,052.7	29,616.0	461,664.4	–	–
현가계수	0.9270	0.8592	0.7965	0.7383	0.6844	0.6844		
현가	18,770.9	19,228.7	19,627.9	19,973.2	20,268.5	315,952.4	413,833.0	993,833.0

상기 〈표 3-16〉에서 3째 줄의 각 연도별 세수현금수지(ATCF) 현가는 연도별 세후현금수지(ATCF)에 연도별 현가계수를 곱하여 계산한다. 예를 들어, 1차년도 세수현금수지(ATCF) 현가는 다음과 같이 계산한다.

- 1차년도 세후현금수지 현가 = 1차년도 ATCF × 1차년도 현가계수

$$= 20,250.1 \times 0.9270 = 18,770.9$$

(5) 투자가치 기준의 타당성분석

또한 상기 〈표 3-16〉과 같은 각 연도별 세후현금흐름(ATCF)의 현가를 모두 합산하면 413,833.0만원이 된다. 이때의 세후현금흐름(ATCF)은 전체 투자액 중 지분투자에 대한 대가이므로 413,833.0만원은 지분투자자에게 귀속되는 가치가 된다. 그러나 상기에서 제시된 부동산의 투자 사례에서는 42억원의 지분투자액 이외에도 50억

의 저당투자액과 8억원의 임대보증금 투자액이 포함되어 있어 전체 부동산의 투자가치는 다음과 같이 계산된다.

- 투자가치 = 지분투자가치 + 기초 저당투자액 + 기초 임대보증금

  = 413,833.0만원 + 500,000만원 + 80,000만원 = 993,833.0만원

이상과 같은 계산 결과 사례부동산의 시장가치(구입가격)는 1000,000만원이나 투자가치는 993,833.0만원에 불과하다. 따라서 '투자가치<시장가치'가 되므로 사례부동산은 투자 대상물로서 적합지 않은 것으로 판단된다.

실제 실무에서는 〈표 3-16〉의 계산표(chart)를 사용하지 않고 직접 재무계산기를 활용하여 세후현금수지(ATCF) 현가합계를 계산하는 경우도 많다. 다음에서는 계산표를 사용하지 않고 직접 계산하는 방법을 설명하였다.

- 1차년도 ATCF 현가 = 1차년도 ATCF × 일시금의 현가계수$\left(\dfrac{1}{(1+r)^n}\right)$

  ※ r: 할인율, n: 기간

$$= 20,250.1만원 \times \frac{1}{(1+7.88\%)^1}$$

$$= 20,250.1만원 \times \frac{1}{(1.0788)^1}$$

$$= 18,770.9만원$$

- 2차년도 ATCF 현가 = 22,378.5만원 × $\dfrac{1}{(1.0788)^2}$ = 19,228.7만원

- 3차년도 ATCF 현가 = 24,643.2만원 × $\dfrac{1}{(1.0788)^3}$ = 19,627.9만원

- 4차년도 ATCF 현가 = 27,052.7만원 × $\dfrac{1}{(1.0788)^4}$ = 19,973.2만원

- 5차년도 ATCF 현가 = 29,616.0만원 × $\dfrac{1}{(1.0788)^5}$ = 20,268.5만원

- 세후지분복귀액(ATER) 현가 = 461,664.4 × $\dfrac{1}{(1.0788)^5}$ = 315,952.4만원

엑셀 계산표 공식	$20{,}250.1 / (1+0.0788)^1$	... 1차년도 ATCF 현가(18,770.9)
	$22{,}378.5 / (1+0.0788)^2$	... 2차년도 ATCF 현가(19,228.7)
	$24{,}643.2 / (1+0.0788)^3$	... 3차년도 ATCF 현가(19,627.9)
	$27{,}052.7 / (1+0.0788)^4$	... 4차년도 ATCF 현가(19,973.2)
	$29{,}616.0 / (1+0.0788)^5$	... 5차년도 ATCF 현가(20,268.5)
	$461{,}664.4 / (1+0.0788)^5$	... 5차년도 ATER 현가(315,952.4)
	NPV(0.0788, 20,250.1, 22,378.5, 24,643.2, 27,052.7, (29,616.0 + 461,664.4)) = 413,821.6	

2. 사례2(종합분석 사례)

1) 기본 정보

사례부동산은 서울특별시 중구 정동에 소재한 지하1층 지상 8층 규모의 사무용 빌딩(임대용)으로 건물에 대한 기초사항은 다음과 같다.

- 건물 면적: 2,666.6㎡(806.6평)
- 대지 면적: 599.0㎡(181.2평)

부동산투자자 A씨는 향후 5년간 투자할 목적으로 대상 건물을 구입하였으며, A씨의 구입자금 내역은 다음과 같다.

- 구입금액: 90억원(취득 관련 세금 및 제반 비용 포함)
- 융자액: 45억원(이자율 4%, 고정금리, 20년만기, 원리금균등식, 월부상환)
- 임대보증금: 9억원

A씨는 대상 부동산을 구입한 후 관련 장부와 서류 등을 점검하였다. 그 결과 다음과 같은 임대 수입이 발생하고 있는 것으로 분석되었다.

- 평당 월세: 4.9만원
- 평당 월관리비: 2.5만원
- 월간 기타수입: 290.5만원

사무용 빌딩 임대시장에 대한 조사결과 향후 우리나라 경제 여건은 큰 변화가 없이 안정적인 성장세를 유지할 것으로 판단되었으며, 서울시 지역 사무용 빌딩 임대시장의 경우 강남구와 여의도지역의 임대용 빌딩 신축물량이 많아 해당 지역에서의 공급초과로 인한 임대료 하락요인이 발생할 것으로 판단되었다. 그러나 대상 부동산이 소재한 도심지역의 경우에는 신축물량이 없어 서울시 빌딩 임대료 하락이 미치는 영향은 상대적으로 적을 것으로 판단되었다. 또한 도심지역의 과거 5년간 사무용 빌딩 임대료 상승률은 평균 4% 정도가 되는 것으로 판단되었다.

A씨는 한국감정원 통계시스템(www.r-one.co.kr)에서 분기별로 조사되는 「2010년 2/4분기 상업용부동산 임대동향조사 보고서」를 점검한 결과, 현재 대상 부동산은 인근지역의 다른 임대용 빌딩보다 유리한 입지조건과 시설을 갖추고 있음에도 불구하고 임대보증금이나 임대료 수준은 인근지역인 서울 도심지역의 평균적인 임대료 등의 수준에 비해 약 10% 정도 낮은 것으로 조사되었다. 따라서 임대료 수준을 정상화하기 위해서는 연간 임대료 인상률은 인근지역 인상률 4%보다 2% 높은 6%로 책정할 계획이다. 다만 과다한 임대료 인상으로 인한 임차인의 저항을 감안하여 임대보증금은 연간 3%씩만 인상할 계획이다.

관리비는 한국은행 경제통계시스템(http://ecos.bok.or.kr)에서 과거 5년간 소비자물가상승률 평균치를 조사한 결과 연간 5%씩은 인상해야 할 것으로 판단하였다. 기타 수입의 경우 주차료 수입금과 자판기수익금이 대부분이므로 관리비와 같이 연간 상승률은 소비자물가 상승률 3%를 적용하면 될 것으로 판단하였다.

A씨는 전 소유자로부터 넘겨받은 대상 부동산의 최근 3년간 경리장부를 분석한 결과 대상 부동산에 소요되는 관리비는 다음의 〈표 3-17〉과 같았다. 한국은행 경제

표 3-17 연간 관리비 지출액 및 과거 5년간 상승률 내역표

(단위: 만원)

구분	금액(만원)	상승률	참고 자료
인건비(연)	10,273.7	5.0%	직종별평균임금 변동률(서비스종사자)
수도료(연)	264.1	1.0%	생산자물가변동률(영업용수도)
전기료(연)	2,076.5	0.2%	생산자물가변동률(일반용전력)
가스료(연)	327.8	9.3%	생산자물가변동률(도시가스)
수선비(연)	669.4	5.0%	직종별평균임금 변동률(서비스종사자)
소모품비(연)	441.7	3.6%	생산자물가변동률(공산품)
제세공과(연)	1,880.7	9.3%	대상 부동산 과거 5년간 공시지가 상승률
보험료(연)	109.2	6.3%	과거 5년간 공시지가 상승률 9.3% + 과거 5년간 화재보험료 증가율 −3.0%

주) 재산세 중 건물분에 적용되는 국세청 고시 '연도별 건물기준시가 산정방법'에 포함된 건물신축가격기준액은 과거 5년간 연평균 3.3%가 증가하였으나, 토지에 적용하는 공시지가 상승률이 이보다 높은 9.3%이므로 공시지가 상승률만을 제세공과금 상승률로 적용함.

통계시스템에서 과거 5년간의 임금변동률, 소비자물가 변동률 등을 조사한 결과 각 항목별 연평균 상승률도 함께 조사하였다. 기타 과거의 공시지가 변동 경향은 국토 교통부의 부동산공시가격알리미 사이트(www.realtyprice.kr)를 통해 조사하였다.

A씨는 상기 「2010년 2/4분기 상업용부동산 임대동향조사 보고서」에 수록된 자료 에서 최근 1년간 수익률은 다음과 같은 것으로 조사되었다. 또한 과거 자료를 조사 한 결과 이러한 수익률 추세는 당분간 지속될 것으로 판단되었다.

- 소득수익률[26]: 5.44%
- 자본수익률[27]: 2.44%
- 투자수익률[28]: 7.88%

현재 대상 부동산은 공실률은 9.4%이나, 우리나라 경기성장 추세를 볼 때 가까운 시일 이내에 정상화 될 것으로 보이므로 연간 공실률은 6%로 추정하였다.

기타 A씨가 대상 부동산에 대한 투자분석을 위하여 유관기관 사이트 등을 조사한 사항은 다음과 같다.

- 건물가치: 투자 대상 건물은 신축한지 2년 밖에 되지 않아 m²당 건축비 약 100 만원을 곱한 266,660만원으로 추정됨.
- 내용연수: 이 건물은 철골·철근콘크리트건붤로서 국세청에서 고시한 「2010년 건물기준시가 산정방법 해설서」에서는 내용연수를 50년간으로 보고 있음.
- 소득세율: 현행 「소득세법」 제55조를 감안하여 소득세율은 33%를 적용함. 또한 최종년도 자산소득에 대한 양도소득세율 역시 33%를 적용함.
- 매도경비비율[29]: 한국자산관리공사의 체납처분 부동산 공매대행수수료율(국세 징수법 시행규칙 제45조의6제1항 참조)은 2.8%이나 변호사비, 감정평가수수료(가 격의 0.1%), 추가 광고비 등을 감안하여 매도경비비율은 4%로 추정함.

이상과 같은 정보를 기준으로 현금흐름표(Cash flow chart)와 투자가치를 분석하기 로 한다(단, 상기 정보 중 각종 상승률은 2차년도부터 적용함).

---

26) 소득수익률(income rate)은 일정 기간 발생하는 순영업소득(NOI)을 기초 자산가격으로 나눈 값을 말함.
27) 자본수익률(capital rate)은 자본이득(기말 자산가격 − 기초 자산가격)을 기초 자산가격으로 나눈 값을 말함.
28) 투자수익률(total rate, 종합수익률) = 소득수익률 + 자본수익률

2) 분석결과

첫 번째 사례가 Cash flow chart 작성을 위한 연습용인 데 비해, 상기 사례는 실제 임대용 빌딩 투자 사례와 유사한 사례로서 다음과 같은 점에서 차이가 있다.

- 월세와 관리비, 기타수입의 연간 상승률이 각각 다르므로 가능총소득(PGI) 계산 이전에 연차별 월세와 관리비를 계산하고, 이들 금액을 합산하여 가능총소득 (PGI)을 계산한다.
- 관리비용을 구성하는 8가지 항목의 연간 상승률이 각각 다르므로 순영업소득 (NOI) 계산 이전에 각 관리비용 항목을 계산하고, 이들 금액을 합산하여 운영경 비(OE)를 계산해야 한다.
- 실제 사례와 같이 임대보증금이 매년 상승하며, 융자금에 대해서는 원리금균등 방식으로 상환하는 것도 차이가 있다.
- 이에 따라 5차년도 매각현금흐름 계산에서 세전지분복귀액(BTER) 계산 방법에 차이가 있다.

상기 사례는 첫 번째 사례와 시장의 현실에 알맞도록 임대보증금이 매년 각각 다르게 인상되는 점에서 차이가 있다. 임대보증금은 타인자본으로 자본거래에 해당되므로, 세후현금수지(ATCF) 계산 이후에 현금흐름으로 계산하였다. 따라서 임대보증금 변화에 따른 현금흐름표(Cash flow chart) 작성에서 유의할 사항은 다음과 같다.

- 각 연도별 임대보증금 증가액은 직전년도 임대보증금 총액에 해당 연도의 임대 보증금 증가율을 곱한 금액이다.

  예) 2차년도 보증금증가액 = 9억원 × 3% = 2,700.0만원

  　3차년도 보증금증가액 = (9억원 + 2,700만원) × 3% = 2,781.0만원

  　4차년도 보증금증가액 = (9억원 + 2,700만원 + 2,781.0만원) × 3%
  　　　　　　　　　　 = 2,864.4만원

  　5차년도 보증금증가액 = (9억원 + 2,700만원 + 2,781.0만원 + 2,864.4만원) × 3% = 2,950.4만원

- 각 연도별 순현금흐름(NCF)은 각 연도별 세후현금수지(ATCF)에 보증금 증가액을 합산하여 계산한다.

---

29) 매도경비비율 = 매도에 소요되는 경비를 매도가격으로 나눈 값을 말함.

- 매각현금흐름 계산에서 세전지분복귀액(BTER)은 순매도액(NSP)에서 미상환저 당잔금과 기초 임대보증금은 물론 각 연도별 임대보증금 증가액을 모두 공제해 야 한다.

세전지분복귀액(BTER) = 순매도액(NSP) + (미상환잔금 + 초기 임대보증금 + 매년 임대보증금 증가액)

상기 사례는 45억 융자금에 대해서 이자율 4%로 20년간 매월 원리금균등상환방 식으로 원금과 이자를 상환하는 방식을 제시하였다. 따라서 엑셀 프로그램을 활용하 여 세전현금수지(BTCF) 계산을 위한 매년도 원리금상환액(부채서비스)과 소득세 계 산을 위한 연간 이자지급액, 세전지분복귀액(BTER) 계산을 위한 미상환저당잔액을 계산해야 한다.

첫째, 매년도 원리금상환액은 매월 원리금상환액을 구한 후 12를 곱하여 계산하 며, 원리금균등상환방식이므로 매년 금액이 동일하다.

- 매월 원리금상환액 = 융자액 × 저당상수 = 45억원 × 0.0060598

= 2,726.9만원

- 매년 원리금상환액 = 매월 원리금상환액 × 12 = 32,722.9만원

엑셀 계산표 공식	매월 원리금상환액 = PMT(월이자율, 상환횟수, 융자액, 0) = PMT(004/12, (20 * 12), 450,000, 0) ※ 월이자율 = 4% ÷ 12개월 상환횟수 = 20년 × 12개월 PMT변수의 끝 0는 기말상환을 의미한다.

둘째, 매년도 원리금상환액에 포함된 원금상환액과 이자상환액, 미상환저당잔액 은 다음의 사례와 같이 엑셀표를 활용하여 계산해야 한다. 엑셀표에서는 매년 말 미 상환잔금 계산식이 없으므로 다음과 같은 수식으로 계산한다. 기타 각각의 계산 결 과는 다음의 〈표 3-18〉에 수록되어 있다.

- 매년 말 미상환잔금 = 전년도말 미상환잔금 - 해당 연도 원금상환액

엑셀 계산표 공식	매년 이자상환액 = CUMIPMT(월이자율, 상환횟수, 융자액, 상환시작시점, 상환종료시점, 0) 매년 원금상환액 = CUMPRINC(월이자율, 상환횟수, 융자액, 상환시작시점, 상환종료시점, 0) ※ 상환시작시점: 이자지급 계산기간 시작시점(1차년 1, 2차년 13) ※ 상환종료시점: 이자지급 계산기간 종료시점(1차년 12, 2차년 24)

표 3-18 연도별 원리금 상환액표

(단위: 만원)

연도	1	2	3	4	5
원리금상환액	−32,722.9	−32,722.9	−32,722.9	−32,722.9	−32,722.9
원금상환액	−14,995.9	−15,606.8	−16,242.7	−16,904.4	−17,593.1
이자상환액	−17,727.1	−17,116.1	−16,480.3	−15,818.5	−15,129.8
미상환잔금	435,004.1	419,397.3	403,154.6	386,250.2	368,657.1

이상과 같은 연도별 원리금상환액과 이자상환액, 미상환잔액은 다음의 〈표 3-19〉 현금흐름표(Cash flow chart) 사례와 〈표 3-20〉 세금계산표 사례에서 다음과 같이 적용된다.

- '현금흐름표'의 세전현금수지(BTCF) = 순영업소득(NOI) − 원리금균등상환액
- '세금계산표'의 이자액 = 이자상환액 적용
- '현금흐름표'의 세전지분복귀액(BTER) = 순매도액(NSP) − 미상환잔금 − 초기 임대보증금 − 임대보증금 인상액

표 3-19 현금흐름표(Cash flow chart)

(단위: 만원)

연도	영업 현금흐름					매각현금흐름
	1	2	3	4	5	5
월세	47,430.8	50,276.7	53,293.3	56,490.9	59,880.3	
관리비	24,199.4	25,409.4	26,679.8	28,013.8	29,414.5	
PGI	71,630.2	75,686.0	79,973.1	84,504.7	89,294.8	1,257,188.9
공실손실(−)	4,297.8	4,541.2	4,798.4	5,070.3	5,357.7	
기타소득(+)	3,486.0	3,590.6	3,698.3	3,809.2	3,923.5	
EGI	70,818.4	74,735.4	78,873.0	83,243.6	87,860.7	
인건비(연)	10,273.7	10,787.4	11,326.8	11,893.1	12,487.7	
수도료(연)	264.1	266.7	269.4	272.1	274.8	
전기료(연)	2,076.5	2,080.7	2,084.8	2,089.0	2,093.2	
가스료(연)	327.8	358.3	391.6	428.0	467.8	
수선비(연)	669.4	702.9	738.0	774.9	813.7	
소모품비(연)	441.7	457.6	474.1	491.1	508.8	
제세공과(연)	1,880.7	2,055.6	2,246.8	2,455.7	2,684.1	
보험료(연)	109.2	116.1	123.4	131.2	139.4	
영업경비(−)	16,043.1	16,825.2	17,654.8	18,535.2	19,469.6	50,287.6
NOI	54,775.3	57,910.2	61,218.2	64,708.5	68,391.1	1,206,901.3
원리금(−)	32,722.9	32,722.9	32,722.9	32,722.9	32,722.9	469,952.9
BTCF	22,052.4	25,187.3	28,495.3	31,985.6	35,668.2	736,948.4
소득세(−)	10,465.9	11,702.1	13,003.5	14,373.7	15,816.3	110,077.2
ATCF	11,586.4	13,485.2	15,491.7	17,611.9	19,851.9	626,871.2
보증금증가(+)	0.0	2,700.0	2,781.0	2,864.4	2,950.4	
순현금흐름	11,586.4	16,185.2	18,272.7	20,476.3	22,802.3	626,871.2

표 3-20 세금계산표

(단위: 만원)

연도	영업 현금흐름					매각현금흐름
	1	2	3	4	5	5
NOI	54,775.3	57,910.2	61,218.2	64,708.5	68,391.1	306,901.3
연감가액(−)	5,333.2	5,333.2	5,333.2	5,333.2	5,333.2	26,666.0
이자액(−)	17,727.1	17,116.1	16,480.3	15,818.5	15,129.8	
과표수익	31,715.0	35,460.9	39,404.7	43,556.8	47,928.1	333,567.3
세율	33%	33%	33%	33%	33%	33%
소득세	10,465.9	11,702.1	13,003.5	14,373.7	15,816.3	110,077.2

표 3-21 투자가치 계산표

(단위: 만원)

구분	영업 현금흐름					매각현금흐름	현가합	투자가치
연도	1	2	3	4	5	5		
순현금흐름	11,586.4	16,185.2	18,272.7	20,476.3	22,802.3	626,871.2	−	−
현가계수	0.9270	0.8592	0.7965	0.7383	0.6844	0.6844	−	−
현가	10,740.6	13,906.3	14,554.2	15,117.6	15,605.9	429,030.7	498,955.3	1,038,955.3

　　두번째 사례의 경우 상기 〈표 3-21〉과 같이 계산된 투자가치는 103억 8,955만원이나 시장가치는 90억원으로 투자가치가 시장가치보다 높으므로 투자타당성이 높다고 봐야 한다.

제**7**장
부동산투자 타당성분석

■ 학습방법

부동산투자에서 과학적인 부동산 투자결정을 위해서는 대상 부동산투자의 타당성 여부를 판단할 수 있는 투자준거가 필요하다. 따라서 부동산투자 타당성분석 이론은 사실상 투자준거에 대한 분석이론이라고 할 수 있으며, 앞에서 학습한 모든 이론은 정확한 투자준거를 계산하기 위한 이론이라고 해도 과언이 아니다.

부동산투자 타당성분석을 위한 투자준거는 투자자 혹은 계산 기준에 따라 다양하므로, 이 장에서는 다음과 같은 5가지 내용들을 학습하게 된다.

1. 부동산투자 타당성분석의 이론 즉 투자준거 분석방법에는 어떤 것이 있는지에 대해서 알아본다.

2. 타당성분석 위한 투자준거를 계산하는 방법 중 가장 과학적인 방법론으로 알려진 할인 기법에 대해서 알아본다.

3. 타당성분석을 위한 투자준거를 계산하는 방법 중 비할인기법에 대해서 알아본다.

4. 타당성분석을 위한 투자준거를 계산하는 방법 중 단년도분석법에 대해서 알아본다.

5. 타당성분석을 위한 투자준거를 계산하는 방법 중 금융비율분석법에 대해서 알아본다.

6. 〈Supplement C〉에서는 가장 과학적인 타당성분석 기법으로 알려진 할인현금흐름 분석법을 적용하는 방법을 실습한다.

본서의 학습자는 '제1절 부동산투자 타당성분석 이론의 구조'에서는 부동산투자 준거의 종류별 차이점에 대해서 이해해야 한다. '제2절 할인기법'에서는 할인기법에 의한 투자준거를 계산하는 방법뿐만 아니라 각 방법론의 장단점과 보완 방법, 타당성결정 기준까지도 상세하게 이해하고 〈Supplement C〉를 활용하여 실제 적용할 수 있어야 할 것이다. '제3절 비할인기법'에서는 비할인기법의 종류에는 어떤 것이 있고 각 방법론은 어떤 문제점이 있는지를 이해한다. 또한 '제4절 단년도분석법'에서는 단년도분석법의 종류와 각 투자준거의 특성을 이해하면 된다. 기타 '제5절 금융비율분석법'에서는 대부비율(LTV)과 부채감당률(DCR)에 대한 계산방법을 습득해야 한다.

이와 같은 투자준거는 부동산투자 타당성분석을 위한 기준이 되므로 본서에서는 대형임대용 빌딩의 투자 타당성분석을 가정하고 이론을 전개하였다.

제 1 절 부동산투자 타당성분석 이론체계

부동산투자자는 투자결정을 위해 각 투자 대안에 대하여 경제적 타당성을 분석한다. 엄밀한 의미에서 부동산 투자분석 기법이란 부동산투자자가 투자에 대한 경제적 타당성을 분석하기 위한 각종 지표(투자준거)를 산출하고 이에 근거하여 분석한 투자 대안의 경제적 타당성을 검증하는 방법을 말한다.

부동산투자자는 지분투자자와 저당투자자로 구분된다. 일반적으로 지분투자자는 부(富)의 극대화가 달성될 수 있는지 여부를 투자 타당성 판단의 근거로 삼으며, 대출자인 저당투자자는 저당대출 계약에서 합의한 대출금리에 따라 부(수익)가 결정되므로 저당대출에 대한 원리금회수의 안정성 여부를 투자(대출)의 타당성 근거로 삼는다. 따라서 타당성분석 기법은 투자자에 따라 차별화 되어야 한다.

지분투자자의 투자 타당성분석 기법은 다양하나, 이를 분석기간을 기준으로 구분해 보면 전체 투자기간을 기준으로 한 다년도분석(재무적 타당성분석 기법)과 1년치 현금수지를 근거로 분석하는 단년도분석(어림셈법)으로 구분할 수 있다. 다년도분석 기법에서는 여러 해 동안의 현금흐름을 분석해야 하므로, 다년도분석 기법은 현금흐름을 할인하는지 여부에 따라 투자에서 발생하는 현금흐름을 할인하여 분석하는 할인기법과 현금흐름을 할인하지 않는 비할인기법으로 구분할 수 있다. 아래 〈표 3-22〉는 다양한 경제적 타당성분석 기법의 유형을 분류하여 비교하고 있다.

할인기법은 가장 과학적인 방법론으로 일반적으로 할인현금수지분석법(割引現金收支分析法, DCF 법: Discounted cash flow analysis)이라고 하며 순현가법(純現價法)과

표 3-22 타당성분석 기법 종합

(단위: 만원)

투자자	분석 방법		내 용
지분투자자	다년도분석	할인기법	순현가법, 내부수익률법, 수익성지수법 등
		비할인기법	회수기간법, 회계적 수익률법
	단년도분석	승수법	총소득승수, 순소득승수 등
		수익률법	종합자본환원율, 지분배당률 등
저당투자자	금융비율분석법(단년도분석)		대부비율, 부채감당률 등

내부수익률법(內部收益率法), 수익성지수법 등이 있다. 비할인기법은 회수기간법과 회계적 수익률법이 사용된다. 기타 단년도분석법(어림셈법)은 다시 승수법과 수익률법으로 구분된다.

저당투자자는 저당투자로 인한 원리금회수의 안전성을 판단하기 위하여 여러 가지 재무비율을 사용하는데, 이들 비율을 계산하는 방법을 통틀어 비율분석법이라고도 하며, 금융비율분석법은 1년치 현금수지를 기준으로 분석하는 단년도분석 방법론의 일종이다.

제 2 절 할인기법

할인기법 또는 할인현금수지분석법(DCF 분석법: Discounted Cash Flow analysis)이란 장래 예상되는 현금수입과 지출을 현재가치로 할인하고, 이것을 서로 비교하여 투자 여부를 결정하는 방법이다. 할인기법에서의 투자준거는 다음과 같은 4단계를 거쳐 계산된다.

첫째, 투자로부터 예상되는 장래의 수입과 지출을 추계한다. 현금유입에는 부동산의 운영으로 인한 영업소득뿐만 아니라 처분시의 지분복귀액도 포함된다. 장래의 현금수지의 예측은 대상 부동산의 과거자료와 비교부동산의 시장자료를 토대로 여러 가지 미래예측 기법을 사용해서 이루어진다.

둘째, 추계된 현금수지에 대한 위험을 평가한다. 위험도 마찬가지로 대상 부동산과 비교부동산의 자료를 비교분석하여 평가된다.

셋째, 전 단계에서 평가된 위험을 근거로 하여 적절한 위험조정할인율을 결정한다. 위험조정할인율이 바로 투자자의 요구수익률이 된다. 이렇게 결정된 요구수익률은 미래의 현금수지를 현재가치로 환원하는 데에 사용된다.

넷째, 이상에서 분석된 자료를 토대로 하여 투자 여부를 결정한다. 최종적인 투자 여부는 현금수입의 현재가치와 현금지출의 현재가치를 서로 비교하거나, 기대수익률과 요구수익률을 서로 비교하여 결정된다.

1. 순현가법

1) 순현가법의 의의

순현가법이란 장래 기대되는 세후소득의 현가 합계와 부동산투자자가 투자비용으로 지출한 지분의 합계를 서로 비교하는 것을 말한다.

부동산투자에서 가장 주요한 개념 중의 하나가 순현가(순현재가치)이다. 순현가(純現價, NPV: Net Present Value)란 부동산투자에 투입되는 비용의 현재가치와 산출되는 수익의 현재가치의 차이를 의미한다.

- 순현가 = 현금유입의 현가액 − 현금유출의 현가액
- 순현가 = − 지분 + 보유 기간동안 예상되는 매년의 세후현금수지의 현재가치
  + 처분시에 예상되는 세후지분복귀액의 현재가치
- $NPV = -EQ + \sum_{i=1}^{n} \dfrac{ATCF_i}{(1+r)^i} + \dfrac{ATCF_n}{(1+r)^n}$; (EQ = 지분투자액)

순현가는 부동산투자에서 매년 투자회수액(즉 임대료 수입 등에서 재산세, 유지관리비 등 제비용의 지출을 제외한 순수입)의 현재가치에서 초기 투자비용(즉 토지 구입비와 건설비 등)을 차감한 현재가치로서의 순수익을 의미한다. 또한 지분투자자가 투자를 위하여 투자 기간 중에 추가로 비용(증축 비용 등)을 투입한 경우 그 비용도 차감한다.

순현가를 기준으로 한 타당성분석에서는 상호 독립적 투자안[30]일 경우 단순히 'NPV ≧ 0'이면 그 투자를 채택하고, 'NPV < 0'이면 그 투자를 기각한다. 순현가가 0인 투자안은 요구수익률을 적용하여 현재가치로 할인한 현금 유출액 현가와 현급 유입액 현가가 같다는 의미이므로 요구수익률이 100% 만족하는 투자안이 된다. 요구수익률은 투자자가 요구하는 최소한도의 수익률이므로 투자자는 요구수익률이 100% 만족된다면 투자를 결정할 것이다.

상호 배타적인 투자안일 경우에는 부의 극대화를 추구하는 투자자라면 각 투자 대안 중 순현가가 0보다 크고, 다른 투자 대안보다 순현가가 큰 투자대안을 선호할

---

30) 일반적으로 '상호 독립적 투자안'이란 특정 부동산투자안이 다른 투자안의 결정에 영향을 미치지 않는 경우를 말하며, '상호 배타적 투자안'이란 지분투자자가 한정된 투자자본으로 다수의 투자안을 비교할 경우, 특정 투자안을 선택하면 다른 투자안을 선택하지 못하는 경우를 의미한다.

것이다. 따라서 상호 배타적인 투자안의 경우에는 'NPV ≧ 0'인 투자안 중에서 NPV
가 가장 큰 투자안을 최적 투자안으로 선택한다.

순현가법은 부의 극대화라는 투자자의 목표에 부합되는 가장 합리적인 투자안의
평가방법이며, 다음과 같은 특성을 가지고 있다.

- 투자안의 모든 현금흐름을 사용한다.
- 현금흐름을 적절한 할인율로 할인한다. 즉 순현가는 화폐의 시간적 가치를 고
  려한다.
- 모두 현재 시점이라는 동일시점의 가치를 의미하므로 2개 이상의 부동산투자에
  대한 순현가를 합산하여 계산할 수 있으며, 합산된 값을 기준으로 타당성 여부
  를 판단할 수 있다. 즉 순현가법에서는 가치가산원칙[31]이 성립한다.

2) 순현가법의 장단점

순현가법은 화폐의 시간적 가치를 고려하고 측정된 모든 현금흐름을 고려하고,
순현가의 극대화를 기준으로 투자자의 이윤을 극대화할 수 있는 투자안을 채택할 수
있는 장점이 있다. 또한 가치의 가산원칙이 적용되며 다른 타당성분석에 비해 가장
우수하다는 장점도 인정된다.

반면에 순현가법은 할인율의 측정이 어려운 문제가 있다. 이는 투자안의 위험도
의 추정이 어려울 뿐만 아니라 자본시장에서 그 위험이 어떻게 평가될 것인가를 판
단하기 매우 어렵기 때문이다. 또한 순현가법의 결과가 비용을 명시적으로 고려하지
못하며 투자규모의 차이를 충분히 반영하지 못하게 된다. 즉 서로 다른 자본지출 요
구액을 제어할 수 없는 문제가 있는 것이다. 이로 인해 순현가법이 최적의 유용성을
가지려면 다른 투자성과 측정지표(수익성지수법, 연평균순현가법)와 결합하여 사용하
는 것이 바람직하다.

3) 수익성지수법

수익성지수(收益性指數, PI: Profitability Index)란 사업기간 중의 현금수입의 현재가

---

31) 가치가산원칙(value additivity, 가치합산원칙)이란 여러 개의 투자안을 복합적으로 평가한 가치가 개별투
　　자안들을 독립적으로 평가한 가치의 합과 같아지는 것을 의미한다. 예를 들어, 투자안 A와 투자안 B의 두
　　투자안에 모두 투자할 경우의 순현가는 각 투자안의 순현가를 합한 것과 동일하므로 가치가산원칙이 성
　　립되는 것이다.

치를 현금유출의 현재가치로 나눈 상대적인 지수를 말하며, 편익/비용 비율 (Benefit/Cost ratio 또는 B/C ratio)이라고도 한다.

$$\text{• 수익성지수(PI)} = \frac{\text{현금유입의 현재가치}}{\text{현금유출의 현재가치}}$$

수익성지수법에서는 독립적 투자안일 경우 단순히 'PI ≧ 1'이면 그 투자를 채택하고, 'PI < 1'이면 그 투자를 기각한다. 또한 상호 배타적인 투자안일 경우에는 'PI ≧ 1'인 투자안 중에서 PI가 가장 큰 투자안을 최적의 투자안으로 선택한다.

수익성지수(PI)는 투자 금액이 각각 다른 두 개 이상의 사업을 비교 검토할 때 유효한 지표로 사용되므로 순현가(NPV)법이 지닌 단점을 보완하는 기능을 갖는다. 만일 순현가(NPV) 이외의 모든 판단 지표가 동일할 경우 초기 현금투자가 적은 사업일수록 높은 수익성지수를 나타내게 된다.

단일 투자안에 대하여 순현가법과 수익성지수법은 동일한 채택-기각 결정을 가져온다. 이는 투자안의 현금유입의 현가가 현금유출의 현가보다 더 클 때에는 언제나 그 투자안의 NPV는 (+)이 되고, PI는 1보다 클 것이기 때문이다.

상호배타적인 투자안을 평가할 경우에는 수익성지수법은 순현가법과 상반된 결과를 가져올 수 있다. 예를 들어, 다음의 〈표 3-23〉에서처럼 최초의 투자액이 크게 다른 2개 투자안 A와 B가 상호 배타적인 경우를 가정해 보자. 이 표에서 요구수익률 r이 10%라고 가정할 때, 순현가법에 의하면 투자안 A의 순현가(NPV)가 더 크므로 A안이 우월한 투자안으로 볼 수 있지만, 수익성지수법에 의하면 투자안 B의 수익성지수(IP)가 더 크므로 B안이 우월한 투자안으로 평가할 수 있다.

표 3-23 **투자 대안 분석 사례**

(단위: 만원)

투자안	현금흐름 (t=0)	현금흐름 (t=1)	현금흐름 (t=1) 현가	PI(r=10%)	NPV(r=10%)
A	−10,000	15,000	13,636	1.36	3,636
B	−7,000	11,000	10,000	1.43	3,000
증분(A−B)	−3,000	3,600	3,273	1.09	273
결합(B+증분)	−10,000	14,600	13,273	1.33	3,273

현금유출액(투자액)이 각각 다른 상호 배타적인 투자안들을 비교할 경우에는 어떤 분석 방법론을 선택해야 할 것인지 판단하기 어렵다. 이는 상기 사례의 경우 B투자안의 투자액은 100이나 A투자안의 투자액은 10,000으로 B투자안에 투자할 경우 부의 극대화를 투자자는 그 차액(증분, 3,000)을 다른 투자대안에 투자하여 수익이 발생될 것이기 때문이다. 따라서 이처럼, 상호 배타적인 투자안의 평가에서 순현가법과 수익성지수법이 서로 상이한 결과를 제시하는 경우, 두 투자안의 증분 현금흐름(A-B)을 이용하여 평가하는 증분수익성지수법(Incremental PI method)을 사용한다면 순현가법과 동일한 결과를 도출할 수 있다.

표에서 투자자는 증분(A-B) 현금을 투자할 경우 현금흐름이 3번째 줄의 계산 결과와 같다면, B안을 선택한 투자자에게 기대될 수 있는 결합 현금흐름은 4번째 줄의 계산 결과(결합안)와 같다. A안과 동일한 현금이 소요되는 결합안을 비교할 경우 A안의 수익성지수(PI)는 1.36이며 순현가(NPV)는 3,636이나, 결합안은 1.33(PI)과 3,273(NPV)이므로 A안이 B안 또는 결압안보다 더 우월한 투자안이 될 수 있다. 이와 같이 현금 투자액이 각각 다른 투자대안을 상호 비교할 경우에는 증분에 대한 투자 현금흐름을 합산하여 결합된 현금흐름을 감안해야 정확한 투자타당성을 분석할 수 있다.

결합 현금흐름(B+증분)에서 순현가(NPV)는 3,273으로 B안의 3,000과 증분안의 273을 합산한 값과 같으나, 수익성지수(PI)는 B안의 1.43과 증분안의 1.09를 합산한 값과 같지 않다. 이와 같이 수익성지수(PI)는 어떤 투자안의 상대적 수익성을 나타낼 뿐 가치가산원리에도 부응하지 않으며, 투자로 인한 부의 증가를 측정하지 못한다. 따라서 순현가법이 수익성지수법보다 더욱 우수한 투자평가 방법이라고 할 수 있다.

4) 연평균순현가법

연평균순현가(年平均純現價, ANPV: Average return on Net Present Value)는 사업기간 중 투자자의 한계자본비용(요구수익률)으로 순현가(NPV)를 사업 기간 중에 투자했을 때 받을 수 있는 연금을 의미한다. 즉 연평균순현가는 계산된 순현가를 한계자본비용을 감안하여 매년도 순현가로 배분한 것이다.

연평균순현가(ANPV)는 다음과 같이 순현가(NPV)에 저당상수를 곱하여 계산할 수 있다. 또한 저당상수는 연금의 현가계수의 역수이므로 순현가(NPV)를 연금의 현가계수로 나누는 방법으로도 계산할 수 있다.

$$\bullet\ \text{ANPV} = \text{NPV} \times \text{저당상수}(r,\ n) = \text{NPV} \times \frac{1}{\text{연금현가계수}(r,\ n)}$$

연평균순현가(ANPV)의 장점은 최대의 수용 가능한 투자 오차의 한계를 나타낸다는 점이다. 즉 연평균순현가(ANPV)는 순현가(NPV)가 0이 되기까지[32] 현금의 수입이 연평균 얼마나 줄어들 수 있는가를 의미하므로 연평균순현가(ANPV)가 클수록 투자의 위험이 작다고 볼 수 있다. 또한 사업기간이 서로 다른 사업 간의 비교가 가능한 장점도 있다.

2. 내부수익률법

내부수익률법이란 투자에 대한 내부수익률과 요구수익률을 서로 비교하여 투자결정을 하는 방법이다. 또한 내부수익률(內部收益率, IRR: Internal Rate of Return)은 예상된 현금수입과 지출의 합계를 서로 같게 만드는 할인율이다. 내부수익률은 매년의 현금수지와 투자기간으로부터 계산되는 것이므로 요구수익률처럼 외부로부터 주어지는 것이 아니고 투자사업 자체로부터 계산되는 것이기 때문에 내부수익률이라고 한다.

내부수익률(IRR)은 부동산투자에서 발생한 현금유입의 현재가치와 현금유출(투자비용)의 현재가치를 같도록 하는 할인율이며, 순현가(NPV)를 0으로 만드는 할인율이 된다. 즉 내부수익률(IRR)이란 자본이 투입된 기간 원금을 상환하고도 남는 현금을 사업에 투자한 자본으로 나눈 수익률이라고 할 수 있으며, 해당 투자안에 대한 복리수익률이라고 볼 수 있다. 순현가법에서는 할인율이 시장에서 결정된 자본비용으로 미리 결정되는 것과는 반대로 내부수익률법에서는 순현가(NPV)를 0으로 만드는 특정 할인율인 내부수익률(IRR)의 값을 구한다.

일반적으로 내부수익률법보다 순현가법이 투자판단의 준거로 더 선호되나, 내부수익률법은 요구수익률을 계산하지 않아도 되며 투자자에게 더 친숙하다는 장점도 있다. 또한 순현가법에서 사용하는 할인율(요구수익률)은 투자주체에 따라 달라지는

---

32) 순현가(NPV)가 0이라는 것은 요구수익률이 100% 만족한다는 것을 의미함

문제도 있다.

내부수익률법에 의한 타당성분석에서는 독립적 투자안일 경우 단순히 '내부수익률 ≥ 요구수익률'이면 그 투자를 채택하고, '내부수익률 < 요구수익률'이면 그 투자를 기각한다. 상호 배타적인 투자안일 경우에는 '내부수익률 ≥ 요구수익률'인 투자안 중에서 내부수익률(IRR)이 가장 높은 투자안을 최적 투자안으로 선택한다.

내부수익률법은 현금흐름의 시간가치와 위험을 반영하며, 현금흐름을 기초로 하는 장점이 있다. 또한 순현가법에 대비할 경우 수익률이란 친숙한 지표를 사용하는 장점도 인정된다. 반면에 내부수익률법은 재투자수익률이 불합리하게 결정될 수 있으며, 복수의 내부수익률이 존재할 수 있으며, 아예 존재하지 않을 수 있는 문제가 있다. 또한 순현가법에 비해 가치가산의 원리를 만족시키지 못하는 문제점도 있다. 이와 같은 2가지 방식의 구체적인 장단점 비교 내용은 다음에서 상세히 설명한다.

3. 순현가법과 내부수익률법 비교

순현가(NPV)나 내부수익률(IRR)은 투자결정의 준거로 많이 이용되고 있다. 순현가(NPV)를 투자결정의 준거로 하는 것을 '순현가법', 내부수익률(IRR)을 투자결정의 준거로 하는 것을 '내부수익률법'이라 한다. 순현가법과 내부수익률법은 서로 깊은 관계가 있기 때문에, 이들 두 방법은 같은 것을 서로 다르게 표시한 것에 불과한 것처럼 보인다. 그러나 두 방법은 다음에서 설명한 것과 같이 상당한 차이가 있다.

이로 인해 경우에 따라서는 투자결정에 대한 서로 다른 결정을 하게 만들 수도 있다. 즉 순현가법으로는 타당성이 있는 투자사업이, 내부수익률법으로는 타당성이 없을 수도 있다는 것이다. 물론 그 반대의 경우도 성립할 수 있다. 일반적으로 순현가법이 내부수익률보다 투자준거로서 우월한 것으로 평가되고 있으며, 그 이유는 다음과 같다.

1) 재투자율

순현가법은 재투자율로 요구수익률을 사용하나, 내부수익률법은 내부수익률을 사용한다. 그러나 '내부수익률<요구수익률'일 경우에도 재투자를 한다고 가정하는 것은 이론적으로 무리가 있다.

2) 부의 극대화

내부수익률을 준거로 우선순위를 정하여 투자할 경우, 이것이 투자자의 부를 반드시 극대화시키는 것은 아니라는 사실이다. '부의 극대화'에 대한 판단은 한 곳에 투자하거나 여러 곳에 투자하는 것을 불문하고 투자자금이 얼마나 증가했느냐에 달려 있다. 순현가법을 사용할 경우에는 주어진 가용자금을 한 곳에 투자하건 여러 곳에 투자하건 부의 극대화를 달성할 수 있지만, 내부수익률법을 사용할 경우에는 그렇지 못하다.

또한 투자 우선순위 결정에서도 차이가 있다. 예를 들어, A에서 D까지 4개의 투자대안이 있는데, 이들에 대한 순현가(NPV)와 내부수익률(IRR)은 아래의 〈표 3-24〉에서와 같다고 하자. 순현가법을 투자결정의 준거로 사용하면, 투자의 우선순위는 'C, A, D, B'가 된다. 만약 가용자금이 1억원으로 한정되어 있다면, 4개의 투자대안 중 어느 것들을 선택해야 이익 극대화를 달성할 수 있을까? 순현가법을 사용할 경우에는, 투자재원의 범위 내에서 대안 A와 D를 선택할 수 있다. 이 경우 현재가치의 순증가액은 990만원 + 882만원 = 1,872만원이 된다.

그러나 내부수익률법을 준거로 사용하면, 우선순위는 'B, A, D, C'가 되며 투자재원의 한도 내에서 대안 B와 A를 선택할 수 있다. 이때 투자자금에 대한 현재가치의 순증가액은 650만원 + 990만원 = 1,640만원이 되어 앞의 경우보다 작아진다. 즉 내부수익률에 따라 투자 우선순위를 정하는 것이 반드시 투자자에게 부의 극대화를 가져오는 것은 아니라는 사실을 알 수 있다.

표 3-24 **순현가법과 내부수익률법에 의한 투자대안의 선택**

(단위: 만원)

투자대안	필요자금	순현가(10%)	내부수익률
A	5,000만원	990만원	17.9%
B	3,000만원	650만원	19.1%
C	8,000만원	1,365만원	15.1%
D	4,500만원	882만원	17.6%

3) 복수의 내부수익률

투자기간 초기뿐만 아니라 기간 중에도 자금이 투입되는 일반적인 투자사업의 경우에는 자금의 투입 횟수에 따라 두 개 이상의 내부수익률(IRR)이 동시에 생기게 된다. 경우에 따라서는 내부수익률(IRR)의 계산이 불가능해지고 실수가 아닌 허수의 내부수익률(IRR)이 생기기도 한다. 이럴 때에는 의사결정의 준거로 어떤 내부수익률(IRR)을 사용할지 알 수가 없다.

4) 가치가산원칙

가치가산의 원칙이란 여러 개의 투자안을 복합적으로 평가한 가치가 개별 투자안을 독립적으로 평가한 가치의 합과 같아지는 것을 의미한다. 순현가법은 개별 투자안의 순현가(NPV)를 단순히 더하여 평가할 수 있으나, 내부수익률법은 개별 투자안의 결과를 결합한 결합투자안에 대하여 다시 내부수익률(IRR)을 구해야 한다.

5) 이자율의 기간구조

투자안 평가에 사용되는 할인율은 시장이자율 변동에 따라 달라진다. 내부수익률법의 경우 투자안의 현금흐름을 대상으로 산출한 내부수익률(IRR)과 할인율을 비교하여 투자타당성을 평가하는데, 각 기간마다 할인율이 다를 경우 비교 기준을 어떤 것을 선정해야 할 것인가의 문제가 있다. 그러나 순현가법에서는 매년 다른 할인율을 적용할 수 있다.

6) 의사결정방식 비교

내부수익률(IRR)에 의한 의사결정은 현금흐름의 양상에 따라 의사결정기준이 달라진다. 현금유출 발생 후 현금유입이 발생하는 투자안은 'IRR > r (요구수익률)'이면 채택하고 'IRR < r'이면 기각한다. 반대의 경우(현금유입이 발생하고 현금유출이 나중에 발생) 투자안은 'IRR < r'이면 채택하고 'IRR > r'이면 기각한다. 그러나 순현가법에서는 현금흐름의 양상에 관계없이 순현가(NPV)가 양(+)이면 채택하고 음(−)이면 기각하는 일관된 기준에 의해 의사결정을 할 수 있다.

제 3 절   기타 타당성분석 기법

1. 비할인기법

비(非)할인기법(방식)은 현금의 흐름을 현재가치로 환산하지 않고 액면 그대로 평가하는 방식이며, 전통적 투자분석법이라고도 한다. 이 기법에는 회수기간법과 회계적 수익률법이 있다.

1) 회수기간법

회수기간(回收期間, Payback period)이란 투자안에 투입한 전체 현금지출을 회수하는 데 걸리는 연수(年數)를 의미한다. 회수기간법에서는 초기에 투자금액을 할인하지 않은 미래의 금액으로 회수하는 데 걸리는 기간을 기준으로 투자안을 선택한다. 즉 자금회수는 어느 시기에 이루어지더라도 할인하여 고려하지는 않는다.

회수기간법에 의하면 독립적 투자안일 경우 계산된 회수기간이 목표 회수기간보다 같거나 짧을 경우 투자를 선택하고, 보다 길 경우에는 투자를 기각한다. 또한 상호 배타적인 투자안일 경우 투자안의 회수기간이 목표 회수기간보다 짧은 투자안들 중에서 회수기간이 가장 짧은 투자안을 선택한다. 한편 회수기간법은 현금흐름을 할인하지 않는 문제가 있으므로, 학자에 따라서는 초기 투자금액을 현재가치로 회수하는 데 걸리는 기간을 기준으로 투자안을 선택하는 현가회수기간을 제시하기도 한다.

회수기간법은 비교적 단순하여 많이 사용하고 있으며, 회수기간이 길수록 위험한 투자안으로 볼 수 있는 장점이 있다. 반면에 현금흐름을 할인하지 않으며, 목표회수기간이 자의적으로 결정되고, 회수기간 이후의 현금흐름을 반영하지 않는 문제점이 있다. 또한 계속적인 투자가 이루어지는 경우나 준공 후 원상복구를 하는 경우에는 적합하지 않다.

2) 회계적 수익률법

회계적 수익률법이란 회계장부에 기입된 수입과 지출을 근거로 수익률을 계산하는 방법으로 최대수익률법과 평균수익률법이 있다.

최대수익률법이란 최대 수익연도의 수입을 총투자액으로 나눈 값을 기준으로 평가하는 방법이다(최대 수익률 $= \dfrac{\text{최대 수입액}}{\text{투자액}}$). 또한 평균수익률법이란 사업기간 전체를 고려한 지표로서 연평균 수입을 총투자액으로 나눈 값을 사용한다. 다만 사업기간이 다르거나 현금흐름이 전혀 다른 사업들을 비교하는 경우는 주의해야 한다(평균수익률 $= \dfrac{\text{년평균수입액}}{\text{총투자액}}$).

회계적 수익률법은 회계장부를 이용해 계산하므로 간편하나, 현금흐름을 할인하지 않으므로 정확성이 떨어지는 문제가 있다.

2. 단년도분석법

할인현금수지분석법을 투자준거로 사용하기 위해서는 여러 가지 복잡한 계산절차를 거쳐야 한다. 따라서 실무 분야에서는 복잡한 할인현금수지분석법 대신 1년치 현금흐름만으로 분석이 가능한 단년도분석법을 활용하는 경우도 있다.

단년도분석법은 어림셈법(Rule-of-thumb method)이라고도 하며, 투자 첫해에 발생한 여러 종류의 현금수지를 승수(乘數, multiplier)의 형태로 표시하는 승수법과 이를 수익률(Rate of return)의 형태로 표시하는 수익률법으로 구분된다.[33]

1) 승수법

승수법이란 초기 1년간의 영업수지(현금수지)를 여러 종류의 승수의 형태로 표시하는 방법을 말한다.

(1) 총소득승수(조승수)

총소득승수(조승수)이란 다음과 같이 총소득에 대한 총투자액의 배수를 의미한다. 이때의 총소득은 가능총소득(PGI)과 유효총소득(EGI)이 있으며, 이에 따라 총소득승수는 가능총소득승수와 유효총소득승수로 구분될 수 있다.

---

33) 이창석, 상계서, pp. 282~286 및 James B. Kau and C. F. Sirmans, pp. 157~159; 이원준, 상계서, p. 205 참조

$$총소득승수 = \frac{총투자액}{조소득}$$

(2) 순소득승수(순승수)

순소득승수(순승수)란 다음과 같이 순영업소득(NOI)에 대한 총투자액의 배수, 순소득승수를 자본회수기간이라고도 한다.

$$순소득승수 = \frac{총투자액}{순영업소득}$$

(3) 세전현금수지승수(세전승수)

세전현금수지승수(세전승수)란 다음과 같이 세전현금수지(BTCF)에 대한 지분투자액의 배수를 말한다.

$$세전현금수지승수 = \frac{지분투자액}{세전현금수지}$$

(4) 세후현금수지승수(세후승수)

세후현금수지승수(세후승수)란 다음과 같이 세후현금수지(ATCF)에 대한 지분투자액의 배수를 말한다.

$$세후현금수지승수 = \frac{지분투자액}{세후현금수지}$$

2) 수익률법

수익률법이란 초기 1년간의 영업수지(현금수지)를 여러 종류의 수익률의 형태로 표시하는 것이다. 어림셈법에 의한 수익률에는 종합자본환원율, 지분배당률, 세후수익률이 있다.

(1) 종합자본환원율

종합자본환원율(종합환원율)은 다음과 같이 총투자액에 대한 순영업소득(NOI)의 비율이며, 종합수익률 또는 종합률이라고 한다. 이는 순소득승수의 역수가 된다.

$$종합자본환원율 = \frac{순영업소득}{총투자액}$$

(2) 지분배당률

지분배당률이란 다음과 같이 지분투자액에 대한 세전현금수지(BTCF)의 비율로서 세전현금수지승수의 역수이다.

$$지분배당률 = \frac{세전현금수지}{지분투자액}$$

(3) 세후수익률

세후수익률이란 다음과 같이 지분투자액에 대한 세후현금수지(ATCF)의 비율로서 세후현금수지승수의 역수이다.

$$세후수익률 = \frac{세후현금수지}{지분투자액}$$

3) 단년도분석 방법의 장단점

단년도분석 방법(어림셈법)은 단순한 장점이 있으나, 한 가지 방법에 의해 계산된 비율은 다른 방법에 의해 계산된 비율과 직접 비교하기가 곤란한 문제점이 있다. 이 같은 약점은 미래의 현금수지를 할인하지 않는다는 데에서 기인한다. 또한 1차년도의 현금수지만을 기준으로 하므로 정확치 않으며, 화폐에 대한 시간가치를 고려하지 않기 때문에 부동산의 보유기간 중 현금수지의 변동이 심할 경우에는 투자결정의 판단준거로 사용하기가 더욱 부적절하다.

3. 금융비율분석법

부동산투자자나 금융기관들은 투자에 대한 위험을 평가하기 위하여, 현금수지를 여러 가지 비율로 분석하고 있다. 이렇게 관행적으로 사용되는 여러 가지 금융비율

들은 투자계획이나 수익성 제고를 위한 유용한 수단이 될 수 있다. 비율 분석의 수단
으로 흔히 쓰이는 금융비율에는 다음과 같은 것이 있다.[34]

1) 대부비율

대부비율(LTV: Loan-to-Value ratio)은 부동산가치에 대한 융자액(대부액)의 비율을
가리킨다. 저당비율 혹은 융자비율이라고도 한다.

$$대부비율 = \frac{융자액(부채잔금)}{부동산가치}$$

대부비율이 높을수록 채무불이행시 원금을 회수하기 어렵게 되므로 높은 대부비
율은 대출자의 입장에서는 큰 위험이 된다. 따라서 은행과 같은 기관대출자는 부동
산가치에 대한 일정 비율을 최대한도로 정하기도 한다.

대부비율과 유사한 개념으로 다음과 같은 부채비율이 있다. 대부비율과 부채비율
은 밀접한 관계가 있다. 예를 들어, 대부비율이 80%라는 것은, 부채비율이 400%라
는 뜻과 같다. 부채비율은 지분에 대한 부채의 비율이다. 대부비율이 높아짐에 따
라 부채비율도 급격하게 증가한다. 대부비율이 100%가 되면 부채비율은 무한대가
된다.

$$부채비율(레버리지비율, debt\ ratio) = \frac{저당대부액(융자액)}{지분투자액}$$

2) 부채감당률

부채감당률(DCR, DSCR: Debt Service Coverage Ratio)은 순영업소득(NOI)이 부채서
비스액(Debt Service)의 몇 배가 되는가를 나타내는 비율이다. 부채서비스액은 매월
또는 매년 지불해야 되는 원금상환분과 이자지급분을 가리킨다. 부채서비스액을 다
른 말로 저당지불액이라 한다. 그러나 엄격하게 말하면 부채서비스액은 저당을 포함
한 모든 타인자본(부채)에 대한 상환비용을 합산한 것이므로 저당지불액보다 넓은 의

---

34) 이창석, 상게서, pp. 283~285 및 James B. Kau and C. F. Sirmans, pp. 159~162; 이원준, 상게서, pp.
205~207 참조.

미를 지니고 있다.

$$부채감당률(DCR) = \frac{순영업소득(NOI)}{부채서비스액(DS)}$$

부채감당률(DCR)이 1에 가까울수록 대출자나 차입자는 모두 위험한 입장에 처하게 된다. 부채감당률(DCR)이 1보다 작다는 것은 부동산으로부터 나오는 순영업소득(NOI)이 부채를 감당하기에도 부족한 것이다. 따라서 일반적으로 부채감당률(DCR)이 1.2(또는 1.3) 이상이어야 대출이 가능하다.

3) 채무불이행률

채무불이행률은 유효총소득(EGI)이 영업경비와 부채서비스액을 감당할 수 있는 능력이 있는가를 측정하는 지표이다. 채무불이행률은 전체 대출 건수에서 실제로 채무불이행이 발생한 비율을 의미하기도 하나, 부동산투자에서는 채무불이행이 발생할 가능성을 나타내는 비율을 의미한다.

영업경비와 부채서비스액이 유효총소득(EGI)에서 차지하는 비율이 클수록 그만큼 채무불이행의 가능성은 커진다. 경우에 따라서는 유효총소득(EGI) 대신 가능총소득(PGI)을 쓰기도 한다.

$$채무불이행률 = \frac{영업경비 + 부채서비스액}{유효조소득}$$

4) 영업경비비율

영업경비비율 또는 경비비율은 영업경비가 총소득에서 차지하는 비율을 나타낸다. 순영업소득(NOI)은 유효조소득(EGI)에서 영업경비(OE; Operating expenses)를 공제하여 계산하므로, 영업경비비율은 작을수록 안전한 투자로 볼 수 있다.

$$경비비율 = \frac{영업경비}{조소득}$$

5) 총자산회전율

총자산회전율(TAT: Total Asset Turnover ratio)은 투자된 총자산 즉 부동산가치에 대한 총소득의 비율이다. 다음 공식에서 보면 총자산회전율은 단년도분석방법(어림셈법)에서 살펴본 총소득승수의 역수가 된다. 조소득이 클수록 순영업소득(NOI)나 세후현금수지(ATCF)가 클 가능성이 높으므로 총자산회전율이 높을수록 안전한 투자로 볼 수 있다.

$$\text{총자산회전율} = \frac{\text{조소득}}{\text{부동산의 가치}}$$

6) 비율분석법의 한계

비율분석법은 간단한 공식으로 투자대안의 위험을 산정할 수 있는 장점이 있으나, 비율을 구성하고 있는 요소들에 대한 추계의 잘못으로 인하여 비율 자체가 왜곡될 수 있다. 또한 주어진 비율은 다른 투자 대안과 비교하는 기준이 될 수 있으나, 비율 그 자체만으로는 투자 대안이 좋은지 여부를 평가하기 곤란하다. 비율분석법으로 투자판단을 할 경우에는, 동일한 투자대안이라 할지라도 사용하는 지표에 따라 결정이 다르게 나타날 수 있는 문제점도 있다.

[Supplement C]
투자 타당성분석 사례

1. 투자준거 계산 사례

1) 기본 정보

□ 제시사례: 〈Supplement B〉의 '2. 사례2(종합분석 사례)'를 기준으로 함.

○ 소재지: 서울 중구 정동 소재 지하1층 지상 8층 규모의 사무용 빌딩(임대용)

　　• 건물 면적: 2,666.6㎡(806.6평)

　　• 대지 면적: 599.0㎡(181.2평)

○ 투자기간: 5년

○ 구입자금 내역

　　• 구입금액: 90억원(취득 관련 세금 및 제반 비용 포함)

　　• 융자액: 45억원(이자율 4%, 고정금리, 20년만기, 원리금균등식, 월부상환)

　　• 임대보증금: 9억원

○ 향후 5년간 월세와 임대보증금 인상계획

　　• 임대보증금: 연간 3% 인상

　　• 월세: 연간 6% 인상

○ 최근 1년간 인근지역 사무용 빌딩 투자수익률

　　• 소득수익률: 5.44%

　　• 자본수익률: 2.44%

　　• 투자수익률: 7.88%

○ 연도별 공실률 추정치: 6%

○ 기타사항: 〈Supplement B〉 중 '2. 사례2(종합분석 사례)' 참조

이상과 같은 제시 정보를 기준으로 현금흐름표(Cash flow chart)와 투자가치, 투자준거(NPV, IRR, PI, ANPV)를 분석하기로 한다. 다만 상기 정보 중 각종 상승률은 2차년도부터 적용한다.

2) 분석결과

제시된 중구 정동 소재 사무용 빌딩의 현금흐름표 계산 결과는 〈Supplement B〉에서의 방법론을 적용할 경우 다음의 〈표 3-25〉와 같으며, 투자가치 계산 결과는 다음의 〈표 3-26〉과 같다.

표 3-25 현금흐름표(Cash flow chart) 계산 결과

(단위: 만원)

연 도	영업 현금흐름					매각현금흐름
	1	2	3	4	5	5
PGI	71,630.2	75,686.0	79,973.1	84,504.7	89,294.8	1,257,188.9
공실손실(−)	4,297.8	4,541.2	4,798.4	5,070.3	5,357.7	
기타소득(+)	3,486.0	3,590.6	3,698.3	3,809.2	3,923.5	
EGI	70,818.4	74,735.4	78,873.0	83,243.6	87,860.7	
영업경비(−)	16,043.1	16,825.2	17,654.8	18,535.2	19,469.6	50,287.6
NOI	54,775.3	57,910.2	61,218.2	64,708.5	68,391.1	1,206,901.3
원리금(−)	32,722.9	32,722.9	32,722.9	32,722.9	32,722.9	469,952.9
BTCF	22,052.4	25,187.3	28,495.3	31,985.6	35,668.2	736,948.4
소득세(−)	10,465.9	11,702.1	13,003.5	14,373.7	15,816.3	110,077.2
ATCF	11,586.4	13,485.2	15,491.7	17,611.9	19,851.9	626,871.2
보증금증가	0.0	2,700.0	2,781.0	2,864.4	2,950.4	
순현금흐름	11,586.4	16,185.2	18,272.7	20,476.3	22,802.3	626,871.2

출처: 〈Supplement C〉 중 '2. 사례2(종합분석 사례)' 참조.

표 3-26 투자가치 계산표 사례

(단위: 만원)

연 도	0	1	2	3	4	5	현가합
순현금흐름	−360,000.0	11,586.4	16,185.2	18,272.7	20,476.3	649,673.5	−
현가계수	1.0000	0.9270	0.8592	0.7965	0.7383	0.6844	−
현가	−360,000.0	10,740.6	13,906.3	14,554.2	15,117.6	444,636.6	498,955.3

※ 투자가치(100억 38,955만원) > 시장가치(90억원)

○ 순현가(NPV)계산

- 순현가 = −지분＋매년도 세후현금수지의 현재가치 ＋ 세후지분복귀액의 현재가치

- 지분 = 구입금액 − 융자액 − 임대보증금

  = 90억원 − 45억원 − 9억원 = 36억원

- NPV = −360,000.0만원 + 498,955.3만원 = 139,955.3만원

○ 수익성지수(PI) 계산

- 수익성지수(PI) = $\dfrac{\text{현금유입의 현재가치}}{\text{현금유출의 현재가치}}$

- PI = $\dfrac{498,955.3}{360,000}$ = 1.39

○ 연평균순현가(ANPV) 계산

- 연평균순현가(ANPV) = NPV × 저당상수(r, n) = NPV × $\dfrac{1}{\text{연금현가계수}(r, n)}$

  * r: 할인율(7.88%), n: 투자기간(5년)

- ANPV = 139,955.3만원 × 0.2497 = 34,697.1만원

엑셀 계산표 공식	저당상수 = PMT(할인율, 투자기간, 1, 0) = PMT(7.88, 5, 1, 0) = 0.2497
	ANPV = PMT(0.0788, 5, 139,955.3, 0) = 34,697.1

○ 내부수익률(IRR) 계산

- 내부수익률(IRR): 현금 수입 현가와 지출 현가의 합계를 서로 같게 만드는 할인율

- 내부수익률은 엑셀 프로그램을 이용하여 다음과 같이 계산한다.

- IRR = 15.68%

엑셀 계산표 공식	IRR(−360,000.0, 11,586.4, 16,185.2, 18,272.7, 20,476.3, 649,673.5) = 15.61%

2. 민감도 및 기대수익률 분석 사례

1) 기본 정보

상기 사례에는 부동산경기와 관련되어 향후 5년간 임대료 상승률과 공실률, 영업경비 증가율, 환원이율(투자수익률) 등에 대한 다양한 가정이 포함되었다. 다음의 〈표 3-27〉은 상기 가정 중 현금흐름에 가장 큰 영향을 미칠 것으로 예상되는 임대료 상승률과 공실률에 대한 시장 상황별 조건을 순현금흐름(NCF)을 계산한 결과이다. 이표에서 적용된 조건은 다음과 같다.

- 현행: 상기 가정에 의한 순현금흐름(NCF)을 계산한다.
- 시장상황별로 월세상승률, 보증금상승률 등은 아래와 같이 조정한다.

시장상황	월세상승률	보증금상승률	관리비상승률	기타수익상승률	공실률
보통	6%	3%	5%	3%	6%
불황	4%	2%	3%	2%	9%
호황	7%	4%	6%	4%	5%

상기와 같이 제시된 조건을 기준으로 투자 기간의 현금흐름을 분석한 결과는 다음의 〈표 3-27〉과 같다.

〈표 3-27〉에서의 순현금흐름(NCF) 계산을 기준으로 할인율은 상기 기본정보에서 제시된 연간 7.88%의 투자수익률을 적용하여 각 상황별 NPV와 IRR, PI, ANPV를 계산할 수 있다.

표 3-27 임대료 및 공실률 조건 변경에 따른 순현금흐름 계산표

(단위: 만원)

구 분	가정 조건	현금 유출	현금유입				
		0	1	2	3	4	5
민감도 분석1	보통(상기 가정)	-360,000.0	11,586.4	16,185.2	18,272.7	20,476.3	649,673.
민감도 분석2	불황인 경우	-360,000.0	10,146.7	12,867.1	13,844.0	14,841.9	542,461.2
민감도 분석3	호황인 경우	-360,000.0	12,066.4	18,071.6	20,787.9	23,688.4	700,560.8

2) 민감도분석 결과

상기에서 제시된 조건별 순현금흐름(NCF)을 근거로 각 상황별 NPV와 IRR, PI, ANPV를 계산한 사례의 결과값은 다음의 〈표 3-28〉과 같다.

표 3-28 민감도분석 결과

(단위: 만원)

구 분	가정 조건	NPV	IRR	PI	ANPV
민감도 분석1	보통(상기 가정)	138,955.3	15.61%	1.39	34,697.1
민감도 분석2	불황인 경우	53,706.4	11.09%	1.15	13,410.5
민감도 분석3	호황인 경우	180,223.2	17.60%	1.50	45,001.7

이상과 같은 민감도분석 결과 사례 부동산투자는 불황인 경우에도 순현가(NPV)가 0보다 크며, 수익률도 11.09%에 달하는 등 투자 타당성이 매우 높은 것으로 나타났다.

3) 기대수익률 및 위험률 분석결과

상기에서의 내부수익률(IRR)을 근거로 각 기대수익률(가중평균)과 위험률(표준편차)을 계산한 사례는 다음의 〈표 3-29〉와 같다.

- 보통 상황: 가장 발생 가능성이 높은 상황을 전제로 함.
- 발생 확률: 시장분석을 통해 확률을 구함.

계산 결과를 보면 제시된 부동산투자의 기대수익률은 연간 14.65%이며, 위험률은 2.45%로 계산되었다.

- 분산계수 $= \dfrac{위험률}{기대수익률} = \dfrac{2.45\%}{14.65\%} = 0.17$

표 3-29 기대수익률 및 위험률 분석표

상황	가 정	발생 확률	IRR	가중치 적용IRR	가중 평균	편차	편차제곱 (가중치적용)	분산	표준 편차
낙관	상기 가정	50%	15.61%	7.80%		0.96%	0.0046%		
비관	민감도분석1	30%	11.09%	3.33%	14.65%	-3.56%	0.0380%	0.0600%	2.45%
보통	민감도분석2	20%	17.60%	3.52%		2.95%	0.0174%		

1) 가중치 적용 IRR = IRR × 상황별 발생확률

2) 가중평균 = 가중치 적용 IRR 합산

3) 편차 = 상황별 IRR − 가중평균

4) 편차제곱 = 상황별 편차의 제곱 값 × 상황별 발생확률

5) 분산 = 편차제곱값 합산

6) 표준편차 = 분산의 제곱근

□ 가중평균치 계산 방법

엑셀 계산표 공식	SUM((15.61%*0.5), (11.09%*0.3), (17.60%*0.2)) = 14.65%

□ 표준편차 값 계산 방법

엑셀 계산표 공식	SUM(((15.61%−14.65%)^2)*0.5, ((11.09%−14.65%)^2)*0.3, ((17.60%−14.65%)^2)*0.2) = 0.0600%(분산 값)
	SQRT(0.0600%) = 2.45%(표준편차 값)

부 록

1. 부동산개발업과「부동산개발업의 관리 및 육성에 관한 법률」

□ 부동산개발

- 토지를 택지·공장용지·상업용지 등으로 조성하거나, 토지에 건축물을 건축하여 해당 부동산을 일반에게 판매·임대 등의 방법으로 공급하는 업종

□ 부동산개발업의 관리 및 육성에 관한 법률 기본 방향

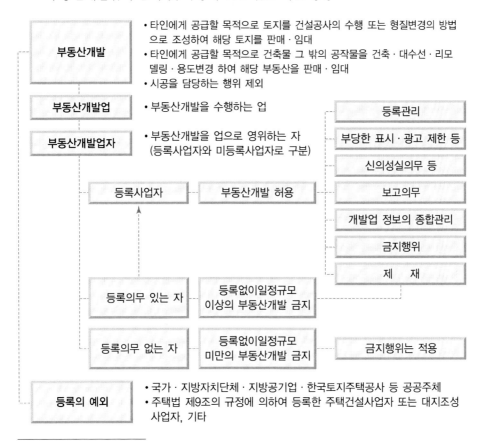

1) 출처: 국토교통부,『부동산개발업 등록제』업무처리 매뉴얼(2015. 11) 참조

2.「부동산개발업의 관리 및 육성에 관한 법률」주요 내용

1) 부동산개발 및 부동산개발업의 제도화 (법 제2조)

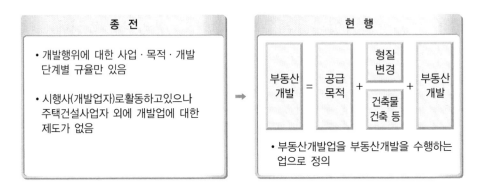

□ 사업 · 목적 · 개발 단계 별로 규율되고 있는 개발행위에 대한 규정 중에서 개발에 필요한 공통 요소를 "부동산개발"로 정의하여 부동산개발업의 영역을 명확히 함

□ 부동산개발업과 건설업의 구분을 위하여 "부동산개발"의 정의에서 시공을 담당하는 행위를 제외함

2) 부동산개발업 등록제 도입 (법 제4조)

□ 전문성이 부족한 개발업자의 난립으로 인한 소비자 피해 방지 및 부동산개발업의 체계적 관리 · 육성을 위해 등록제 도입

⇒ 등록하지 않고 부동산개발업을 하는 경우 3년 이하의 징역 또는 5천만원 이하의 벌금

【 부동산개발업 등록대상 】

건축물(연면적)	주상복합(비주거용 연면적)	토지
3천㎡(연간 5천㎡) 이상	3천㎡(연간 5천㎡) 이상이고 비주거용 비율이 30% 이상인 경우에 한정	5천㎡(연간 1만㎡) 이상

※ 주상복합 : 주택과 주거용 외의 용도가 복합된 건축물

□ 개발업자 난립 방지라는 등록제 취지를 고려 국가 · 지자체 등 공공사업주체, 주택건설사업자 등은 등록의 예외로 함

구 분	등록 예외 이유
국가 · 지자체 · 지방공기업 · 한국토지주택공사 등	공공사업주체 ⇒ 난립 문제 없음
주택사업을 하는 경우로서 주택법 제9조에 따라 등록한 주택건설사업자 등	이미 등록제로 관리(주택법)

□ 등록 규모 미만의 부동산개발을 하는 개발업자는 등록 없이도 자유롭게 개발을 할 수 있도록 하여 영업의 자유 보장

□ 부동산개발업의 등록요건 (시행령 제4조)

구 분		등 록 요 건
자본금	법인	자본금 3억원 이상
	개인	영업용자산평가액 6억원 이상
부동산개발 전문인력		상근 2명 이상 ※ 사전교육이수제는 ’08.11.18. 시행
시설		사무실

※ 등록사무는 시 · 도지사에게 위임

• 개별법에 따른 개발행위의 인 · 허가 절차에서 개발 목적에 따라 등록사업자인지 여부를 확인 필요(’15.09 "부동산개발업 등록사실 확인 업무처리 기준" 참조)

□ 상근 임직원이 없는 특수목적법인의 등록 (시행령 제6조)

• 부동산개발업 등록을 위해서는 상근하는 부동산개발 전문인력을 확보하여야 하나, 특수목적법인의 경우 이를 충족할 수 없는구조이므로 등록요건을 별도로 설정

• 특수목적법인을 등록대상으로 하고, 자산관리회사 등이 부동산개발 전문인력 ·
시설 등의 요건을 갖추도록 함

구 분		등 록 요 건
특수목적법인		위탁관리부동산투자회사, 기업구조조정부동산투자회사 (「부동산투자회사법」 제2조제1호 나 · 다목)
		부동산집합투자기구 중 투자회사(「자본시장과금융투자업에관한법률」 제229조제2호)
		프로젝트금융투자회사(「법인세법」 제51조의2제1항제9호)
자 본 금		자본금 5억원 이상
자산관리 회사 등	부동산개발 전문인력	상근 5명 이상
	시설	사무실

3) 부동산개발 전문인력과 사전교육제 (법 제5조)

종 전		현 행
• 전문성과 자질이 부족한 인력의 개발 사업 참여 • 부동산개발 전문교육기관 부족, 체계적 교육과정 미정립	⇒	• 변호사 · 감정평가사 등 자격사, 건설기 술자 등으로 전문인력의 범위 한정 • 교육기관, 교과과정 등에 관한 기준을 마련하여 전문인력 사전교육 실시

▫ 부동산개발 전문인력의 범위를 법률 · 금융 · 개발실무 등의 분야로 세분하고
해당분야 경력 등을 갖춘 자로 한정하여 부동산개발업의 전문성 제고 및 소비자 보
호 도모(시행령 별표 1 참조)

▫ 부동산개발 전문인력은 부동산개발업 등록 전에 자격을 갖춘 교육기관이 실시
하는 부동산개발에 관한 교육과정을 이수하도록 의무화

• 교육기관은 대학, 부동산개발 및 관련 분야의 교육에 관한 전문성이 있는 공
공기관 등 중에서 국토교통부장관이 지정 고시
- 교육과정에는 부동산개발업의 운영에 관련된 사항, 법률 · 조세 및 회계
등 제도에 관련된 사항 등이 포함되도록 함
- 교육시간은 60시간–80시간의 범위내에서 국토교통부장관이 정함

4) 부당한 표시 · 광고의 제한 등 (법 제8조)

종 전		현 행
• 개발업자의 거짓 · 과장광고, 개발사업에 대한 정보 부족으로 소비자 피해 발생 우려	⇒	• 미등록사업자는등록사업자로 표시 · 광고 금지 • 등록사업자의 표시 · 광고시 소비자 보호를 위하여 필요한 정보의 제공 의무화

□ 소비자가 개발업자의 표시 · 광고를 통해 등록사업자와 미등록사업자를 구별하고 필요한 정보를 제공받을 수 있도록 표시 · 광고 제도를 개선

□ 개발업 등록을 하지 아니하고 등록사업자 또는 등록사업자로 오인될 우려가 있는 표시 · 광고행위 금지(3년 이하 징역 또는 5천만원 이하 벌금)

□ 등록사업자의 부동산개발에 관한 표시 · 광고 시 소비자보호를 위하여 필요한 사항의 표시 · 광고를 의무화(3천만원 이하 과태료)

【표시 · 광고할 사항】

등록사업자의 상호 · 명칭, 등록번호, 주된 영업소 소재지, 토지소유자가 등록사업자가 공동으로 부동산개발을 하는 경우 공동사업 추진 여부 및 공동사업주체에 관한 사항, 부동산개발에 필요한 인 · 허가 등에 관한 사항

※ 「부동산개발의 표시 · 광고 등에 관한 규정」(국토교통부고시 제2015-599호, '15.8.18) 참조

☞ 등록사업자의 표시 · 광고를 통해 소비자 보호를 위해 필요한 정보를 제공받을 수 있도록 함으로써 소비자 피해 예방

5) 등록사업자의 보고의무와 개발업 정보의 종합관리

종 전		현 행
• 사업실적 등 개발업자의 사업능력을 판단할 수 있는 정보가 부족하여 소비자 · 투자자는 주로 분양광고에만 의존하므로 피해가 발생할 우려	⇒	• 등록사업자의 사업실적 보고 의무화 • 등록사업자의 자본금 · 사업실적 등 사업자 정보 등을 소비자에게 제공하고, 개발업 정보의 종합관리체계 구축 · 운영

□ 소비자·투자자 등이 사업실적 정보를 활용할 수 있도록 등록사업자의 사업실적 보고를 의무화

- 등록사업자는 매년 사업실적 등을 시·도지사에게 보고하고 시·도지사는 부동산개발에 관한 정보를 관리하여 소비자·관련기관·단체 등에 제공

□ 효율적인 정보제공을 위하여 개발업 정보의 종합관리체계를 구축·운영하여 사업실적 정보 등을 소비자 등에게 제공

- 부동산개발업에 관한 각종 정보를 소비자 등에게 제공하여 개발업자간 건전한경쟁및 부동산개발 시장의 투명화 유도

6) 부동산개발업자 등의 금지행위

종 전	현 행
• 개발업자가 거짓 개발 정보를 유포하거나 과장광고를 통해 소비자 피해를 발생시키는 등 부동산거래질서 교란 ☞ 개발업에 대한 제도가 없어 단속이 어려움	• 개발업자가 속임수를 써서 부동산 매수를 유인하는 행위, 부동산개발에 대한 허위정보 유포행위 등을 금지

□ 소비자 피해를 예방하기 위해 개발업자의 허위개발정보유포, 텔레마케팅을 통한 부동산 구매 강요 행위 등을 금지

- 부동산개발업자나부동산개발업자로부터업무를위탁(대행포함)받아 처리하는 자의 다음과 같은 행위를 금지함

【부동산개발업자의 금지행위 유형】

금지행위 주요 내용
① 허위·과장된 사실을 알리거나 속임수를 써서 타인으로 하여금 부동산등을 공급받도록 유인하는 행위(영업정지 및 형벌)
② 부동산등을 공급받도록 유인할 목적으로 부동산개발에 대한 거짓 정보를 불특정다수인에게 퍼뜨리는 행위(영업정지 및 형벌)
③ 상대방의 반대의사에도 불구하고 전화·컴퓨터통신 등을 통하여 부동산등을 공급받을 것을 강요하는 행위(영업정지 및 과태료)
※ ①②의 규정에 위반하는 행위는 형벌, ③은 과태료

1. 신탁제도

1) 신탁제도

□ 신탁의 사전적 정의
  • 일정한 목적에 따라 자신의 재산을 남에게 믿고 맡기는 일
□ 신탁법 상의 정의(제1조)
  • 신탁설정자(위탁자)와 신탁을 인수하는 자(수탁자)와의 특별한 신임관계에 기하여 위탁자가 특정한 재산권을 수탁자에게 이전하거나
  • 기타의 처분을 하고 수탁자로 하여금 일정한 자(수익자)의 이익을 위하여 또는 특정의 목적을 위하여 그 재산권을 관리·처분하는 법률관계
□ 금전신탁제도
  • 금전을 소유한 자가 자신의 금전을 고도의 신임관계를 바탕으로 신탁업자(은행, 증권, 보험 등 겸영신탁업자)에게 위탁하고
  • 신탁회사가 위탁자의 운용지시를 받아 신탁재산을 증권, 파생상품, 금전채권, 실물자산의 매수, 부동산의 매수 또는 개발의 방법으로 운용하여 발생한 투자수익 및 신탁원본을 수익자에게 교부하는 제도를 말함

---

2) 출처: 국토교통부, 건축물 분양제도 업무편람(2016.10) 참조

그림   금전신탁의 구조

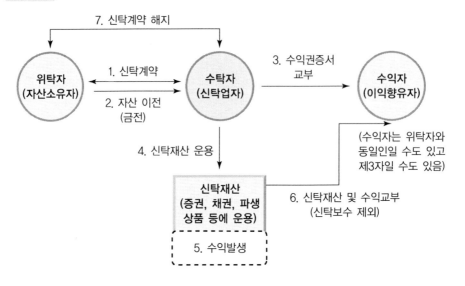

2) 부동산신탁제도

- 부동산소유자가 자신의 소유 부동산을 고도의 신임관계를 바탕으로 부동산신탁회사 앞으로 신탁등기하여 소유권을 이전하고,
- 신탁회사가 선관주의에 입각하여 수탁 받은 부동산을 신탁의 목적에 맞게 관리 · 개발 · 처분 하도록 하는 제도를 말함

그림   부동산신탁의 구조

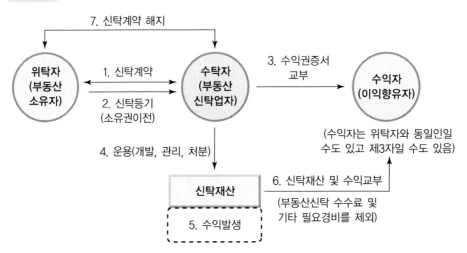

2. 부동산신탁 주요상품

1) 토지신탁(개발신탁) - 「건축물의 분양에 관한 법률」제4조제2항에 따른 신탁계약

- (개념) 토지소유자(위탁자)가 토지를 신탁회사(수탁자)에 신탁하고, 신탁회사는 신탁계약에서 정한 바에 따라 건설자금의 조달, 건축물의 건설, 임대·분양, 신탁회사 이름으로 건축물의 보존등기 및 분양받은 자에게 소유권 이전, 건물의 유지·관리 등 개발사업의 전 과정을 수행하고
  - 그 관리·운영의 성과를 신탁수익으로 토지소유자(수익자)에게 교부하고 신탁회사는 수수료를 수취하는 방식으로 운영
- (장점) 토지소유자는 아무런 개발사업 경험이 없어도 신탁회사를 통해 부동산 개발사업 가능
  - 신탁재산은 「신탁법」상 독립된 재산으로 인정되어 토지소유자의 부도, 파산 등의 사유가 발생하더라도 개발사업에 직접적인 영향을 미치지 않아 사업의 안정성 확보 및 분양받은 자 보호

그림　차입형토지신탁(신탁사가 사업비 조달) 구조도

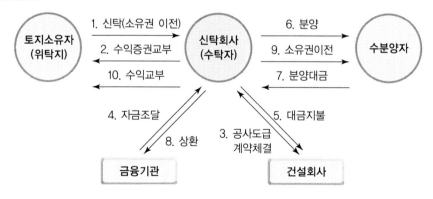

※ 신탁사는 내부 유보금 및 금융기관차입(고유계정에서 차입)을 통해 마련한 고유자금을 신탁계정으로 대여한 후 신탁계정에서 공사비 등 사업비를 집행(신탁사의 사업비 조달 구조: 고유계정 → 신탁계정 → 공사비 등 비용집행)

2) 담보신탁

- (개념) 위탁자가 특정 부동산을 신탁회사에 신탁하면, 신탁회사가 타 채권자에 우선하는 수익권증서를 발급·교부한 뒤 이 증서를 담보로 금융기관이 대출하여 주도록 하는 신탁방식
- 신탁회사는 일정기간동안(우선수익자)를 위해 수탁부동산의 담보가치가 유지.보전되도록 관리하고, 위탁자의 채무불이행시 채권금융기관의 환가요청에 따라 부동산을 처분하여 원리금을 상환

그림　담보신탁의 구조

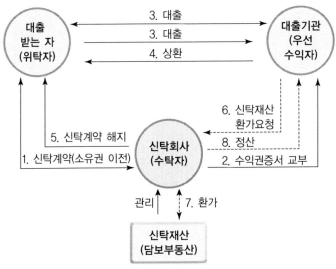

*점선: 위탁자의 채무불이행 시

3) 관리신탁

- (개념) 신탁회사가 위탁자를 대신하여 부동산에 대한 관리를 수행하는 신탁으로 부동산에 관련된 복잡 다양한 권리의 보호와 전문적이고 효율적인 관리, 합리적인 운용을 통한 높은 운용수익 실현 등을 위한 신탁상품
- 토지 및 건물의 임대차, 시설의 유지보수, 소유권의 세무, 법률문제 등 제반사항에 대한 종합적인 관리를 수행하는 갑종관리신탁과 단순 소유권 보존만을 관

리하는 을종관리신탁으로 대별될 수 있음

- (구조)
  - 위탁자가 토지를 신탁회사에 신탁(신탁에 의한 소유권 이전)
  - 신탁사가 신탁기간 동안 소유권 및 물리적 관리
  - 신탁기간 종료 시 신탁사는 신탁해지(위탁자에게 소유권 이전)

4) 처분신탁

- (개념) 대형·고가의 부동산, 권리관계가 복잡하여 처분하기에 어려움이 있는 부동산 등을 대상으로 신탁회사가 부동산소유자를 대신하여 실수요자를 찾아 효율적으로 처분(매각)하여 주는 신탁상품
- (구조)
  - 위탁자가 토지를 신탁회사에 신탁(신탁에 의한 소유권 이전)
  - 신탁사가 소유권을 관리(제반 채권침해 방지)
  - 신탁사가 매수자에게 직접 매각(분양받은 자 등에게 직접 소유권 이전)
  - 매각대금을 위탁자에게 교부

5) 분양관리신탁 – 「건축물의 분양에 관한 법률」 제4조제1항제1호에 따른 신탁계약

- (개념) '건축물의 분양에 관한 법률에 의거하여 분양사업자가 일정규모(분양하는 바닥면적의 합계 3,000㎡) 이상의 건축물을 신축 또는 증축하여 사용승인 전에 선분양하고자 할 경우,
  - 신탁회사가 신탁부동산의 소유권을 보전·관리하여 분양받은 자를 보호하고 분양사업자(위탁자)가 부담하는 채무불이행시 신탁부동산을 환가·처분는 방법으로 수분양자를 보호하는 신탁상품

그림 　분양관리신탁 구조

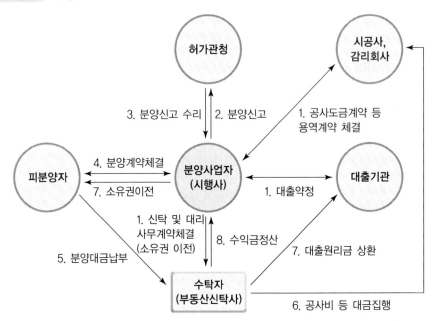

1. 상업지대의 지역요인 및 개별요인

지역요인			배려요인		
조건	항목	세 항목	조건	항목	세 항목
가로 조건	가로의 폭, 구조 등의 상태	폭	가로 조건	가로의 폭, 구조 등의 상태	폭
		포장			포장
		보도			보도
		계통 및 연속성			계통 및 연속성
	가구(block)의 상태	가구의 정연성			
		가구시설의 상태			
접근 조건	교통수단 및 공공시설과의 접근성	인근교통시설의 편의성	접근 조건	상업지역중심 및 교통시설 과의 편의성	상업지역중심과의 접근성
		인근교통시설의 이용 승객수			
		주차시설의 정비			
		교통규제의 정도 (일방통행, 주정차 금지 등)			인근교통시설과의 거리 및 편의성
		관공서 등 공공 시설과의 접근성			
환경 조건	상업 및 업무 시설의 배치 상태	백화점, 대형상가의 수와 연면적	환경 조건	고객의 유동성과 의 적합성	고객의 유동성과의 적합성
		전국규모의 상가 및 사무소의 수와 연면적		인근환경	인근토지의 이용상황
		관람집회시설의 상태			인근토지의 이용상황과 의 적합성
		부적합한 시설의 상태 (공장, 창고, 주택 등)		자연환경	지반, 지질 등
		기타 고객유인시설 등	획지 조건	면적, 접면 너비, 깊이, 형상 등	면적
		배후지의 인구			접면너비
		배후지의 범위			깊이
		고객의 구매력 등			부정형지

---

3) 출처: 표준지공시지가 조사 · 평가 기준(국토교통부훈령 제746호, 2016.9.1, 일부개정) 별표 1

지역요인			배려요인		
조건	항목	세 항 목	조건	항목	세 항 목
환경조건	경쟁의 정도 및 경영자의 능력	상가의 전문화와 집단화	획지조건	면적, 접면 너비, 깊이, 형상 등	삼각지
		고층화 이용정도			자루형획지
					맹지
	번화성의 정도	고객의 통행량		방위, 고저 등	방위
		상가의 연립성			고저
		영업시간의 장단			경사지
		범죄의 발생정도		접면도로상태	각지
	자연환경	지반, 지질 등			2면획지
					3면획지
행정적조건	행정상의 규제정도	용도지역, 지구, 구역 등	행정적조건	행정상의 규제정도	용도지역, 지구, 구역 등
		용적제한			용적제한
		고도제한			고도제한
		기타규제			기타규제 (입체이용제한 등)
기타조건	기타	장래의 동향	조건기타	기타	장래의 동향
		기타			기타

2. 주택지대의 지역요인 및 개별요인

지역요인			배려요인		
조건	항목	세 항 목	조건	항목	세 항 목
가로조건	가로의 폭, 구조 등의 상태	폭	가로조건	가로의 폭, 구조 등의 상태	폭
		포장			포장
		보도			보도
		계통 및 연속성			계통 및 연속성
접근조건	도심과의 거리 및 교통시설의 상태	인근교통시설의 편의성	접근조건	교통시설과의 접근성	인근대중교통시설과의 거리 및 편의성
		인근교통시설의 도시중심 접근성		상가와의 접근성	인근상가와의 거리 및 편의성
	상가의 배치상태	인근상가의 편의성		공공 및 편익시설과의 접근성	유치원, 초등학교, 공원, 병원, 관공서 등과의 거리 및 편의성
		인근상가의 품격			
	공공 및 편익 시설의 배치상태	유치원, 초등학교, 공원, 병원, 관공서 등			

지역요인			배려요인		
조건	항목	세 항목	조건	항목	세 항목
환경 조건	기상조건	일조, 습도, 온도, 통풍 등	환경 조건	일조 등	일조, 통풍 등
	자연환경	조망, 경관, 지반, 지질 등		자연환경	조망, 경관, 지반, 지질 등
	사회환경	거주자의 직업, 연령 등		인근환경	인근토지의 이용상황
		학군 등			인근토지의 이용상황과의 적합성
	획지의 상태	획지의 표준적인 면적		공급시설 및 처리시설의 상태	상수도
		획지의 정연성			하수도
		건물의 소밀도			도시가스
		주변의 이용상황		위험 및 혐오시설 등	변전소, 가스탱크, 오수처리장 등의 유무
	공급 및 처리 시설의 상태	상수도			특별고압선 등과의 거리
		하수도	획지 조건	면적, 접면 너비, 깊이, 형상 등	면적
		도시가스 등			접면너비
	위험 및 혐오시설	변전소, 가스탱크, 오수처리장 등의 유무			깊이
					부정형지
					삼각지
		특별고압선 등의 통과 유무			자루형획지
					맹지
	재해발생의 위험성	홍수, 사태, 절벽붕괴 등		방위, 고저 등	방위
					고저
					경사지
	공해발생의 정도	소음, 진동, 대기오염 등		접면도로 상태	각지
					2면획지
					3면획지
행정적 조건	행정상의 규제정도	용도지역, 지구, 구역 등	행정적 조건	행정상의 규제정도	용도지역, 지구, 구역 등
		기타규제			기타규제 (입체이용제한 등)
기타 조건	기타	장래의 동향	기타 조건	기타	장래의 동향
		기타			기타

3. 공업지대의 지역요인 및 개별요인

지역요인			배려요인		
조건	항목	세 항 목	조건	항목	세 항 목
가로 조건	가로의 폭, 구조 등의 상태	폭 포장 계통 및 연속성	가로 조건	가로의 폭, 구조 등의 상태	폭 포장 계통의 연속성
접근 조건	판매 및 원료 구입시장과의 위치관계	도심과의 접근성	접근 조건	교통시설과의 거리	인근교통시설과의 거리 및 접근성
		항만, 공항, 철도, 고속도로, 산업도로 등과의 접근성			
	노동력확보의 난이	인근교통시설과의 접근성			철도전용인입선
	관련산업과의 관계	관련산업 및 협력 업체간의 위치관계			전용부두
환경 조건	공공 및 처리 시설의 상태	동력자원	환경 조건	공급 및 처리 시설의 상태	동력자원
		공업용수			공업용수
		공장배수			공장배수
	공해발생의 위험성	수질, 대기오염 등		자연환경	지반, 지질 등
	자연환경	지반, 지질 등	획지 조건	면적, 형상 등	면적
					형상
					고저
행정적 조건	행정상의 조장 및 규제정도	조장의 정도	행정적 조건	행정상의 조장 및 규제정도	조장의 정도
		규제의 정도			규제의 정도
		기타규제			기타규제
기타 조건	기타	공장진출의 동향	기타 조건	행정상의 조장 및 규제정도	장래의 동향
		장래의 동향			
		기타			기타

4. 농경지대(전 지대)의 지역요인 및 개별요인

지역요인			배려요인		
조건	항목	세 항목	조건	항목	세 항목
접근 조건	교통의 편부	취락과의 접근성	접근 조건	교통의 편부	취락과의 접근성
		출하집적지와의 접근성			농로의 상태
		농로의 상태			
자연 조건	기상조건	일조, 습도, 온도, 통풍, 강우량 등	자연 조건	일조 등	일조, 통풍 등
				토양, 토질	토양, 토질의 양부
	지세	경사의 방향		관개, 배수	관개의 양부
		경사도			배수의 양부
	토양, 토질	토양, 토질의 양부		재해의 위험성	수해의 위험성
	관개, 배수	관개의 양부			기타 재해의 위험성
		배수의 양부			
	재해의 위험성	수해의 위험성	획지 조건	면적, 경사 등	면적
					경사도
					경사의 방향
		기타 재해의 위험성		경작의 편부	형상부정 및 장애물에 의한 장애의 정도
행정적 조건	행정상의 조장 및 규제정도	보조금, 융자금 등 조장의 정도	행정적 조건	행정상의 조장 및 규제정도	보조금, 융자금 등 조장의 정도
		규제의 정도			규제의 정도
기타 조건	기타	장래의 동향	기타 조건	기타	장래의 동향
		기타			기타

5. 농경지대(답 지대)의 지역요인 및 개별요인

지역요인			배려요인		
조건	항목	세 항목	조건	항목	세 항목
접근 조건	교통의 편부	취락과의 접근성	접근 조건	교통의 편부	취락과의 접근성
		출하집적지와의 접근성			농로의 상태
		농로의 상태			
자연 조건	기상조건	일조, 습도, 온도, 통풍, 강우량 등	자연 조건	일조 등 토양, 토질	일조, 통풍 등
					토양, 토질의 양부
	지세	경사의 방향		관개, 배수	관개의 양부
		경사도			배수의 양부
	토양, 토질	토양, 토질의 양부		재해의 위험성	수해의 위험성
	관개, 배수	관개의 양부			기타 재해의 위험성
		배수의 양부			
	재해의 위험성	수해의 위험성	획지 조건	면적 등	면적
					경사
		기타 재해의 위험성		경작의 편부	형상부정 및 장애물에 의한 장애의 정도
행정적 조건	행정상의 조장 및 규제정도	보조금, 융자금 등 조장의 정도	행정적 조건	행정상의 조장 및 규제정도	보조금, 융자금 등 조장 의 정도
		규제의 정도			규제의 정도
기타 조건	기타	장래의 동향	기타 조건	기타	장래의 동향
		기타			기타

6. 임야지대의 지역요인 및 개별요인

지역요인			배려요인		
조건	항목	세 항목	조건	항목	세 항목
접근 조건	교통의 편부 등	인근역과의 접근성	접근 조건	교통의 편부 등	인근역과의 접근성
		인근취락과의 접근성			인근취락과의 접근성
		인도의 배치, 폭, 구조 등			인도의 배치, 폭, 구조 등
		인근시장과의 접근성			반출지점까지의 거리
					반출지점에서 시장까지 의 거리
자연 조건	기상조건	일조, 기온, 강우량, 안개, 적설량 등	자연 조건	일조 등	일조, 통풍 등
	지세 등	표고		지세, 방위 등	표고
					방위
		경사도			경사
					경사면의 위치
		경사의 굴곡			경사의 굴곡
	토양, 토질	토양, 토질의 양부		토양, 토질	토양, 토질의 양부
행정적 조건	행정상의 조장 및 규제정도	행정상의 조장의 정도	행정적 조건	행정상의 조장 및 규제정도	조장의 정도
		국 · 도립공원, 보안림, 사방지지정 등의 규제			국 · 도립공원, 보안림, 사방지지정 등의 규제
		기타규제			기타규제
기타 조건	기타	장래의 동향	기타 조건	기타	장래의 동향
		기타			기타

7. 택지후보지지대의 지역요인 및 개별요인

지역요인			배려요인		
조건	항목	세 항 목	조건	항목	세 항 목
접근 조건	도심과의 거리 및 교통시설의 상태	인근교통시설과의 접근성	접근 조건	교통시설과의 접근성	인근상가와의 거리 및 편의성
		인근교통시설의 성격			인근교통시설과의 거리 및 편의성
		인근교통시설의 도시 중심 접근성			
	상가의 배치 상태	인근상가와의 접근성		공공 및 편익시 설과의 접근성	유치원, 초등학교, 공원, 병원, 관공서 등 과의 거리 및 편의성
		인근상가의 품격			
	공공 및 편익시 설의 배치 상태	유치원, 초등학교, 공원, 병원, 관공서 등			
	주변가로의 상태	주변간선도로와의 접근 성 및 가로의 종류 등		주변가로의 상태	주변간선도로와의 거리 및 가로의 종류 등
환경 조건	기상조건	일조, 습도, 온도, 통풍 등	환경 조건	일조 등	일조, 통풍 등
	자연환경	조망, 경관, 지반, 지질 등		자연환경	조망, 경관, 지반, 지질 등
	공급 및 처리시설의 상태	상하수도, 가스, 전기 등 설치의 난이		공공 및 처리시설의 상태	상하수도, 가스, 전기 등 설치의 난이
	공급 및 처리시설의 상태	상하수도, 가스, 전기 등 설치의 난이		위험 및 혐오시설	변전소, 가스탱크, 오수처리장 등의 유무
	인근환경	주변기존지역의 성격 및 규모			특별고압선 등과의 거리
	시가화 정도	시가화 진행의 정도	획지 조건	면적, 형상 등	면적
	도시의 규모 및 성격 등	도시의 인구, 재정, 사회, 복지, 문화, 교육시설 등			형상
					접면도로상태
	위험 및 혐오시설	변전소, 가스탱크, 오수처리장 등의 유무		방위, 고저 등	방위
		특별고압선 등의 통과유무			경사
	재해발생의 위험성	홍수, 사태, 절벽붕괴 등			고저
	공해발생의 정도	소음, 진동, 대기오염 등			
택지 조성 조건	택지조성의 난이 및 유용성	택지조성의 난이 및 필요정도	택지 조성 조건	택지조성의 난이 및 유용성	택지조성의 난이도 및 필요정도
		택지로서의 유효 이용도			택지로서의 유효 이용도

지역요인			배려요인		
조건	항목	세 항목	조건	항목	세 항목
행정적 조건	행정상의 조장 및 규제정도	조장의 정도	행정적 조건	행정상의 조장 및 규제정도	조장의 정도
		용도지역, 지구, 구역 등			용도지역, 지구, 구역 등
		기타규제			기타규제
기타 조건	기타	장래의 동향	기타 조건	기타	장래의 동향
		기타			기타

〈부록 4〉 주거용 건축물 지역요인 및 개별요인[4]

지역요인			배려요인		
조건	항목	세 항목	조건	항목	세 항목
가로 조건	가로 폭/ 구조 등의 상태	폭, 포장, 보도	가로 조건	가로 폭/ 구조 등의 상태	폭, 포장, 보도
		계통 및 연속성			계통 및 연속성
	가구(block)의 상태	가구의 정연성			
		가구시설의 상태			
접근 조건	도심과의 거리 및 교통시설 접근성	도심과의 접근성	접근 조건	교통시설 접근성	인접 교통시설의 유형/접근성
		인접 교통시설의 유형/ 접근성			
	상가 수준 및 접근성	인근상가의 수준 (대형상가 등)		상가와의 접근성	인근상가의 수준 (대형상가 등)
		인근상가의 접근성			인근상가의 접근성
	공공 및 편익시설의 접근성	학교 접근성			
		병원, 관공서 등 접근성			
		공원, 휴양시설 접근성			
환경 조건	주거환경	일조, 통풍 등	환경 조건	주거환경	일조, 통풍 등
		조망, 경관 등			조망, 경관 등
	사회환경	인접지역 거주자의 직 업, 연령, 학력수준 등			
		범죄의 발생정도 치안 및 보안 유지 정도			
		인구변화			
		학군 등		공급시설 및 처리시설의 상태	상수도
	공급 및 처리 시설의 상태	상수도, 하수도			하수도
		도시가스 등			도시가스
	위험 및 혐오시설 유무	변전소, 가스탱크, 오수처리장 등의 유무		위험 및 혐오시설 등	변전소, 가스탱크, 오수처리장 등의 유무
		특별고압선 등의 통과 유무			특별고압선 등과의 거리
	재해발생 위험성	홍수, 산사태, 붕괴 등			
	공해발생 정도	소음, 진동, 대기오염 등			

---

4) 출처: 표준주택가격 조사·산정 기준(국토교통부훈령 제750호, 2016.9.1., 일부개정) 별표 1

지역요인			배려요인		
조건	항목	세 항목	조건	항목	세 항목
			획지 조건	면적	면적
				지형지세	방위, 고저, 경사
				접면도로 상태	각지, 2면획지, 3면획지
행정 조건	행정상의 규제정도	용도지역, 지구, 구역 등	행정 조건	행정상의 규제정도	공적규제(용도지역, 지구, 구역 등)
		용적률 및 고도제한			용적률 및 고도제한
		기타규제			기타규제
			건물 조건	건물의 성격	단독, 전원, 별장 등
					임대가능 유무
				건물구조	건물구조
					지붕구조
				내구연한	건축연도(사용승인일)
					증/개축 및 대수선
				건물 상태	건축자재, 마감재, 담장, 정원, 조형물 등
				면적	건축면적
					건물연면적
				건물의 배치	조망, 일조, 형상 등을 고려한 배치
				주차	주차대수
					주차시설 (기계식 여부 등)
				부대설비	엘리베이터
					냉난방설비
					기타
기타 조건	기타	장래의 동향	기타 조건	기타	장래의 동향
		기타			기타

1. 지역요인별 중요도 도출

1) 주거지역 지역요인별 중요도 점수 도출표

지역요인			최대 격차율	중요도 비율		
조건	항목	세부항목		상세	중그룹	대그룹
가로 조건	가로의 폭, 구조 등 의 상태	폭	14.5	4.63	13.22	13.22
		포장	9.0	2.87		
		보도	7.0	2.24		
		계통 및 연속성	10.9	3.48		
접근 조건	도심과의 거리 및 교통시설의 상태	인근교통시설의 편의성	14.1	4.50	8.85	19.26
		인근교통시설의 도시중심 접근성	13.6	4.34		
	상가의 배치상태	인근상가의 편의성	11.6	3.70	6.83	
		인근상가의 품격	9.8	3.13		
	공공 및 편익시설 의 배치상태	관공서, 유치원, 국민학교, 공원, 병원 등시설과의 접근성	11.2	3.58	3.58	
환경 조건	기상조건	일조, 습도, 온도, 통풍 등	8.7	2.78	2.78	49.22
	자연환경	조망, 경관, 지반, 지질 등	11.7	3.74	3.74	
	사회 환경	거주자의 직업, 연령 등	9.6	3.07	7.19	
		학군 등	12.9	4.12		
	획지의 상태	획지의 표준적인 면적	7.2	2.30	9.93	
		획지의 정연성	8.5	2.71		
		건물의 소밀도	6.6	2.11		
		주변의 이용 상황	8.8	2.81		
	공급·처리시설 및 정보통신기반	상수도	8.9	2.84	9.45	
		하수도	6.1	1.95		
		도시가스 등	6.4	2.04		
		정보통신기반의 정비 상태	8.2	2.62		
	위험 및 혐오시설	변전소, 가스탱크, 오수처리장 등의 유무	12.0	3.83	8.18	
		특별고압선 등의 통과 유무	13.6	4.34		
	재해발생의 위험성	홍수, 사태, 절벽붕괴 등	12.3	3.93	3.93	
	공해발생의 정도	소음, 진동, 대기오염 등	12.6	4.02	4.02	
행정적 조건	행정상의 규제정도	용도지역, 지구, 구역 등	20.8	6.64	10.73	10.73
		기타규제	12.8	4.09		
기타 조건	기타	장래의 동향	13.2	4.22	7.57	7.57
		기타	10.5	3.35		
합계			313.1	100.00	100.00	100.00

2) 상업지역 지역요인별 중요도 점수 도출표

조건	항목	세부항목	최대 격차율	상세	중그룹	대그룹
가로 조건	가로의 폭, 구조 등 의 상태	폭	23.2	5.66	11.77	15.38
		포장	7.2	1.76		
		보도	6.6	1.61		
		계통 및 연속성	11.3	2.75		
	가구(block)의 상태	가구의 정연성	8.4	2.05	3.61	
		가구시설의 상태	6.4	1.56		
접근 조건	교통수단 및 공공 시설과의 접근성	인근교통시설의 편의성	18.4	4.49	15.02	15.02
		인근교통시설의 이용 승객수	9.8	2.39		
		주차시설의 정비	11.1	2.71		
		교통규제의 정도(일방통행, 주정차 금지 등)	10.7	2.61		
		관공서 등 공공시설과의 접근성	11.6	2.83		
환경 조건	상업 및 업무시설 의 배치 상태	백화점, 대형상가의 수와 연면적	12.6	3.07	21.23	47.88
		전국규모 상가 및 사무소의 수와 연 면적	11.4	2.78		
		관람집회시설의 상태	10.5	2.56		
		부적합한 시설의 상태(공장, 창고, 주택 등)	8.7	2.12		
		기타 고객유인시설 등	7.5	1.83		
		배후지의 인구	12.7	3.10		
		배후지의 범위	11.8	2.88		
		고객의 구매력 등	11.9	2.90		
	경쟁의 정도 및 경 영자의 능력	상가의 전문화와 집단화	10.9	2.66	5.58	
		고층화 이용정도	12.0	2.93		
	번화성의 정도	고객의 통행량	19.6	4.78	11.19	
		상가의 연립성	12.5	3.05		
		영업시간의 장단	7.3	1.78		
		범죄의 발생정도	6.5	1.58		
	자연환경	지반, 지질 등	5.8	1.41	1.41	
	공급·처리시설 및 정보통신기반	상수도, 하수도, 도시가스 등	12.3	3.00	5.63	
		정보통신기반의 정비상태	10.8	2.63		
	공해발생의 정도	소음, 진동, 대기오염, 토양오염 등	11.6	2.83	2.83	
행정적 조건	행정상의 규제정도	용도지역, 지구, 구역 등	26.1	6.36	15.11	15.11
		용적제한	11.7	2.85		
		고도제한	12.8	3.12		
		기타규제	11.4	2.78		
기타 조건	기타	장래의 동향	15.9	3.88	6.61	6.61
		기타	11.2	2.73		
		합계	410.2	100.00	100.00	100.00

3) 공업지역 지역요인별 중요도 점수 도출표

지역요인			최대 격차율	중요도 비율		
조건	항목	세부항목		상세	중그룹	대그룹
가로 조건	가로의 폭, 구조 등 의 상태	폭	19.5	8.82	18.37	18.37
		포장	9.6	4.34		
		계통 및 연속성	11.5	5.20		
접근 조건	판매 및 원료 구입 시장과의 위치관계	도심과의 접근성	12.2	5.52	11.86	22.99
		항만, 공항, 철도, 고속도로, 산업도 로 등과의 접근성	14.0	6.33		
	노동력확보의 난이	인근교통시설과의 접근성	12.6	5.70	5.70	
	관련산업과의 관계	관련산업 및 협력업체간의 위치관계	12.0	5.43	5.43	
환경 조건	공급 · 처리시설 및 정보통신기반	동력자원	12.0	5.43	18.91	28.96
		공업용수	11.6	5.25		
		공장배수	11.2	5.07		
		정보통신기반의 정비상태	7.0	3.17		
	공해발생의 위험성	수질, 대기오염 등	10.8	4.89	4.89	
	자연환경	지반, 지질 등	11.4	5.16	5.16	
행정적 조건	행정상의 조장 및 규제정도	조장의 정도	14.0	6.33	18.78	18.78
		규제의 정도	16.4	7.42		
		기타규제	11.1	5.02		
기타 조건	기타	장래의 동향	10.2	4.62	10.90	10.90
		기타	13.9	6.29		
합계			221.0	100.00	100.00	100.00

2. 개별요인별 중요도 도출

1) 주거지역 개별요인별 중요도 점수 도출표

지역요인			최대 격차율	중요도 비율		
조건	항목	세부항목		상세	중그룹	대그룹
가로 조건	가로의 폭, 구조 등의 상태	폭	16.2	4.25	11.20	11.20
		포장	9.3	2.44		
		보도	6.9	1.81		
		계통 및 연속성	10.3	2.70		
접근 조건	교통시설과의 접근성	인근대중교통시설과의 거리 및 편의성	14.6	3.83	3.83	10.52
	상가와의 접근성	인근상가와의 거리 및 편의성	12.9	3.38	3.83	
	공공 및 편익시설과의 접근성	유치원, 국민학교, 공원, 병원, 관공서 등과의 거리 및 편의성	12.6	3.31		
환경 조건	일조 등 자연환경	일조, 통풍 등	9.2	2.41	2.41	35.20
		조망, 경관, 지반, 지질 등	11.6	3.04	3.04	
	인근환경	인근토지의 이용 상황	10.6	2.78	5.38	
		인근토지의 이용 상황과의 적합성	9.9	2.60		
	공급 · 처리시설 및 정보통신기반	상수도	8.6	2.26	8.29	
		하수도	8.2	2.15		
		도시가스	6.9	1.81		
		정보통신기반 이용의 난이	7.9	2.07		
	위험 및 혐오시설 등	변전소, 가스탱크, 오수처리장 등의 유무	12.2	3.20	6.74	
		특별고압선 등과의 거리	13.5	3.54		
	공해발생의 유무 및 그 상태	소음, 진동, 수질오염, 대기오염, 토양오염 등	12.1	3.17	3.17	
	매장문화재 및 지하매설물의 유무 및 그 상태	매장문화재	11.9	3.12	6.16	
		지하매설물	11.6	3.04		
획지 조건	면적, 접면 넓이, 깊이, 형상 등	면적	9.8	2.57	12.41	29.75
		접면넓이	9.9	2.60		
		깊이	7.6	1.99		
		형상(부정형지, 삼각지, 자루형획지)	10.0	2.62		
		맹지	10.0	2.62		
	방위, 고저 등	방위	8.8	2.31	9.21	
		고저	13.4	3.52		
		경사지	12.9	3.38		
	접면도로 상태	각지	10.3	2.70	8.13	
		2면획지	9.7	2.54		
		3면획지	11.0	2.89		
행정적 조건	행정상의 규제정도	용도지역, 지구, 구역 등	18.9	4.96	7.97	7.97
		기타규제(입체이용제한 등)	11.5	3.02		
기타 조건	기타	장래의 동향	13.2	3.46	5.35	5.35
		기타	7.2	1.89		
합계			381.2	100.00	100.00	100.00

2) 상업지역 개별요인별 중요도 점수 도출표

지역요인			최대 격차율	중요도 비율		
조건	항목	세부항목		상세	중그룹	대그룹
가로 조건	가로의 폭, 구조 등의 상태	폭	17.7	4.45	12.07	12.07
		포장	9.6	2.41		
		보도	9.1	2.29		
		계통 및 연속성	11.6	2.92		
접근 조건	상업지역중심 및 교통시설과의 편의성	상업지역중심과의 접근성	15.3	3.85	7.47	7.47
		인근교통시설과의 거리 및 편의성	14.4	3.62		
환경 조건	고객의 유동성과의 적합성	고객의 유동성과의 적합성	14.5	3.65	3.65	24.96
	인근환경	인근토지의 이용상황	12.3	3.09	6.28	
		인근토지의 이용상황과의 적합성	12.7	3.19		
	자연환경	지반, 지질 등	6.5	1.63	1.63	
	공급·처리시설 및 정보통신기반	상수도, 하수도, 도시가스 등	10.3	2.59	4.15	
		정보통신기반 이용의 난이	6.2	1.56		
	공해발생의 유무 및 그 상태	소음, 진동, 수질오염, 대기오염, 토양오염 등	11.9	2.99	2.99	
	매장문화재 및 지하매설물의 유무 및 그 상태	매장문화재	12.3	3.09	6.26	
		지하매설물	12.6	3.17		
획지 조건	면적, 접면 넓이, 깊이, 형상 등	면적	11.9	2.99	15.76	34.51
		접면넓이	12.9	3.24		
		깊이	11.9	2.99		
		형상(부정형지, 삼각지, 자루형획지)	13.0	3.27		
		맹지	13.0	3.27		
	방위, 고저 등	방위	6.9	1.73	8.97	
		고저	14.4	3.62		
		경사지	14.4	3.62		
	접면도로상태	각지	13.2	3.32	9.78	
		2면획지	12.2	3.07		
		3면획지	13.5	3.39		
행정적 조건	행정상의 규제정도	용도지역, 지구, 구역 등	22.2	5.58	14.61	14.61
		용적제한	12.2	3.07		
		고도제한	11.8	2.97		
		기타규제(입체이용제한 등)	11.9	2.99		
기타 조건	기타	장래의 동향	14.1	3.54	6.39	6.39
		기타	11.3	2.84		
		합계	397.8	100.00	100.00	100.00

3) 공업지역 개별요인별 중요도 점수 도출표

지역요인			최대 격차율	중요도 비율		
조건	항목	세부항목		상세	중그룹	대그룹
가로 조건	가로의 폭, 구조 등의 상태	폭	19.4	7.79	15.51	15.51
		포장	9.3	3.74		
		계통의 연속성	9.9	3.98		
접근 조건	교통시설과의 거리	인근교통시설과의 거리 및 접근성	12.3	4.94	14.38	14.38
		철도전용인입선	11.7	4.70		
		전용부두	11.8	4.74		
환경 조건	공급 · 처리시설 및 정보통신기반	동력자원	10.8	4.34	16.35	33.31
		공업용수	11.0	4.42		
		공장배수	11.0	4.42		
		정보통신기반 이용의 난이	7.9	3.17		
	자연환경	지반, 지질 등	10.4	4.18	4.18	
	공해발생의 유무 및 그 상태	수질오염, 대기오염, 토양오염 등	10.4	4.18	4.18	
	매장문화재 및 지하매설물의 유무 및 그 상태	매장문화재	10.8	4.34	8.60	
		지하매설물	10.6	4.26		
획지 조건	면적, 형상 등	면적	9.3	3.74	12.41	12.41
		형상	9.2	3.70		
		고저	12.4	4.98		
행정적 조건	행정상의 조장 및 규제정도	조장의 정도	13.8	5.54	16.55	16.55
		규제의 정도	16.6	6.67		
		기타규제	10.8	4.34		
기타 조건	기타	장래의 동향	12.2	4.90	7.83	7.83
		기타	7.3	2.93		
합계			248.9	100.00	100.00	100.00

1. 오피스 임대시장 투자수익률 추이

※ 오피스: 2012년 9월 기준 일반건축물대장 상 주용도가 오피스(업무시설)이고 6층 이상인 일반건축물(표본 824동)

1) 소득수익률(%)

구분	2015.1Q	2015.2Q	2015.3Q	2015.4Q	2016.1Q	2016.2Q	2016.3Q
전국	1.19	1.21	0.97	1.17	1.19	1.18	0.94
서울	1.29	1.32	1.13	1.30	1.32	1.31	1.11
부산	1.26	1.21	0.86	1.12	1.11	1.10	0.82
대구	1.11	1.08	0.67	1.06	1.05	1.05	0.72
인천	1.11	1.13	0.94	1.08	1.12	1.13	0.99
광주	0.70	0.74	0.51	0.73	0.76	0.73	0.45
대전	0.76	0.74	0.52	0.68	0.70	0.72	0.44
울산	1.27	1.28	0.89	1.09	1.10	1.10	0.95
경기	1.58	1.60	1.31	1.61	1.61	1.61	1.31
강원	1.08	1.11	0.81	1.10	1.07	1.04	0.72
충북	0.62	0.62	0.39	0.54	0.57	0.56	0.18
충남	0.82	0.79	0.52	0.76	0.77	0.76	0.51
전북	0.88	0.86	0.53	0.75	0.76	0.75	0.44
전남	1.10	1.10	0.85	1.05	1.06	1.09	0.78
경북	1.12	1.09	0.78	1.04	1.01	0.99	0.68
경남	0.88	0.88	0.61	0.87	0.89	0.88	0.59
제주	0.78	0.77	0.52	0.72	0.71	0.70	0.48

---

5) 출처: 국토교통부 · 한국감정원, 2016년 3분기 상업용부동산 임대동향조사

2) 자본수익률(%)

구분	2015.1Q	2015.2Q	2015.3Q	2015.4Q	2016.1Q	2016.2Q	2016.3Q
전국	0.27	0.30	0.26	0.43	0.33	0.34	0.31
서울	0.47	0.41	0.28	0.46	0.32	0.40	0.38
부산	0.31	0.42	0.41	0.55	0.58	0.50	0.54
대구	0.48	0.20	0.46	0.38	0.49	0.25	0.28
인천	−0.80	0.48	0.16	0.01	0.29	0.33	0.15
광주	−0.17	−0.08	0.25	0.38	0.08	0.09	0.01
대전	−0.39	−0.16	0.05	0.48	0.20	0.08	0.03
울산	−0.17	0.31	0.04	−0.04	0.12	0.14	0.20
경기	0.01	0.00	0.06	0.12	0.26	0.22	0.27
강원	−0.19	0.02	0.06	0.53	−0.16	0.26	0.13
충북	−1.03	−0.06	−0.08	−0.19	0.07	−0.05	−0.15
충남	−0.37	−0.36	−0.11	0.88	0.21	0.57	−0.04
전북	0.31	0.36	0.24	0.41	0.30	0.36	0.27
전남	0.22	0.24	0.39	0.41	0.13	−0.02	0.05
경북	0.62	0.21	0.22	0.25	0.29	0.30	0.18
경남	0.22	0.45	0.54	0.67	0.57	0.30	0.27
제주	0.25	0.31	0.35	2.50	2.09	1.24	0.77

3) 투자수익률(%)

구분	2015.1Q	2015.2Q	2015.3Q	2015.4Q	2016.1Q	2016.2Q	2016.3Q
전국	1.46	1.51	1.23	1.60	1.51	1.52	1.26
서울	1.76	1.73	1.41	1.76	1.64	1.71	1.49
부산	1.56	1.63	1.27	1.67	1.68	1.61	1.36
대구	1.58	1.28	1.13	1.43	1.54	1.30	0.99
인천	0.31	1.60	1.11	1.09	1.41	1.46	1.14
광주	0.53	0.66	0.76	1.11	0.84	0.82	0.46
대전	0.37	0.57	0.56	1.16	0.91	0.80	0.47
울산	1.10	1.58	0.93	1.04	1.22	1.24	1.15
경기	1.59	1.60	1.38	1.73	1.87	1.83	1.59
강원	0.89	1.13	0.87	1.63	0.91	1.30	0.86
충북	−0.41	0.56	0.31	0.35	0.64	0.51	0.03
충남	0.46	0.44	0.41	1.64	0.99	1.33	0.47
전북	1.19	1.22	0.77	1.16	1.06	1.11	0.70
전남	1.32	1.34	1.24	1.46	1.19	1.07	0.83
경북	1.73	1.30	1.00	1.28	1.30	1.29	0.86
경남	1.10	1.33	1.16	1.54	1.46	1.17	0.86
제주	1.02	1.08	0.87	3.21	2.80	1.94	1.25

2. 중대형 상가 임대시장 투자수익률 추이

※ 중대형 상가: 2012년 9월 기준 일반건축물대장 상의 주용도가 상가(제1, 2종 근린생활시설, 판매시설, 위락시설)이고 3층 이상인 일반건축물(표본 2,331동)

1) 소득수익률(%)

구분	2015.1Q	2015.2Q	2015.3Q	2015.4Q	2016.1Q	2016.2Q	2016.3Q
전국	1.23	1.23	0.96	1.21	1.21	1.20	0.93
서울	1.13	1.13	0.90	1.10	1.10	1.09	0.85
부산	1.34	1.33	1.07	1.31	1.32	1.31	1.04
대구	1.30	1.28	0.95	1.25	1.29	1.28	0.99
인천	1.54	1.54	1.37	1.51	1.50	1.49	1.35
광주	1.48	1.49	1.16	1.47	1.50	1.49	1.08
대전	1.00	1.02	0.81	1.00	1.03	1.02	0.80
울산	1.37	1.36	1.02	1.28	1.28	1.25	1.12
경기	1.29	1.28	0.97	1.30	1.28	1.31	1.01
강원	1.42	1.41	1.09	1.38	1.38	1.39	1.09
충북	1.41	1.41	1.23	1.42	1.38	1.40	1.10
충남	1.18	1.18	0.89	1.17	1.14	1.12	0.84
전북	1.20	1.18	0.93	1.16	1.15	1.12	0.79
전남	1.01	1.00	0.75	1.03	1.06	1.06	0.77
경북	1.16	1.18	0.87	1.20	1.20	1.18	0.86
경남	1.12	1.13	0.82	1.10	1.08	1.05	0.74
제주	1.30	1.29	1.10	1.27	1.28	1.28	1.09

2) 자본수익률(%)

구분	2015.1Q	2015.2Q	2015.3Q	2015.4Q	2016.1Q	2016.2Q	2016.3Q
전국	0.26	0.33	0.37	0.50	0.41	0.44	0.45
서울	0.50	0.49	0.49	0.55	0.51	0.58	0.64
부산	0.53	0.53	0.58	0.83	0.74	0.76	0.89
대구	0.65	0.57	0.67	0.74	0.86	0.78	0.59
인천	−0.37	0.22	0.55	0.65	0.12	0.34	0.43
광주	−0.24	0.06	0.02	0.45	0.20	0.00	0.16
대전	−0.05	0.09	0.19	0.31	0.27	0.24	0.17
울산	0.37	0.38	0.50	0.18	0.32	0.26	0.18
경기	0.15	0.26	0.16	0.18	0.29	0.33	0.35
강원	−0.22	0.02	−0.03	0.26	−0.31	0.19	0.20
충북	−0.30	−0.17	−0.11	0.08	−0.14	−0.24	−0.12
충남	−0.28	−0.09	0.02	0.56	0.29	0.36	0.29
전북	0.19	0.18	0.30	0.31	0.28	0.32	0.16
전남	0.05	0.18	0.31	0.32	0.13	0.24	0.20
경북	0.44	0.25	0.34	0.30	0.22	0.22	0.23
경남	0.11	0.23	0.40	0.66	0.43	0.38	0.21
제주	0.10	0.16	0.30	2.13	1.25	0.96	0.64

3) 투자수익률(%)

구분	2015.1Q	2015.2Q	2015.3Q	2015.4Q	2016.1Q	2016.2Q	2016.3Q
전국	1.49	1.55	1.34	1.71	1.62	1.65	1.38
서울	1.63	1.62	1.40	1.66	1.61	1.67	1.49
부산	1.87	1.85	1.65	2.13	2.06	2.07	1.93
대구	1.95	1.86	1.63	1.99	2.15	2.06	1.58
인천	1.17	1.76	1.92	2.15	1.63	1.83	1.78
광주	1.24	1.54	1.18	1.92	1.70	1.49	1.23
대전	0.95	1.12	0.99	1.31	1.29	1.26	0.97
울산	1.73	1.74	1.52	1.46	1.60	1.51	1.30
경기	1.44	1.54	1.12	1.47	1.57	1.64	1.36
강원	1.20	1.43	1.07	1.64	1.07	1.58	1.30
충북	1.11	1.24	1.13	1.50	1.24	1.16	0.99
충남	0.90	1.08	0.91	1.73	1.43	1.48	1.13
전북	1.39	1.36	1.23	1.47	1.44	1.44	0.95
전남	1.05	1.18	1.06	1.35	1.19	1.30	0.97
경북	1.60	1.43	1.21	1.50	1.42	1.40	1.10
경남	1.23	1.36	1.21	1.76	1.52	1.43	0.95
제주	1.40	1.45	1.40	3.39	2.53	2.24	1.73

3. 소규모 상가 임대시장 투자수익률 추이

※ 소규모 상가: 2014년 9월 기준 일반건축물대장상의 주용도가 상가(제1, 2종 근린생활시설, 판매시설, 위락시설)이고 2층 이하인 일반건축물(표본 1,800동)

1) 소득수익률(%)

구분	2015.1Q	2015.2Q	2015.3Q	2015.4Q	2016.1Q	2016.2Q	2016.3Q
전국	1.09	1.08	0.91	1.07	1.06	1.05	0.88
서울	0.93	0.93	0.75	0.91	0.91	0.90	0.70
부산	1.06	1.06	0.93	1.03	1.03	1.01	0.82
대구	0.92	0.91	0.69	0.90	0.89	0.89	0.73
인천	1.01	1.02	0.96	1.01	1.02	1.01	0.93
광주	1.35	1.34	1.15	1.37	1.35	1.35	1.15
대전	0.85	0.86	0.68	0.85	0.85	0.83	0.68
울산	0.89	0.88	0.67	0.86	0.87	0.86	0.77
세종	0.97	0.93	0.86	0.94	1.02	1.00	0.79
경기	1.14	1.15	0.96	1.15	1.14	1.14	1.02
강원	1.14	1.13	0.92	1.12	1.12	1.13	0.96
충북	1.22	1.22	1.12	1.20	1.19	1.19	1.04
충남	1.21	1.21	0.98	1.19	1.19	1.17	0.97
전북	1.02	1.04	0.91	0.98	0.99	0.98	0.80
전남	1.21	1.21	0.96	1.21	1.22	1.21	0.92
경북	1.06	1.06	0.88	1.04	1.03	1.02	0.82
경남	0.99	0.96	0.73	0.94	0.92	0.92	0.72
제주	1.43	1.39	1.31	1.38	1.32	1.29	1.15

2) 자본수익률(%)

구분	2015.1Q	2015.2Q	2015.3Q	2015.4Q	2016.1Q	2016.2Q	2016.3Q
전국	0.25	0.33	0.40	0.59	0.46	0.47	0.41
서울	0.43	0.50	0.58	0.50	0.55	0.59	0.59
부산	0.79	0.84	0.66	0.62	0.97	1.01	0.97
대구	1.01	0.74	0.90	0.93	1.01	0.85	0.92
인천	−0.07	0.10	0.64	0.45	0.26	0.43	0.36
광주	0.07	0.21	0.09	0.64	0.45	0.29	0.16
대전	0.10	0.33	0.16	0.56	0.39	0.44	0.21
울산	0.46	0.57	0.68	0.70	0.57	0.57	0.39
세종	−0.13	0.35	0.30	0.43	0.72	0.39	0.14
경기	0.37	0.23	0.43	0.52	0.56	0.36	0.43
강원	−0.05	0.33	0.24	0.50	−0.05	0.30	0.41
충북	0.01	0.12	−0.06	0.28	−0.10	0.06	0.06
충남	0.12	0.11	0.18	0.45	0.19	0.35	0.25
전북	0.19	0.21	0.23	0.37	0.31	0.31	0.25
전남	−0.02	0.25	0.38	0.42	0.20	0.34	0.33
경북	0.60	0.43	0.42	0.46	0.50	0.53	0.38
경남	0.26	0.52	0.60	0.59	0.60	0.38	0.61
제주	0.26	0.29	0.52	2.29	1.46	1.23	0.66

3) 투자수익률(%)

구분	2015.1Q	2015.2Q	2015.3Q	2015.4Q	2016.1Q	2016.2Q	2016.3Q
전국	1.34	1.41	1.31	1.66	1.52	1.52	1.29
서울	1.36	1.43	1.33	1.41	1.46	1.49	1.29
부산	1.84	1.89	1.59	1.65	1.99	2.02	1.79
대구	1.94	1.65	1.59	1.83	1.90	1.74	1.65
인천	0.94	1.12	1.60	1.46	1.28	1.44	1.29
광주	1.41	1.55	1.24	2.01	1.80	1.65	1.31
대전	0.95	1.19	0.84	1.41	1.24	1.27	0.89
울산	1.34	1.44	1.36	1.56	1.44	1.43	1.16
세종	0.84	1.27	1.16	1.38	1.74	1.39	0.93
경기	1.51	1.38	1.40	1.66	1.70	1.50	1.45
강원	1.10	1.46	1.16	1.61	1.07	1.43	1.37
충북	1.23	1.34	1.06	1.48	1.09	1.25	1.10
충남	1.33	1.32	1.16	1.64	1.38	1.52	1.22
전북	1.21	1.24	1.15	1.35	1.30	1.28	1.04
전남	1.20	1.45	1.33	1.63	1.41	1.55	1.25
경북	1.66	1.49	1.30	1.50	1.54	1.55	1.20
경남	1.25	1.48	1.33	1.53	1.52	1.29	1.32
제주	1.68	1.68	1.83	3.66	2.78	2.52	1.81

4. 집합 상가 임대시장 투자수익률 추이

※ 집합 상가: 2014년 2월 기준 집합건축물대장상의 주용도가 상가(제1, 2종 근린
생활시설, 판매시설, 위락시설)인 집합건축물(표본 23,000호)

1) 소득수익률(%)

구분	2015.1Q	2015.2Q	2015.3Q	2015.4Q	2016.1Q	2016.2Q	2016.3Q
전국	1.40	1.38	1.37	1.37	1.34	1.34	1.19
서울	1.40	1.38	1.38	1.37	1.35	1.35	1.23
부산	1.43	1.39	1.35	1.35	1.28	1.30	1.15
대구	1.25	1.24	1.22	1.22	1.21	1.20	1.05
인천	1.55	1.54	1.53	1.55	1.49	1.48	1.35
광주	1.40	1.41	1.39	1.39	1.40	1.38	1.16
대전	1.17	1.14	1.14	1.13	1.11	1.12	0.91
울산	1.77	1.63	1.61	1.62	1.48	1.58	1.37
세종	0.83	0.83	0.81	0.76	0.65	0.56	0.47
경기	1.41	1.40	1.40	1.40	1.38	1.39	1.21
강원	1.40	1.37	1.35	1.35	1.32	1.32	1.17
충북	1.29	1.27	1.26	1.25	1.19	1.18	0.98
충남	1.19	1.16	1.16	1.16	1.14	1.15	0.96
전북	1.27	1.25	1.24	1.22	1.18	1.21	1.05
전남	1.25	1.24	1.24	1.24	1.21	1.22	0.98
경북	1.34	1.31	1.31	1.29	1.28	1.28	1.12
경남	1.75	1.72	1.71	1.71	1.70	1.70	1.54
제주	1.27	1.26	1.23	1.24	1.17	1.26	1.01

2) 자본수익률(%)

구분	2015.1Q	2015.2Q	2015.3Q	2015.4Q	2016.1Q	2016.2Q	2016.3Q
전국	0.69	0.29	0.19	0.45	0.62	0.40	0.38
서울	0.68	0.27	0.28	0.52	0.66	0.51	0.37
부산	0.85	0.31	0.14	0.72	0.75	0.75	0.86
대구	0.89	1.42	0.71	0.68	0.85	0.94	0.84
인천	0.55	−0.05	−0.07	0.34	0.22	0.17	0.37
광주	0.28	0.07	−0.04	0.28	0.74	0.24	0.24
대전	0.81	0.02	−0.11	0.24	0.63	0.19	0.29
울산	0.73	0.50	−0.12	0.40	0.43	0.12	0.19
세종	0.83	−0.34	−0.03	−0.15	0.96	−0.30	0.04
경기	0.70	0.17	0.09	0.33	0.51	0.17	0.28
강원	0.18	0.06	0.12	0.13	0.35	0.15	0.24
충북	0.56	−0.08	0.15	−0.06	0.32	−0.02	0.22
충남	0.82	−0.21	−0.04	0.18	0.60	0.10	0.33
전북	0.46	0.04	0.10	0.25	0.50	0.14	0.16
전남	0.47	0.08	−0.03	0.42	0.35	−0.02	0.25
경북	0.80	0.52	0.08	0.46	0.47	0.23	0.20
경남	0.75	0.25	−0.01	0.47	0.79	0.19	−0.05
제주	0.50	0.07	0.18	1.91	1.64	0.56	0.61

3) 투자수익률(%)

구분	2015.1Q	2015.2Q	2015.3Q	2015.4Q	2016.1Q	2016.2Q	2016.3Q
전국	2.09	1.67	1.56	1.82	1.96	1.74	1.57
서울	2.09	1.65	1.66	1.89	2.01	1.85	1.60
부산	2.28	1.70	1.49	2.08	2.03	2.05	2.01
대구	2.14	2.66	1.94	1.90	2.06	2.14	1.90
인천	2.09	1.49	1.46	1.89	1.71	1.65	1.71
광주	1.69	1.48	1.35	1.67	2.13	1.62	1.40
대전	1.98	1.16	1.03	1.37	1.73	1.30	1.20
울산	2.50	2.13	1.50	2.02	1.91	1.70	1.56
세종	1.66	0.50	0.78	0.61	1.61	0.26	0.51
경기	2.11	1.56	1.48	1.72	1.89	1.56	1.49
강원	1.58	1.43	1.47	1.48	1.67	1.47	1.42
충북	1.85	1.19	1.41	1.18	1.52	1.17	1.20
충남	2.01	0.94	1.11	1.34	1.74	1.25	1.30
전북	1.73	1.29	1.35	1.47	1.68	1.35	1.21
전남	1.72	1.31	1.21	1.66	1.57	1.20	1.23
경북	2.15	1.83	1.40	1.75	1.75	1.51	1.32
경남	2.50	1.96	1.70	2.18	2.49	1.89	1.49
제주	1.77	1.33	1.41	3.15	2.81	1.82	1.62

1. 오피스 임대시장 층별임대료 및 층별효용비율 추이

※ 오피스: 2012년 9월 기준 일반건축물대장 상 주용도가 오피스(업무시설)이고 6층 이상인 일반건축물(표본 824동)

1) 전국 층별 임대료(천원/㎡)

층구분	2015.1Q	2015.2Q	2015.3Q	2015.4Q	2016.1Q	2016.2Q	2016.3Q
지하1층	9.9	9.9	9.9	9.9	10.1	10.1	10.1
1층	27.1	27.2	27.2	27.2	27.1	27.1	27.3
2층	15.5	15.5	15.5	15.5	15.5	15.6	15.5
3층	13.4	13.3	13.3	13.4	13.4	13.3	13.3
4층	12.9	12.9	12.9	12.9	12.9	12.9	12.9
5층	12.8	12.7	12.7	12.7	12.8	12.8	12.8
6~10층	13.7	13.7	13.7	13.7	13.7	13.7	13.6
11층 이상	18.5	18.6	18.5	18.6	18.5	18.5	18.5

2) 전국 층별효용비율(%)

층구분	2015.1Q	2015.2Q	2015.3Q	2015.4Q	2016.1Q	2016.2Q	2016.3Q
지하1층	36.5	36.5	36.4	36.4	37.3	37.2	37.0
1층	100.0	100.0	100.0	100.0	100.0	100.0	100.0
2층	57.3	57.2	57.0	57.1	57.4	57.5	56.9
3층	49.3	49.2	49.1	49.1	49.4	49.2	49.0
4층	47.7	47.7	47.6	47.6	47.7	47.7	47.2
5층	47.0	46.9	46.8	46.9	47.1	47.1	46.8
6~10층	50.6	50.5	50.2	50.2	50.5	50.4	50.0
11층 이상	68.4	68.3	68.2	68.3	68.3	68.3	67.7

---

6) 출처: 국토교통부 · 한국감정원, 2016년 3분기 상업용부동산 임대동향조사

2. 중대형 상가 임대시장 충별임대료 및 충별효용비율 추이

※ 중대형 상가: 2012년 9월 기준 일반건축물대장 상의 주용도가 상가(제1, 2종 근린생활시설, 판매시설, 위락시설)이고 3층 이상인 일반건축물(표본 2,331동)

1) 전국 충별 임대료(천원/㎡)

충구분	2015.1Q	2015.2Q	2015.3Q	2015.4Q	2016.1Q	2016.2Q	2016.3Q
지하1층	10.2	10.3	10.3	10.3	10.3	10.3	10.3
1층	31.6	31.7	31.8	31.8	31.1	31.1	31.1
2층	13.3	13.3	13.4	13.4	13.3	13.3	13.3
3층	10.5	10.6	10.6	10.6	10.5	10.6	10.5
4층	10.7	10.7	10.8	10.8	10.8	10.7	10.7
5층	10.8	10.9	10.9	10.9	10.8	10.9	10.8
6층 이상	11.4	11.5	11.5	11.5	11.5	11.5	11.5

2) 전국 충별효용비율(%)

충구분	2015.1Q	2015.2Q	2015.3Q	2015.4Q	2016.1Q	2016.2Q	2016.3Q
지하1층	32.4	32.5	32.4	32.5	33.2	33.2	33.2
1층	100.0	100.0	100.0	100.0	100.0	100.0	100.0
2층	42.2	42.0	42.1	42.2	42.8	42.9	42.8
3층	33.3	33.3	33.3	33.4	33.9	34.0	33.9
4층	33.9	33.9	33.9	34.0	34.6	34.6	34.5
5층	34.1	34.2	34.3	34.1	34.9	34.9	34.9
6층 이상	36.2	36.3	36.2	36.1	37.0	36.9	36.9

3. 소규모 상가 임대시장 층별임대료 및 층별효용비율 추이

※ 소규모 상가: 2014년 9월 기준 일반건축물대장상의 주용도가 상가(제1, 2종 근린생활시설, 판매시설, 위락시설)이고 2층 이하인 일반건축물(표본 1,800동)

1) 전국 층별 임대료(천원/㎡)

층구분	2015.1Q	2015.2Q	2015.3Q	2015.4Q	2016.1Q	2016.2Q	2016.3Q
지하1층	8.5	8.6	8.8	8.8	8.8	8.6	8.4
1층	16.5	16.5	16.4	16.4	16.5	16.5	16.5
2층	8.0	8.0	8.0	8.0	8.0	8.0	8.0

2) 전국 층별효용비율(%)

층구분	2015.1Q	2015.2Q	2015.3Q	2015.4Q	2016.1Q	2016.2Q	2016.3Q
지하1층	51.4	52.0	53.5	53.5	53.5	52.0	50.5
1층	100.0	100.0	100.0	100.0	100.0	100.0	100.0
2층	48.3	48.4	48.6	48.5	48.6	48.4	48.2

4. 집합 상가 임대시장 층별임대료 및 층별효용비율 추이

※ 집합 상가: 2014년 2월 기준 집합건축물대장상의 주용도가 상가(제1, 2종 근린생활시설, 판매시설, 위락시설)인 집합건축물(표본 23,000호)

1) 전국 층별 임대료(천원/㎡)

층구분	2015.1Q	2015.2Q	2015.3Q	2015.4Q	2016.1Q	2016.2Q	2016.3Q
지하1층	8.2	8.2	8.1	8.1	8.1	8.1	8.1
1층	28.7	28.7	28.7	28.7	28.7	28.7	28.6
2층	11.4	11.4	11.4	11.3	11.3	11.3	11.3
3층	9.1	9.1	9.1	9.1	9.1	9.1	9.1
4층	8.5	8.5	8.5	8.4	8.4	8.4	8.4
5층	7.9	7.9	7.9	7.9	7.9	7.8	7.8
6~10층	8.2	8.2	8.1	8.1	8.1	8.1	8.1

2) 전국 층별효용비율(%)

층구분	2015.1Q	2015.2Q	2015.3Q	2015.4Q	2016.1Q	2016.2Q	2016.3Q
지하1층	28.4	28.4	28.4	28.4	28.3	28.3	28.3
1층	100.0	100.0	100.0	100.0	100.0	100.0	100.0
2층	39.8	39.7	39.7	39.6	39.5	39.5	39.5
3층	31.6	31.6	31.6	31.6	31.7	31.7	31.6
4층	29.5	29.5	29.5	29.4	29.4	29.4	29.3
5층	27.5	27.5	27.4	27.4	27.4	27.4	27.4
6~10층	28.4	28.4	28.4	28.3	28.3	28.3	28.3

1. 오피스 임대시장 공실률 추이(%)

※ 오피스: 2012년 9월 기준 일반건축물대장 상 주용도가 오피스(업무시설)이고 6층 이상인 일반건축물(표본 824동)

구분	2015.1Q	2015.2Q	2015.3Q	2015.4Q	2016.1Q	2016.2Q	2016.3Q
전국	13.5	12.7	12.6	13.0	13.4	13.4	13.0
서울	12.0	10.2	10.1	10.2	10.1	10.2	9.4
부산	14.6	15.2	15.2	15.7	17.9	17.5	17.2
대구	15.6	16.3	16.1	16.9	18.1	18.3	18.4
인천	18.4	18.8	18.7	19.6	19.3	18.5	19.3
광주	18.4	18.2	16.9	17.3	17.5	17.4	17.2
대전	20.2	22.8	22.2	23.6	24.9	23.5	24.5
울산	16.8	15.3	19.5	21.6	23.1	24.2	22.8
경기	6.1	5.5	5.1	4.6	5.3	5.2	6.7
강원	18.5	16.1	17.8	17.5	19.2	21.4	17.7
충북	20.3	21.7	21.8	23.0	23.4	25.7	26.9
충남	8.5	9.9	9.4	10.0	10.2	10.3	10.1
전북	22.5	22.6	23.1	24.2	25.6	25.0	23.1
전남	18.6	18.6	18.3	19.3	18.9	18.7	18.2
경북	14.9	14.2	13.7	15.8	17.8	18.2	17.2
경남	9.2	9.0	9.0	9.1	9.7	10.4	12.6
제주	7.9	8.8	11.9	10.9	10.5	10.5	10.8

---

7) 출처: 국토교통부 · 한국감정원, 2016년 3분기 상업용부동산 임대동향조사

2. 중대형 상가 임대시장 공실률 추이(%)

※ 중대형 상가: 2012년 9월 기준 일반건축물대장 상의 주용도가 상가(제1, 2종 근린생활시설, 판매시설, 위락시설)이고 3층 이상인 일반건축물(표본 2,331동)

구분	2015.1Q	2015.2Q	2015.3Q	2015.4Q	2016.1Q	2016.2Q	2016.3Q
전국	10.5	10.8	10.6	10.3	10.6	10.5	10.7
서울	6.7	7.4	7.5	7.5	7.7	7.8	7.7
부산	11.6	11.7	11.1	10.2	10.3	9.9	9.5
대구	12.8	13.6	13.1	13.0	12.2	12.2	12.5
인천	10.4	10.6	9.7	9.0	9.7	10.2	9.7
광주	12.0	11.9	10.8	10.9	10.1	10.6	10.1
대전	14.7	13.8	13.6	12.3	12.7	12.9	11.6
울산	8.5	8.0	10.9	11.0	12.7	12.7	12.5
경기	7.6	8.5	8.0	8.1	8.4	6.7	6.7
강원	12.8	13.5	15.0	14.7	14.1	15.0	15.7
충북	16.1	17.0	16.7	14.8	15.1	15.3	16.2
충남	11.6	11.0	10.7	10.3	11.2	12.2	13.8
전북	16.9	17.2	16.5	17.1	17.5	17.7	19.8
전남	12.8	12.7	12.9	12.2	12.5	12.0	13.3
경북	17.5	17.0	16.0	14.4	15.3	16.1	17.0
경남	7.5	7.1	6.9	7.1	9.3	8.5	9.3
제주	10.7	11.0	12.2	11.8	10.1	9.7	9.7

3. 소규모 상가 임대시장 공실률 추이(%)

※ 소규모 상가: 2014년 9월 기준 일반건축물대장상의 주용도가 상가(제1, 2종 근린생활시설, 판매시설, 위락시설)이고 2층 이하인 일반건축물(표본 1,800동)

구분	2015.1Q	2015.2Q	2015.3Q	2015.4Q	2016.1Q	2016.2Q	2016.3Q
전국	5.1	4.9	5.2	5.0	5.3	5.4	5.2
서울	3.9	3.7	4.0	3.4	3.4	3.4	2.6
부산	8.3	8.3	8.8	8.8	7.7	8.6	8.8
대구	3.9	4.2	3.9	3.9	5.3	4.0	4.0
인천	5.5	5.1	4.9	5.3	5.2	4.7	4.1
광주	4.5	4.5	4.5	4.0	4.3	4.0	5.0
대전	11.6	10.9	11.0	10.5	10.7	11.7	12.1
울산	0.3	0.3	0.7	0.4	0.6	0.6	0.6
세종	6.9	8.1	6.6	7.6	5.3	5.9	5.9
경기	4.8	4.7	5.7	6.2	6.4	6.4	6.2
강원	6.9	7.2	6.0	6.3	6.7	10.2	3.5
충북	2.8	2.8	3.5	2.6	2.6	2.5	3.2
충남	4.7	4.9	4.9	4.9	5.4	5.8	5.5
전북	7.3	6.0	6.7	7.5	8.2	8.2	7.7
전남	5.6	5.4	5.5	3.1	3.6	3.1	3.7
경북	3.7	3.7	4.6	5.6	6.2	6.7	7.8
경남	5.8	5.7	6.0	5.7	6.8	6.5	5.8
제주	2.3	2.5	2.7	2.0	2.8	2.6	3.2

1. 오피스 임대시장 순영업소득 구성비율 추이

※ 오피스: 2012년 9월 기준 일반건축물대장 상 주용도가 오피스(업무시설)이고 6층 이상인 일반건축물(표본 824동)

	항목	2015.1Q	2015.2Q	2015.3Q	2015.4Q	2016.1Q	2016.2Q	2016.3Q
총(조) 소득 구성(%)	임대수입 비율	98.7	98.7	98.7	98.7	98.7	98.7	98.7
	기타수입 비율	1.3	1.3	1.3	1.3	1.3	1.3	1.3
	소계	100.0	100.0	100.0	100.0	100.0	100.0	100.0
총(조) 소득 분할(%)	운용경비 비율	27.6	26.9	39.4	28.6	27.2	27.2	39.9
	순영업소득 비율	72.4	73.1	60.6	71.4	72.8	72.8	60.1
	소계	100.0	100.0	100.0	100.0	100.0	100.0	100.0
순영업소득(천원/㎡)		35.2	35.9	29.8	35.1	35.8	35.7	29.5

2. 중대형 상가 임대시장 층별임대료 및 층별효용비율 추이

※ 중대형 상가: 2012년 9월 기준 일반건축물대장 상의 주용도가 상가(제1, 2종 근린생활시설, 판매시설, 위락시설)이고 3층 이상인 일반건축물(표본 2,331동)

	항목	2015.1Q	2015.2Q	2015.3Q	2015.4Q	2016.1Q	2016.2Q	2016.3Q
총(조) 소득 구성(%)	임대수입 비율	99.7	99.7	99.7	99.7	99.7	99.7	99.7
	기타수입 비율	0.3	0.3	0.3	0.3	0.3	0.3	0.3
	소계	100.0	100.0	100.0	100.0	100.0	100.0	100.0
총(조) 소득 분할(%)	운용경비 비율	12.6	12.3	28.7	13.1	12.7	12.8	30.3
	순영업소득 비율	87.4	87.7	71.3	86.9	87.3	87.2	69.7
	소계	100.0	100.0	100.0	100.0	100.0	100.0	100.0
순영업소득(천원/㎡)		34.1	34.1	27.6	33.6	33.3	33.2	26.3

8) 출처: 국토교통부 · 한국감정원, 2016년 3분기 상업용부동산 임대동향조사

3. 소규모 상가 임대시장 층별임대료 및 층별효용비율 추이

※ 소규모 상가: 2014년 9월 기준 일반건축물대장상의 주용도가 상가(제1, 2종 근린생활시설, 판매시설, 위락시설)이고 2층 이하인 일반건축물(표본 1,800동)

항목		2015.1Q	2015.2Q	2015.3Q	2015.4Q	2016.1Q	2016.2Q	2016.3Q
총(조)소득구성(%)	임대수입 비율	99.9	99.9	99.9	99.9	99.9	99.9	99.9
	기타수입 비율	0.1	0.1	0.1	0.1	0.1	0.1	0.1
	소계	100.0	100.0	100.0	100.0	100.0	100.0	100.0
총(조)소득분할(%)	운용경비 비율	7.4	7.5	23.6	8.0	8.0	8.2	24.6
	순영업소득 비율	92.6	92.5	76.4	92.0	92.0	91.8	75.4
	소계	100.0	100.0	100.0	100.0	100.0	100.0	100.0
순영업소득(천원/㎡)		32.2	32.0	26.2	31.8	32.0	31.9	26.0

4. 집합 상가 임대시장 층별임대료 및 층별효용비율 추이

※ 집합 상가: 2014년 2월 기준 집합건축물대장상의 주용도가 상가(제1, 2종 근린생활시설, 판매시설, 위락시설)인 집합건축물(표본 23,000호)

항목		2015.1Q	2015.2Q	2015.3Q	2015.4Q	2016.1Q	2016.2Q	2016.3Q
총(조)소득구성(%)	임대수입 비율	100.0	100.0	100.0	100.0	100.0	100.0	100.0
	기타수입 비율	0.0	0.0	0.0	0.0	0.0	0.0	0.0
	소계	100.0	100.0	100.0	100.0	100.0	100.0	100.0
총(조)소득분할(%)	운용경비 비율	5.5	5.5	5.5	6.2	6.3	6.3	6.3
	순영업소득 비율	94.5	94.5	94.5	93.8	93.7	93.7	93.7
	소계	100.0	100.0	100.0	100.0	100.0	100.0	100.0
순영업소득(천원/㎡)		28.4	28.2	28.2	28.0	27.3	27.8	22.4

찾·아·보·기

저자약력

■ **강병기** 한국기업평가원 연구위원
국민대학교 법무대학원 부동산학전공 겸임교수 역임
국민대학교 비즈니스IT전문대학원 경영정보학박사
한국부동산학회 학술이사

■ **이국철** 서울대학교 공과대학 산업공학과학사
한국과학원(KAIST) 산업공학과석사
Bowling Green State University 경영학석사(MBA)
University of Washington 경영학박사
미국 University of Pacific 교환교수
국민대학교 법무대학원 부동산학전공 주임교수
한국부동산산업학회 및 한국부동산경영학회 부회장
(현) 국민대학교 경영대학 교수
　　국토교통부 행복주택선정심사위원, 공인중개사시험관리위원

부동산투자분석론

2017년 2월 20일 초판 인쇄
2017년 2월 25일 초판 1쇄 발행

저 자 **강 병 기 · 이 국 철**

발행인 **배 효 선**

발행처 도서출판 **法 文 社**

10881 경기도 파주시 회동길 37-29
등　록 1957. 12. 12 / 제2-76호 (윤)
TEL 031)955-6500~6 FAX 031)955-6525
e-mail (영업): bms@bobmunsa.co.kr
　　　　(편집): edit66@bobmunsa.co.kr
홈페이지 http://www.bobmunsa.co.kr

조 판 법 문 사 전 산 실

정가 25,000원　　　　ISBN 978-89-18-12295-3